SERGIO FELLETI

VINO D'ITALIA

CALABRIA

I MIGLIORI
VINI
VITICOLTORI
AZIENDE VINICOLE

Independently published

Titolo | VINO D'ITALIA CALABRIA

Autore | Sergio Felleti
sergiofelleti@gmail.com
www.sergiofelleti.it

ISBN | 9781791661717
Ag. ISBN: Intern. Standard Book Number - AIE-Ass. Ital. Ed. - Ediser srl – Mi.

INDICE

5 - Prefazione
IL FANTASTICO MONDO DEL VINO ITALIANO CALABRESE
10 - La vite.
12 - Il Disciplinare di tutti i vini DOC e IGT.

13 - Capitolo 1
VINI E VITIGNI DELLA CALABRIA
17 - Alcuni vitigni autoctoni.
18 - La classificazione dei vini.
20 - I vitigni calabresi più diffusi.
21 - Elenco aggiornato di alcuni vitigni.
22 - La Cartina dei DOC & IGT della Calabria.
23 - Dalla Grecia alla Calabria.

24 - Capitolo 2
IL PANORAMA DELLA CALABRIA
24 - La Storia e il Turismo
27 - Le tradizioni antiche.
29 - La penisola calabrese oggi.
31 - Il turismo in Calabria.
32 - Luoghi di interesse da visitare.
34 - Prodotti tipici & Gastronomia calabrese.
35 - Alcuni introvabili prodotti tipici calabresi.
37 - DOC & IGT della Calabria.
37 - I 12 più importanti vini di qualità DOC.
38 - I 13 più importanti vini di qualità IGT.

40 - Capitolo 3
TUTTI I 12 VINI DOC
40 - Bivongi.
46 - Cirò.
53 - Donnici.
58 - Greco di Bianco (*Passito*).
61 - Lamezia.
68 - Melissa.
73 - Pollino.
79 - San Vito di Luzzi.
80 - Sant'Anna di Isola Capo Rizzuto.
83 - Savuto.
88 - Scavigna.
94 - Verbicaro.

98 - Terre di Cosenza
I VARI VINI DOC DELLA ZONA

110 - Capitolo 4
TUTTI I 13 VINI IGT
110 - Arghillà.
112 - Calabria.
116 - Condoleo.
118 - Costa Viola.
121 - Esaro.
123 - Lipuda.
126 - Locride.
128 - Palizzi.
131 - Pellaro.
133 - Scilla.
135 - Val di Neto.
138 - Valdamato.
142 - Valle dei Crati.

146 - Capitolo 5
VINO BIOLOGICO E VINO NATURALE DI CALABRIA
147 - Come produrre vino biologico.
148 - Il successo dei vini biologici Calabresi.
150 - Enogastronomia – Abbinamento: Vino Cibo.
153 - Servire il vino a tavola.
155 - Il giusto bicchiere per ogni vino.
156 - Enotria: la terra ove si coltiva la vite e si produce vino buono.

158 - Capitolo 6
LE STRADE DEL VINO IN CALABRIA
165 - Un viaggio presso 15 cantine calabresi.

171 - Capitolo 7
IL PIU' GRANDE SOMMELIER DEL MONDO SCEGLIE VINO CALABRESE
173 - Enoteche regionali.

175 - Capitolo 8
I NUMERI DEL VINO NEL MONDO IN ITALIA E IN CALABRIA
180 - Distribuzione dei vini in Italia.
186 - Le maggiori esportazioni dal territorio italiano.
195 - I numeri della viticoltura biologica italiana.
199 - I numeri della produzione di vini in Calabria.

201 - Epilogo
LA CALABRIA E LE SUE TANTE VARIETA' DI VINO
207 - Proverbi calabresi sul vino.

209 - Ringraziamenti.
210 - Nota Informativa &Copyright.
212 - Video attinenti al tema: Vino calabrese.
213 - Fonti di Riferimento.

PREFAZIONE

IL FANTASTICO MONDO DEL VINO ITALIANO CALABRESE

Attraversando immense pianure ricche di vigneti e raggiungendo le vette più alte dei massicci montuosi dei boschi calabresi, si possono ammirare paesaggi mozzafiato che, partendo dalla Basilicata e circondato da due lunghissime coste di mare, arrivano fino alla stretto della regione Sicilia. Siamo in Calabria, una vasta zona dove la varietà degli ambienti e del territorio, procede di pari passo con la ricchezza di tradizioni enogastronomiche radicate nel tempo, ed ancora oggi considerate il fiore all'occhiello di una delle culture ital-meridionali più storiche ed affascinanti.

Quest'enorme e variato vigneto calabro è animato da un bagaglio ricchissimo, che non può non contenere piatti luculliani gustosissimi e vini pregiati d'autore: bianchi, frizzanti, spumanti, rosati, rossi, novelli, riserve, passiti e quant'altro di vini aromatici.

Sono tredici in tutto le etichette di origine controllata, elenco comprendente, tra gli altri, nomi di bottiglie famose, premiate e stimate a livello internazionale, quali il Cirò rosso riserva e il Bivongi. La nostra rassegna dei migliori vini rossi calabresi avrà inizio proprio da queste due denominazioni.

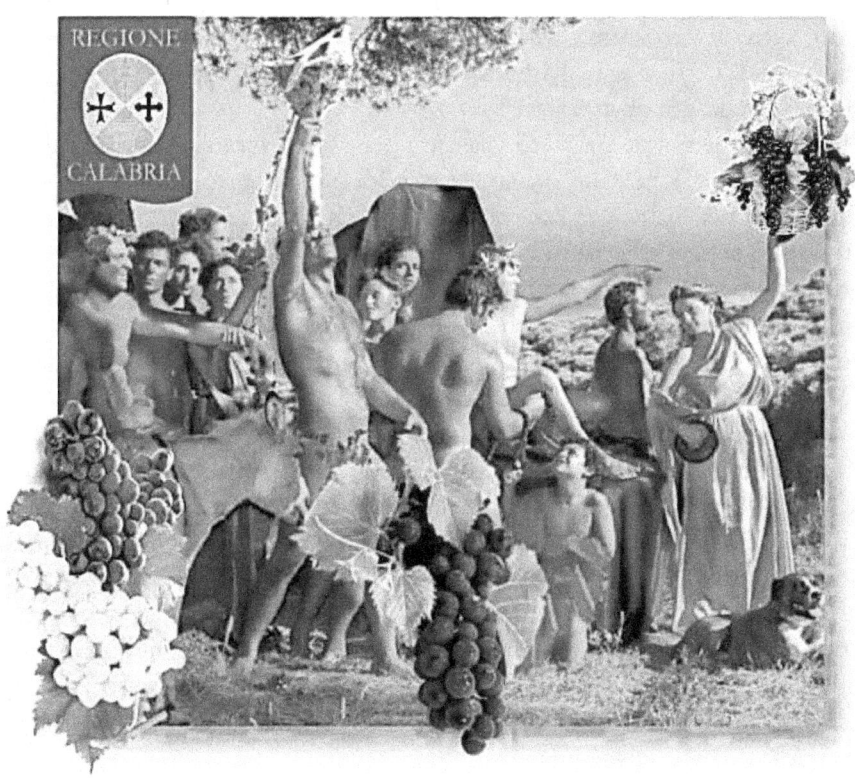

I calici di Cirò rosso sono da considerare probabilmente quelli più diffusi in ambito regionale, malgrado la legge ne regolamenti la produzione esclusivamente entro i confini dei comuni di Cirò, Cirò Marina, Melissa e Crucoli, lungo la costa ionica.

Basta poco per rendersi conto che questo pregiato vino va per la maggiore tra le varie province calabresi. Stiamo parlando di un vino che si presenta di colore rosso rubino intenso e tendente al violaceo con il trascorrere dell'invecchiamento; all'olfatto è forte e persistente, gradevole e non privo di note fruttate, mentre in bocca è decisamente sapido, caldo e corposo.

In genere, l'affinamento di questo vino – cui gradazione alcolica non supera quasi mai gli 11 gradi – dura fino all'1° giugno dell'anno successivo alla vendemmia. Prima di servirlo in ampi calici, è consigliabile lasciarlo decantare per qualche minuto in appositi recipienti, onde consentirgli l'ossigenazione ideale.

La temperatura perfetta per sorbirlo è compresa tra i 15 e i 17 gradi, l'abbinamento irrinunciabile prevede il capretto farcito, un secondo pasquale tipicamente calabrese, ma lo si può degustare anche sui grandi arrosti di carni rosse e selvaggina, nonché sui formaggi a pasta dura. Il Cirò rosso e rosato viene ottenuto in seguito alla lavorazione delle uve Gaglioppo, un vitigno a bacca scura estremamente comune nel Meridione d'Italia.

Questo vino e commercializzato a un prezzo che oscilla tra i 4 e i 15 euro, a seconda della bottiglia e dell'anno di imbottigliamento. Qualora vi capitasse di entrare in un'enoteca ben fornita, oppure di visitare un negozio di prodotti tipici calabresi, oltre al Cirò rosso classico e a quello superiore, potrebbe capitarvi di imbattervi nel Cirò rosso Riserva, che conserva gran parte delle proprietà organolettiche fin qui analizzate.

Il Riserva si distingue dal Cirò Classico per il colore più acceso, per il periodo d'invecchiamento, che in questo caso può superare i quattro anni e, naturalmente, per l'alta gradazione alcolica, che, come tanti altri vini classici calabresi, può superare le 14 unità.

Dovendo parlare dei maggiori vini prodotti entro i confini della regione Calabria, non possiamo che citarlo di nuovo, è il Cirò rosso, l'eccellenza dell'enologia regionale, un vino DOC (il più antico d'Italia) prodotto tra Cirò e Cirò Marina, sullo Ionio, e in parte a Melissa e Crucoli.

Questo nettare vanta le proprietà organolettiche dei grandi vini, e non a caso è ritenuto da molti il "Barolo del Sud": un colore rosso rubino molto intenso, un odore pieno e persistente e un sapore che con il passare del tempo diventa sempre più vellutato e corposo, ma che mantiene sempre una nota evidente di armonia e calore.

La tradizione vuole che questo fosse il vino offerto ai vincitori delle Olimpiadi nell'Antica Grecia. Infine, per quanto concerne gli abbinamenti, oltre ad andare a nozze con piatti di carne rossa e bianca, il Cirò rosso accompagna benissimo portate insaporite con il peperoncino piccante, ma anche formaggi e salumi tradizionali, e selvaggina.

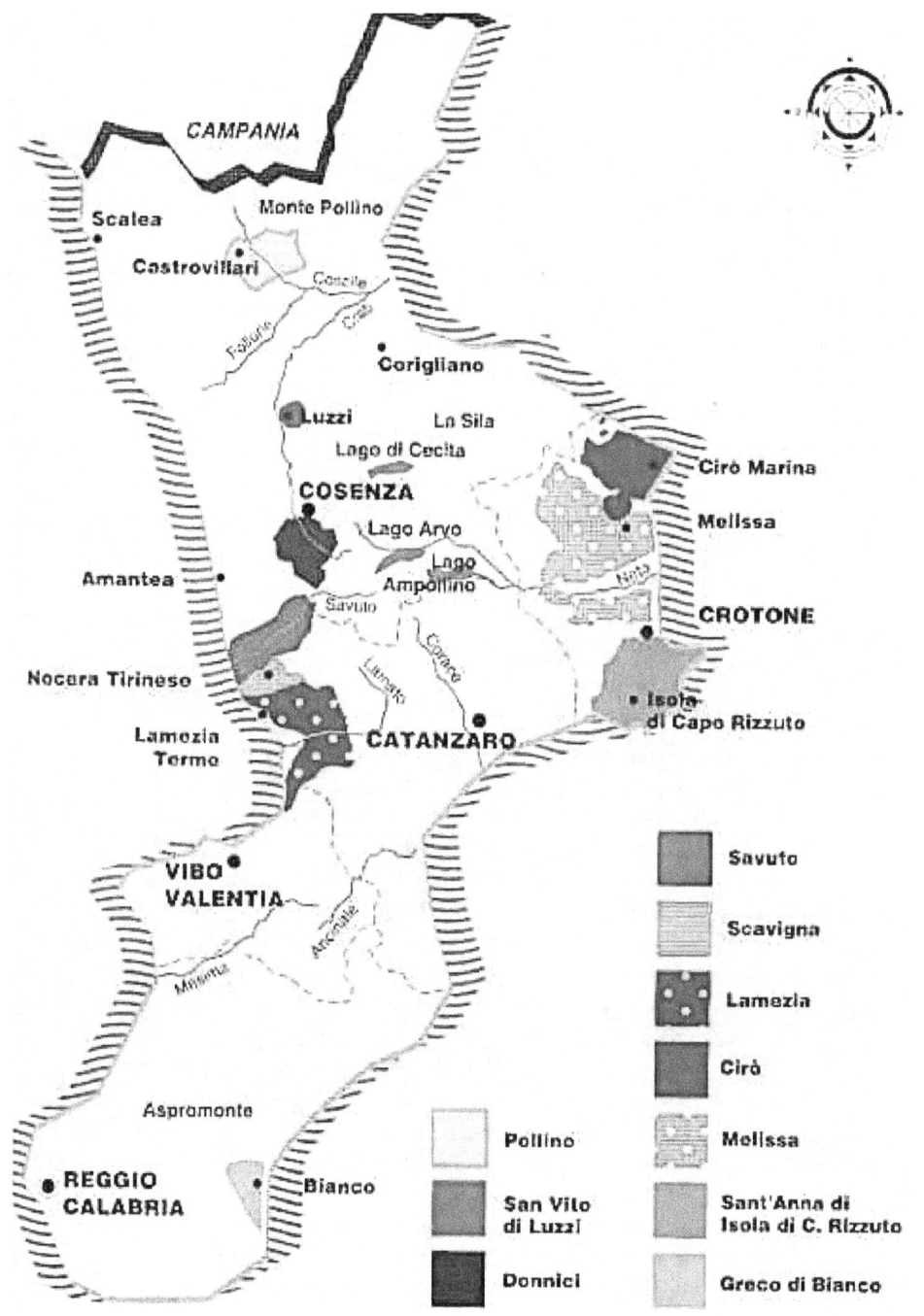

Altri vini rossi molto apprezzati in Calabria, ma anche nelle regioni limitrofe, sono il Savuto, il San Vito di Luzzi, il Bivongi, il Donnici, il Lamezia Rosso riserva e il Pollino rosso superiore. In generale, malgrado la presenza del mare, i calabresi preferiscono di gran lunga i calici rossi a quelli bianchi.

Per quanto concerne il novero dei vitigni più comuni in Calabria, è impossibile non includervi il Gaglioppo, a bacca rossa: è il padre dei vitigni autoctoni calabresi, importato, come molti di quelli presenti nel bacino del Mediterraneo, dai greci.

Avendolo tirato in ballo, non possiamo non soffermarci a parlarne per qualche minuto, perché il Gaglioppo è un vero e proprio vitigno "tutto-fare", soprattutto in Calabria, dove consente di contribuite a dar luce a decine di vini rossi di alta qualità, dal sopra citato Cirò a tanti altri, anche se in percentuali di produzione e notorietà minore.

E' il caso del Bivongi, del Donnici Rosso, del Verbicaro, del Lamezia e del Pollino che, oltre al Gaglioppo, vengono prodotti con uva Greco nero, con il Nocera, con il Calabrese e altri vitigni. Sulle origini di questi vitigni non si hanno molte notizie ben precise come per il Gaglioppo, è ipotizzabile che si tratti di uve di provenienza greca, diffusesi in epoca antica soprattutto nelle province calabresi di Cosenza e Catanzaro.In altre regioni del Sud e del Centro Italia (Puglia, Umbria e Marche) solo il Gaglioppo è ben conosciuto è citato con sinonimi differenti, quali Galoppo, Gaioppo, Gaglioppo Nero, Gaglioppa Nera, Magliocco e Mantonico Nero.

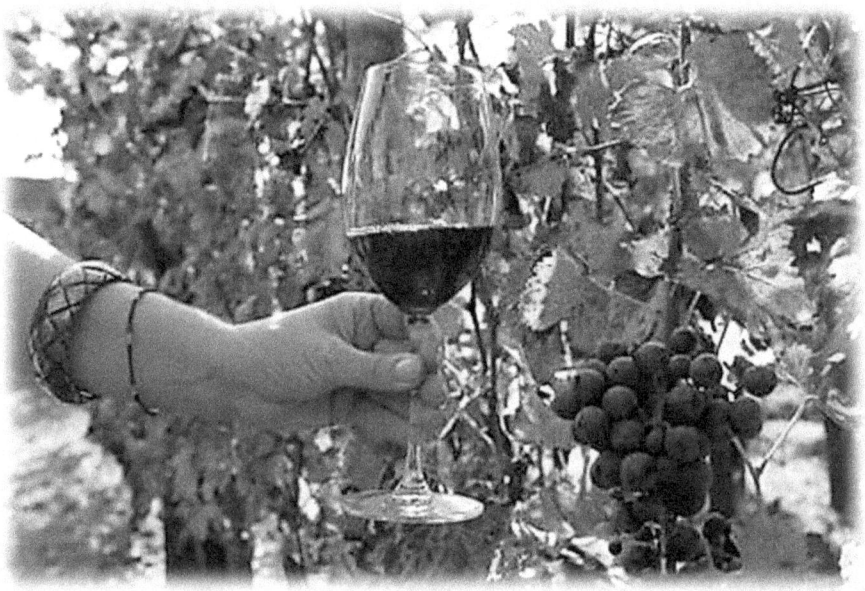

Dal punto di vista fisico, la vite del Gaglioppo presenta foglie medie e di forma pentagonale; il grappolo è piramidale o conico, di medie dimensioni, compatto ma con una o due ali. Abbastanza consistente è anche la buccia, decisamente pruinosa e di colore nero-rossastro. Una caratteristica peculiare di questo vitigno è la predilezione per forme di allevamento poco espanse e potatura corta, mentre le malattie a cui va maggiormente soggetta sono la Peronospora e l'Oidio. Il vino Novello, Superiore o Riserva del Bivongi è un altro vino rosso molto conosciuto ed apprezzato a livello regionale.

Viene prodotto in una zona differente dal Cirò, ci troviamo adesso, infatti, entro i confini delle province di Reggio Calabria e Catanzaro (la roccaforte assoluta di questa produzione è sicuramente il comune di Guardavalle, nel catanzarese). E' un vino fermo, che all'esame visivo si presenta di un bel colore rosso rubino, tendente all'assunzione di note granato con il procedere dell'invecchiamento; ha un odore tipico, gradevole e persistente, tuttavia povero di note fruttate. In bocca è asciutto, sapido, giustamente tannico e tendente al vellutato che va di pari passo con l'incalzare dell'invecchiamento.

La fase di affinamento del Bivongi non deve durare più di 2 anni, e al termine di questo periodo il vino avrà raggiunto gli 11 gradi di gradazione alcolica che lo caratterizzano. E' importante notare che non stiamo parlando di un vino qualunque, bensì di un vero e proprio "unicum" nel panorama enogastronomico calabrese, e per comprenderlo basta soffermarsi sugli abbinamenti possibili.

Il Bivongi rosso è un vino perfetto per innaffiare piatti tipici della tradizione calabra, piccanti e non; inoltre, gli esperti di cucina lo reputano la bevanda ideale per accompagnare la trippa alla napoletana, pietanza di tradizione povera ma molto gustosa, piuttosto che minestre regionali e formaggi semiduri. Per quanto concerne la vinificazione, l'ottenimento di questo vino prevede l'utilizzo, oltre al già menzionato Gaglioppo, di uve Aglianico – estremamente comuni nel Sud Italia – ed altri vitigni a bacca scura calabresi.

Rimaniamo nella parte meridionale della Calabria, per prendere in esame un altro vino rosso regionale di caratura elevata, e annoverabile tra le migliori specialità calabresi. Oltre che per ospitare un importante aeroporto ed uno snodo commerciale fondamentale a livello regionale, la città di Lamezia Terme è conosciuta anche per dare i natali, e la denominazione, ad un vino rosso eccezionale: il Lamezia Rosso, appunto.

Stiamo parlando di un vino particolare, a partire dal colore, che a differenza di quello di altri vini di questa terra è tendente al cerasuolo (un colore tipico dei vini rossi giovani) e mira a rimanere tale con il procedere dell'invecchiamento.

Tra quei pochi finora menzionati, il Lamezia Rosso è il vino più fruttato, vanta un odore estremamente gradevole e tipicamente vinoso, mentre il sapore si presenta morbido ma dotato di buon corpo. La gradazione alcolica difficilmente supera i 12 gradi, mentre in fase di vinificazione, le uve utilizzate sono molteplici. Per quanto concerne gli abbinamenti, il Lamezia rosso si presta di buona lena ad innaffiare primi tradizionali, quali pasta e fave, oppure pasta con pomodori secchi e frutti di mare.

Tanti sono concordi, inoltre, nel reputarlo perfetto in abbinamento alle linguine al pomodoro e ai formaggi semiduri. Le caratteristiche analizzate fino a questo punto sono relative alle bottiglie del Lamezia Rosso Classico, ma è interessante notare che questo vino viene prodotto anche in altre varianti: per esempio, lo troviamo in commercio come Novello e anche come Riserva.

Nel primo caso, parliamo di un vino giovane e poco strutturato, contraddistinto da un colore cerasuolo scarsamente carico e da un profumo poco persistente. La fase di invecchiamento, come accade per la maggior parte dei vini novelli, dura infatti soltanto per i tre mesi successivi alla vendemmia. Più che accompagnare primi o secondi piatti particolari, il Lamezia Rosso Novello è adatto ad innaffiare minestre di legumi (fave in particolare) e castagne arrosto.

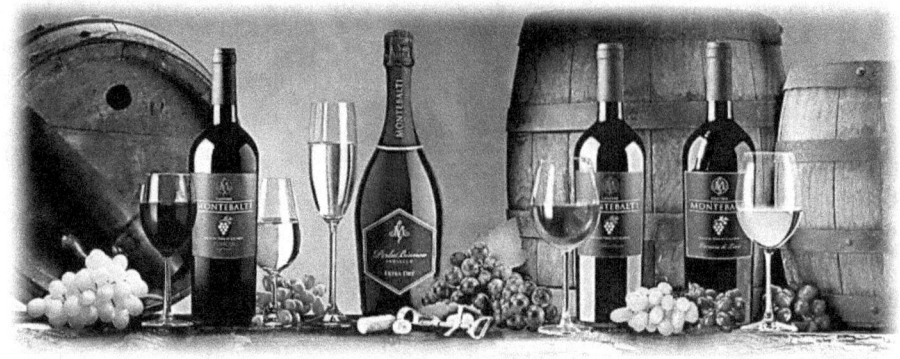

LA VITE

In botanica la vite è il nome comune delle piante appartenenti al genere *Vitis* della famiglia delle vitacee. E' una pianta antichissima che da millenni è presente nelle zone temperate del pianeta. Il genere *Vitis* comprende circa 30 specie di provenienza asiatica ed euro-asiatica e 40 americane. E' Solo da qualche migliaio di anni che si è cominciato a produrre vino.

Secondo alcuni libri di storia secolare, furono i sumeri a iniziare, poi gli egiziani e greci e quindi gli etruschi. Oggi l'Italia è il primo paese viticolo del mondo e l'Europa detiene l'80% della produzione mondiale.

Tra le varie specie esistenti la più importante è sicuramente la *vitis vinifera* alla quale appartengono quasi tutte le varietà da frutto. La vite può vivere e fruttificare solo dove esistono le quattro stagioni. Già al tempo dell'Impero Romano vi erano circa 140 tipi di vino che circolavano a Roma che, per via dell'estensione dell'Impero, arrivavano da ogni parte.

Dopo la caduta dell'impero il vino e la vite subirono una grave involuzione e resistettero bene solo all'interno dei monasteri. In seguito grazie a Carlo Magno, grande estimatore, il vino conobbe un nuovo boom. La vite era coltivabile senza grossi problemi fino a che, circa 200 anni fa, dall'America arrivarono dei parassiti che portarono quasi all'estinzione la vite europea.

In alcuni casi, oltre ai Nematodi, muffe e funghi, la classe degli insetti più nocivi e molto pericolosi sono: la Peronospora e l'Oidio, che attaccano invadendo foglie e grappoli, inoltre vi è la Fillossera, che attacca le radici della pianta. La Fillossera della vite apparve accidentalmente prima in Francia intorno al 1859 e si diffuse poi nelle regioni produttrici di vino europee e di tutto il mondo, causando gravissimi danni. Per tali motivi oggi si combattono ancora questi parassiti con prodotti a base di rame per la Peronospora e zolfo per l'Oidio. Questo tipo di trattamenti oggi sono molto meno "velenosi" che in passato ma efficaci e soprattutto necessari.

Gli interventi vengono eseguiti a distanza di circa 10-12 giorni l'uno dall'altro. Il primo si effettua alla comparsa dei grappoli per evitare che vengano attaccati dalla Peronospora, l'ultimo almeno 45 giorni prima della vendemmia, questo per evitare che tracce di questi prodotti creino problemi alla fermentazione alcolica. Per evitare la Fillossera il problema è stato risolto con l'utilizzazione del cosiddetto: ‹Apparato radicale americano› che ne è immune. Oggi le piante europee hanno tutte il basale portante le radici di tipo americano, la parte fruttifera invece è europea e viene applicata per mezzo di un innesto.

Per ottenere una buona produzione sia dal punto di vista qualitativo che quantitativo, ogni anno la vite, quando è a riposo vegetativo, deve essere potata. Tagliando ad arte i rami secondari, i tralci e i viticci della vite si conferisce alla pianta una determinata forma e ciò regola pure la produzione e la qualità dell'uva. Dal tipo di potatura, dal numero di piante per ettaro e dalla specie di vigneto dipende in gran parte la qualità e la quantità dell'uva.

Con la potatura vengono eliminati quei tralci che hanno già dato il frutto, (se non fossero tagliati la pianta crescerebbe a dismisura e si spoglierebbe della vegetazione fruttifera, la vite è un vegetale parente della liana). I sistemi di potatura sono di diverso tipo a seconda dei fattori climatici e del tipo di vigneto. Nei climi ed ambienti più consoni alla coltivazione si cerca, dopo un'adeguata potatura, di avere dalla pianta la massima espansione vegetativa.

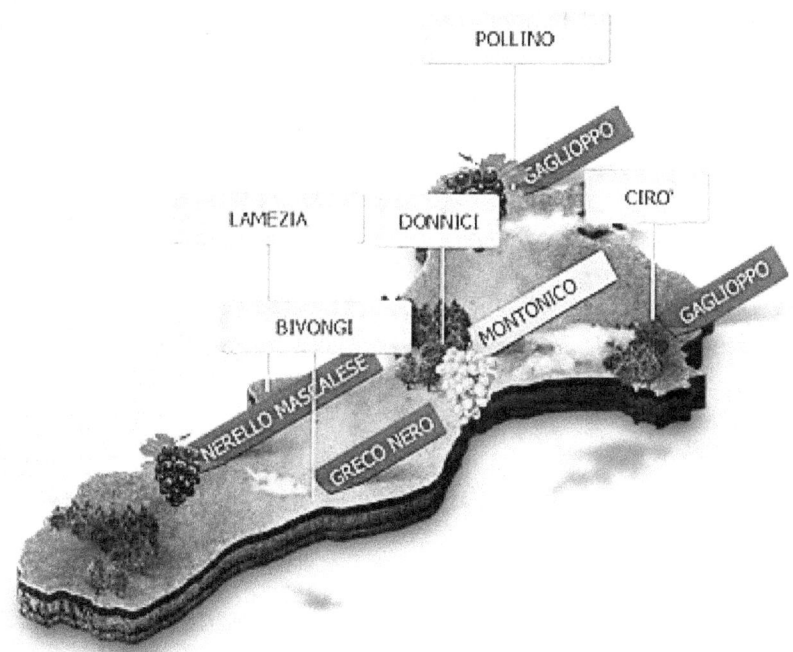

Non dimentichiamo che più vegetazione c'è e più è accentuata la fotosintesi clorofilliana, e più zucchero ci sarà nell'acino (questo è uno dei motivi per cui si sta' tornando decisamente ad impianti di vigneto a "filare", dato che essi garantiscono un maggiore sviluppo fogliare ed una maggiore esposizione al sole).

Il tralcio si pota più o meno corto a seconda dell'uva che si vuole produrre; più gemme avrà il tralcio più uva produrrà la vite e minore sarà la qualità.

La collocazione migliore che la vite può avere è quella a sud est ed in collina, ciò per l'ovvio motivo che avrà una maggiore esposizione al Sole. Le piantine della vite (denominate barbatelle prima di essere piantate), cominciano a produrre intorno al 3° o 4° anno di età, raggiunto il 6° anno si ottiene già un'ottima produzione d'uva.

Il ciclo della vite durerà fino ai 30 anni, dopo conviene estirpare il vigneto, far riposare il terreno qualche anno e reimpiantare nuove barbatelle. In primavera la vite ricomincia a vegetare ed in seguito ci sarà la fioritura a cui segue la formazione di piccoli grappoli d'uva.

Prima dell'estate si notano i grappoli verdi già formati, mentre in piena estate c'è la fase dell'invasatura dove l'acino per dilatazione cellulare si ammorbidisce e la buccia prende il colore giallo o rosso. Il momento della vendemmia dipende molto dal vino che si vuole ottenere. Se si deve produrre uno spumante la raccolta sarà leggermente anticipata così da avere nell'uva una quantità di acidi superiore.

Man mano che l'uva matura diminuiscono gli acidi e aumentano gli zuccheri; solo quando il bilanciamento è considerato ottimale si raccoglie l'uva. Cercando di rovinare gli acini il meno possibile, l'uva viene portata immediatamente in cantina per la vinificazione.

Nota: Nella sezione della seguente pagina web si trovano foto e informazioni riguardanti numerosissimi vitigni italiani (dalla A alla Zeta). Inoltre, viene riferito quali uve vengono utilizzate per produrrei principali vini italiani. È possibile cercare le informazioni selezionando la lettera iniziale o scorrendo questa pagina:
www.enoteca
italiana.it/w2d3/v3/view/enoteca/enosito2/pubblica/vino/vitigni/esc.html

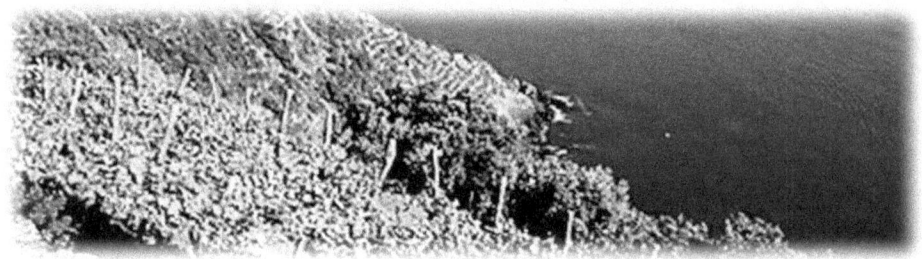

IL DISCIPLINARE DI TUTTI I VINI DOC E IGT

Cliccando su uno dei seguenti due link si accede alla pagina digitale con numerosi dettagli sulle denominazioni, i vini, i vitigni utilizzati ed altre utili informazioni, tra cui il testo aggiornato del disciplinare per i vini calabresi di ciascuna denominazione:
www.vinofaidate.com/cercavini/disciplinari-doc-docg-igt/disciplinari-calabria/
www.quattrocalici.it/regione/Calabria
www.iviniditalia.it/disciplinari.html

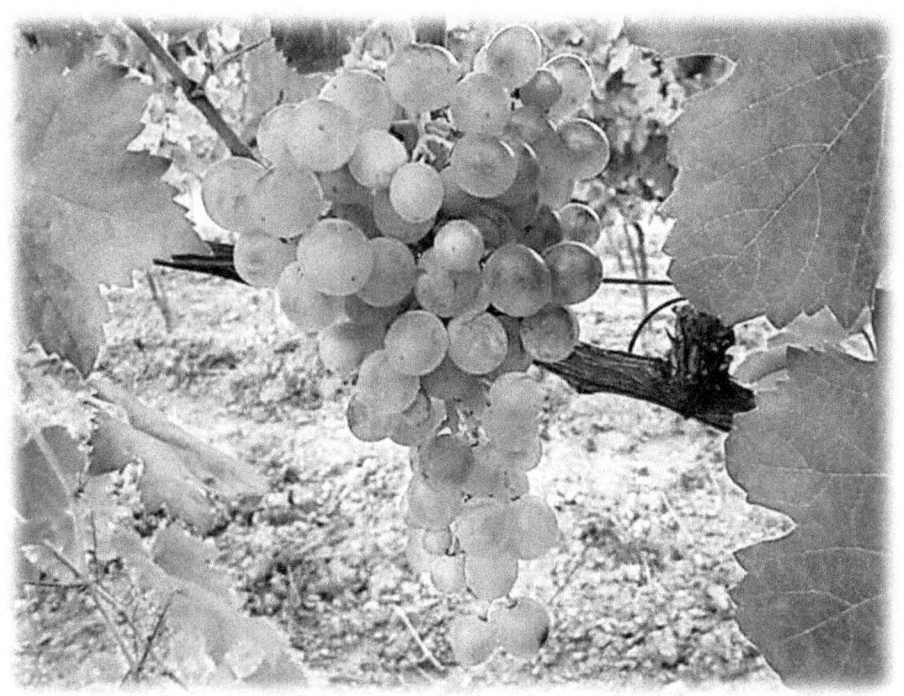

CAPITOLO 1

VINI E VITIGNI DELLA CALABRIA

Riguardo ai migliori vini calabresi, in questo libro si va dal Gaglioppo al Nerello Mascalese, dalla Marsigliana all'Aglianico e a tanti altri vitigni a bacca scura, inclusi quelli poco conosciuti e presenti in percentuali minori.

Per la produzione di ottimi vini rosati spiccano in eccellenza: il Cirò, il Bivongi, il Donnici, il San Vito di Luzzi, il Verbicaro, il Lamezia, il Sant'Anna di Isola Capo Rizzuto, il Savuto, lo Scavigna, l'Arghillà, il Calabria, il Costa Viola, l'Esaro, il Lipuda, il Locride, il Palizzi, il Pellaro, lo Scilla, il Val di Neto e il Valdamato.

La Calabria viticola, intesa come regione nel suo insieme, tende a dare l'idea di un luogo che può vantarsi di secoli di produzione vinicola, ma nel quale con il passare del tempo, altre tipiche tradizioni hanno avuto la meglio su questa attività.

Difatti, è una terra ricchissima dal punto di vista storico e culturale, dove si sono susseguiti tanti popoli, ma che oggi è famosa ed apprezzata a livello internazionale più per la bellezza dei suoi paesaggi naturalistici che la caratterizzano, per la prelibatezza della sua cucina, senza nulla togliere alla ricchezza della tradizione enologica, che pure conta – come abbiamo visto – su

13

specialità di assoluto valore.

La viticoltura in Calabria ha radici antichissime, risalenti alla primissima dominazione greca. Furono proprio questi ultimi ad avviare le prime coltivazioni rudimentali, ma soprattutto a battezzare questa terra con il nome di "Enotria", termine in cui è impossibile non notare la radice "Oinos", che vuol dire vino.

La prima piazza dedita alla coltivazione, alla produzione e alla commercializzazione del vino fu Sibari, seguita da Locri, Crotone e Cosenza. Uno dei primi vini che vide la luce in Calabria fu il Vino di Biblina, da uve importate dalla penisola greca prima a Siracusa, poi in tutto il Sud Italia.

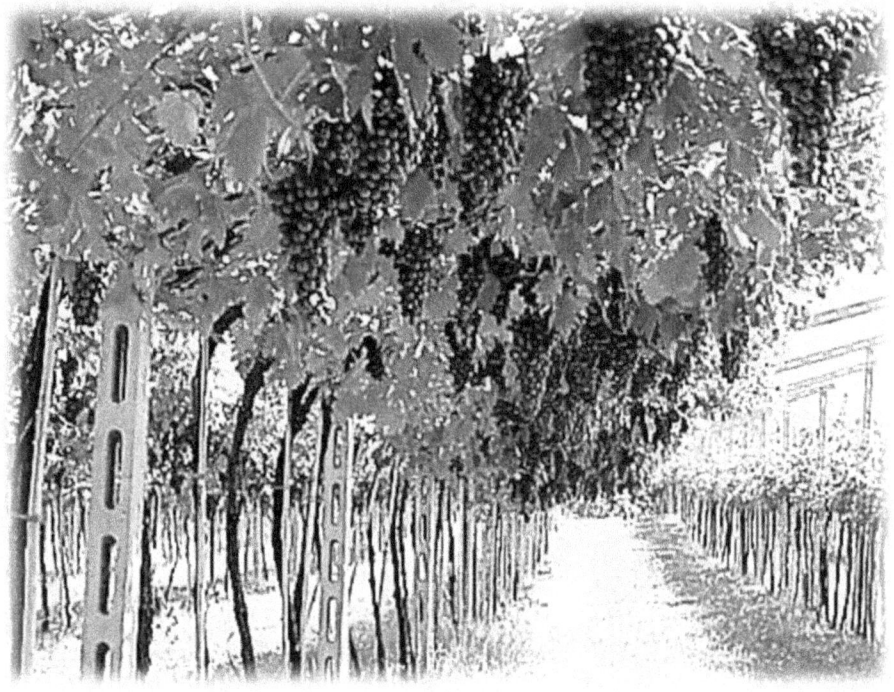

Ancora oggi, viaggiando tra le varie città e province della regione, è possibile toccare con mano le radici storiche di un settore ricco ma ancor poco dinamico. Da Cosenza a Lamezia, da Catanzaro a Reggio Calabria, sono numerosissime le cantine e le aziende agricole che organizzano tour enogastronomici alla scoperta delle migliori strade del vino. A Bianco (RC), in Contrada Scoglio, sorge per esempio la "Tenuta Dioscuri", una delle più famose della regione, estesa su un territorio pianeggiante di oltre 14.000 ettari.

Chi si trova a Verbicaro, poco distante dal confine con la Campania, può invece pensare ad una visita ai locali della "Verbicaro Viti e Vini", una cantina molto antica ed impegnata da decenni nella coltivazione e nella produzione di ottimi vini.

Da un lato la costa tirrenica, con lo spettacolo offerto dalle cittadine marittime che rappresentano il vanto di tutta la regione: Diamante, Capo Bonifati, Tropea, Praia a Mare; dall'altro la costa ionica, non meno frequentata ma decisamente più selvaggia. In mezzo, alcuni tra i massicci montuosi più affascinanti e profondi d'Italia: la Sila, innanzitutto, simbolo assoluto della natura calabrese, seguita dal Pollino e dall'Aspromonte.

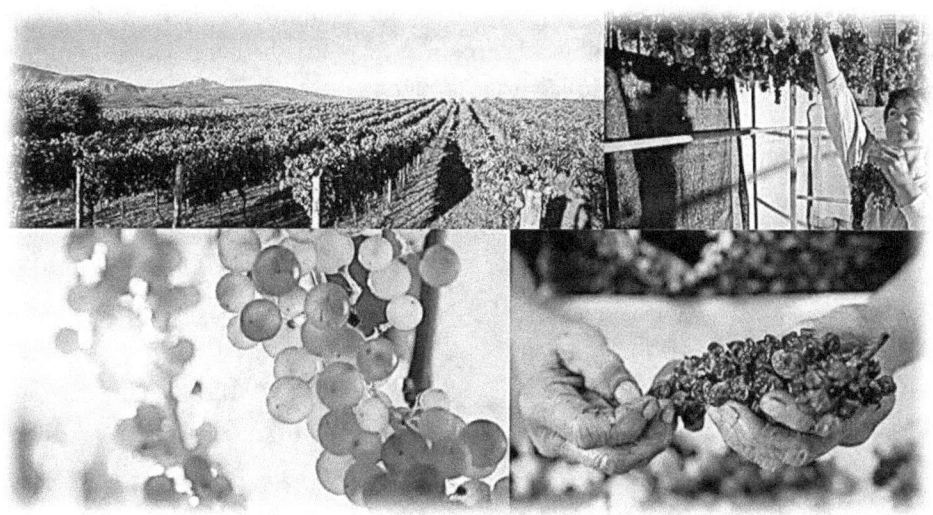

Su tutto l'arco del territorio regionale, vi sono vigneti che danno alla luce prodotti di ottima qualità. Meno conosciuti rispetto ad altri nazionali, i vini calabresi riscuotono comunque un notevole successo in ambito regionale ed entro i confini dell'Italia meridionale. Sia che ci si soffermi sui bianchi, sia che si parli dei rossi, la varietà e le particolarità non mancano.

In ambito enologico, un nome che rappresenta una garanzia è sicuramente quello di Cirò. Il Cirò bianco è un vino realizzato tra i comuni di Cirò, Cirò Marina, Melissa e Crucoli, contraddistinto da un colore giallo paglierino intenso e da un odore fruttato e tipico. Al gusto è asciutto, delicato ed estremamente gradevole, di gradazione alcolica difficilmente supera i 12 gradi e, per quanto riguarda gli abbinamenti, dà il meglio di se quando è chiamato ad innaffiare piatti a base di pesce, piuttosto che antipasti di verdure, formaggi o comunque portate leggere.

Il Cirò si ottiene spremendo le uve del vitigno principe della Calabria: il greco, dal quale si ricava tra l'altro un vino omonimo, prodotto nella zona di Reggio Calabria, nella parte meridionale della regione. Il Greco Bianco è una vera e propria specialità dell'enogastronomia locale: ha una gradazione alcolica compresa addirittura tra i 14 e i 17 gradi, un colore tendente al dorato ma non privo di riflessi ambrati e un sapore morbido e vellutato.

Per ottenere il meglio dalle botti di Greco bianco, è necessario sottoporre il prodotto ad un periodo di affinamento, da portare a termine preferibilmente agli inizi di novembre, a vendemmia ultimata. Perfetto per l'accompagnamento dei desserts, il Greco Bianco è uno dei vini più tipicamente calabresi. Un'altra zona di produzione molto ricca è quella che fa capo ai comuni silani e all'alto cosentino.

Qui la maggior parte dei contadini è dedita, tra le altre cose, alla produzione di vino a consumo familiare, che in molti casi è il Verbicaro Bianco, un vino dal colore giallo carico e dal sapore piacevolmente aromatico, prodotto mediante l'unione di diversi vitigni a bacca bianca: dalla Guarnaccia alla Malvasia bianca, al Greco bianco. Stiamo parlando di un vino bianco classico, perfetto per innaffiare piatti a base di molluschi, crostacei e frutti di mare. Lo abbiamo già tirato in ballo soffermandoci sulla variante bianca.

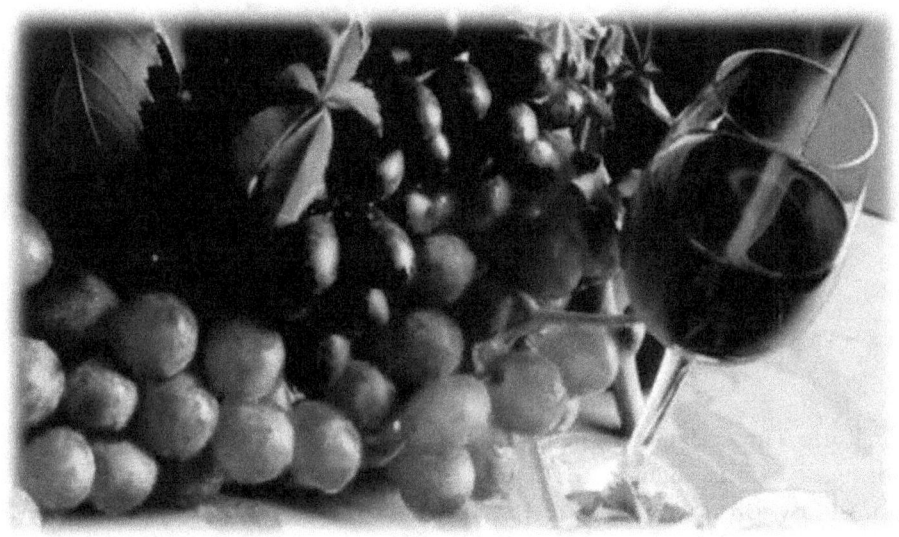

Numerosi vini DOC calabresi si ottengono dalle uve Greco Bianco, e non solo dai pregiati vitigni: Montonico che è il padre del Bivongi, del Donnici e del Pollino. Tra i più importanti, non si può non considerare il Prunesta, da cui vedono la luce numerosi vini IGT, e lo stesso si può dire per il Greco Nero per i vini rossi e rosati, mentre per i bianchi vi sono: il Guarnaccia e il Pecorello Bianco.

Chi è intenzionato ad intraprendere un viaggio alla scoperta delle varietà enogastronomiche più valide della regione, ha soltanto l'imbarazzo della scelta, in quanto sono tante le cantine pronte ad accogliere clienti, turisti e visitatori. Nella zona di Cirò operano per esempio la Colli Capoano, l'Azienda Agricola De Luca e la Cantina Francesco Malena, mentre nel cosentino si possono visitare l'Azienda Grisolia e la Cantina Matera Lidia.

Tra i bianchi vi è pure il "Moscato di Saracena", un vino che si ottiene dal vitigno autoctono "Moscatello di Saracena", una coltivazione tipica ed esclusiva del comune di Saracena (*Città del Vino*), nell'area del Pollino in Provincia di Cosenza. Il Moscato di Saracena è un vino bianco passito da meditazione.

Si produce con un procedimento antichissimo che prevede la vinificazione separata dell'uva Moscatello, ottenuta dal vitigno autoctono e da altre uve. Il mosto ottenuto dalla vinificazione delle uve Malvasia, Odoacra e Guarnaccia viene concentrato – attraverso un processo di sapiente e peculiare bollitura - per ottenere una riduzione di circa un terzo del totale, questo procedimento determina un aumento del grado zuccherino e quindi del grado alcolometrico. L'aroma ed il gusto particolari provengono invece dall'uva Moscatello, raccolta e appassita alcune settimane prima della vendemmia.

L'uva Moscatello disidratata, selezionata e schiacciata manualmente viene quindi aggiunta – nelle giuste proporzioni - al mosto concentrato. Dopo una lunga e lenta fermentazione si ottiene un vino passito color giallo ambra dall'aroma intenso e dal sapore di miele, fichi secchi, frutta esotica. Il "Moscato di Saracena" ha ottenuto rilevanti riconoscimenti e premi su scala internazionale. Il Moscato di Saracena è un presidio SlowFood (*Arcigola*).

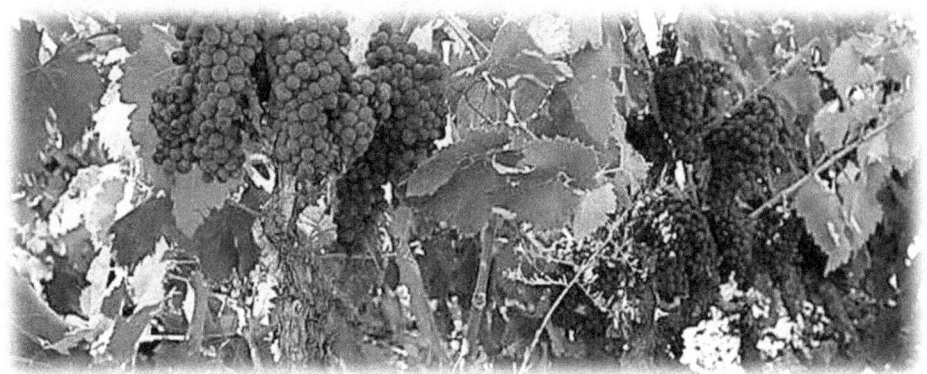

ALCUNI VITIGNI AUTOCTONI

Per vitigno s'intende ogni varietà di vite che produce un determinato tipo di uva. In Italia sono coltivati oltre 300 vitigni; in particolare, l'Italia può vantare di un patrimonio costituito da oltre un centinaio di uve autoctone (nate nel luogo dove risiedono) di consolidata tradizione, alcune molto conosciute, altre in via di estinzione. Sono uve nate e sviluppate in un preciso luogo geografico, adattandosi al territorio che lo ha ospitato fin quasi a fondersi con esso.

Accanto a queste, troviamo nel territorio italiano anche uve alloctone (provenienti non dal luogo in cui si sono formati), la cui superficie vitata è in crescita a causa della maggiore apertura verso i mercati internazionali.

Di seguito, un breve elenco dei più importanti vitigni autoctoni e alloctoni a bacca rossa e bianca presenti in Calabria:
▪ Bacca Rossa: Calabrese, Castiglione, Gaglioppo, Greco Nero, Magliocco, Canino, Malvasia Nera di Brindisi, Marsigliana Nera, Nerello Cappuccio, Nerello Mascalese, Nocera, Pecorello, Prunesta e Sangiovese.

▪ Bacca Bianca: Greco Bianco, Guardavalle, Guarnaccia, Malvasia Bianca, Moscato Bianco e Trebbiano Toscano.

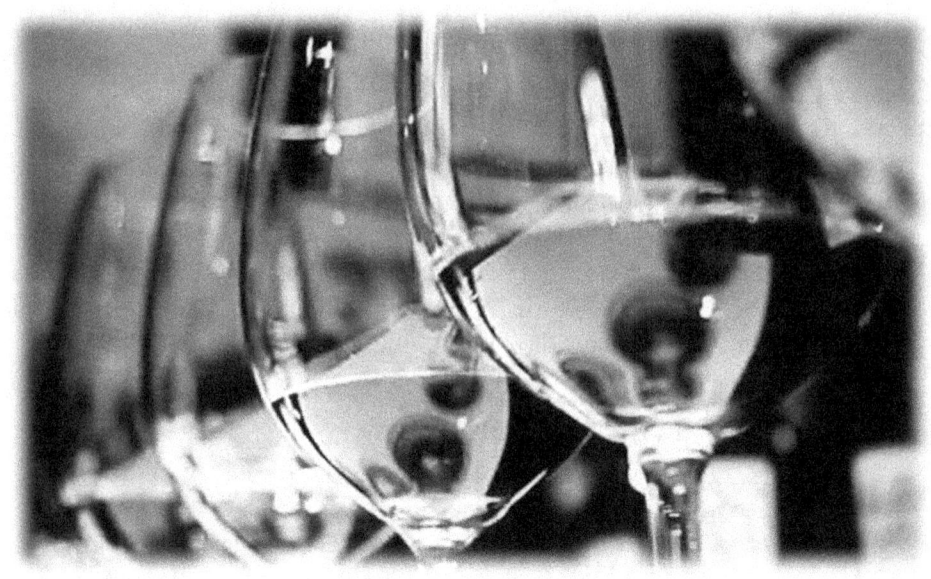

LA CLASSIFICAZIONE DEI VINI

Oggi nell'Unione Europea la produzione e la classificazione dei vini sono disciplinate da appositi regolamenti comunitari e da relative norme nazionali applicative, secondo cui i vini vengono classificati in due categorie fondamentali:

1) Vini da Tavola: Prodotti nella Comunità Europea vendemmiando uve autorizzate e non sottoposte ad una particolare disciplina di produzione.

2) Vini di Qualità: Prodotti in Regioni Determinate (V.Q.P.R.D.) nel rispetto di uno specifico disciplinare di produzione nella quale sono definiti i tipi di uva, la zona di produzione, il grado alcolico, l'invecchiamento ed altri parametri.

Per la vendita del vino si distinguono 4 classi principali che sono anche riportate sull'etichetta:
1) Vini a Denominazione d'Origine Controllata e Garantita (D.O.C.G.): in Calabria non sono presenti.
2) Vini a Denominazione d'Origine Controllata (D.O.C.).
3) Vini a Indicazione Geografica Tipica (I.G.T.).
4) Vini da tavola.
Vedi il link: Significati delle sigle:
www.imtdoc.it/cms/vini.php?id_testo=134693594285937

Oltre al vino biologico, qui seguito sono riportate le spiegazioni sulle classificazioni utilizzate in Italia e che troviamo sull'etichetta del vino:
1) DOCG: La Denominazione di Origine Controllata e Garantita è stata istituita

nel 1984 e viene concessa a vini già riconosciuti DOC da almeno 5 anni, rispetto ai quali hanno dei disciplinari di produzione specifici e più restrittivi. Devono possedere un particolare pregio e rinomanza nazionale ed internazionale, inoltre subiscono un controllo amministrativo, analitico ed organolettico prima della messa in vendita.

2) DOC: La Denominazione di Origine Controllata è stata istituita nel 1963 e viene concessa a prodotti di qualità con una precisa origine territoriale, sia ampia (*ad esempio: Piemonte*) sia ristretta (*ad esempio: Langhe*). Possiedono un disciplinare di produzione che regola tutte le fasi produttive dall'uva al vino, inoltre subiscono un controllo amministrativo e analitico a volte organolettico, prima della messa in vendita.

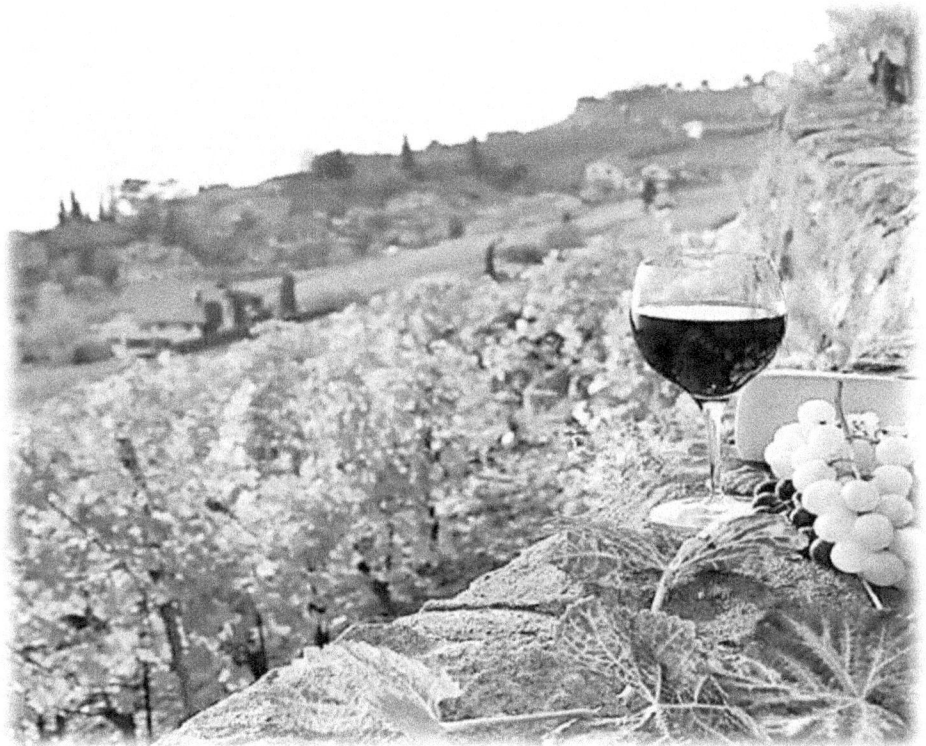

3) IGT: Indicazione di Origine Geografica Tipica è stata istituita nel 1992 e viene concessa a vini identificati da un nome geografico tipico che comprende un'area generalmente ampia (*ad esempio: Salento, Delle Venezie, Colli della Toscana Centrale*). Rispetto ai DOC gli IGT possiedono un disciplinare di produzione meno restrittivo e subiscono un controllo amministrativo e analitico prima della messa in vendita.

Inoltre, i vini bianchi, rossi e rosati devono essere ottenuti da uve provenienti da vigneti composti, nell'ambito aziendale, da uno o più vitigni idonei alla coltivazione nella Regione Calabria, a bacca di colore analogo ed iscritti nel Registro Nazionale delle varietà di vite per uve da vino, approvato con dm 7 maggio 2004 e successivi aggiornamenti.

4) Vino da tavola: I Vini da Tavola sono i meno pregiati e, in base ai dettami della nuova legge del 1992, non possono riportare in etichetta l'annata, il vitigno e la zona di provenienza, ma soltanto il colore (*Rosso, Bianco e Rosato*) e la tipologia di appartenenza (*Frizzante, Spumante, ecc.*) Non hanno disciplinari di produzione e subiscono controlli amministrativi e analitici prima della messa in vendita.

GLOSSARIO DEL VINO
Un utile dizionario per orientarsi con i termini meno familiari è il seguente: "Le parole del vino".
Vedi il link: Il portale del Sommelier:
www.vinoinrete.it/sommelier/dizionario.html

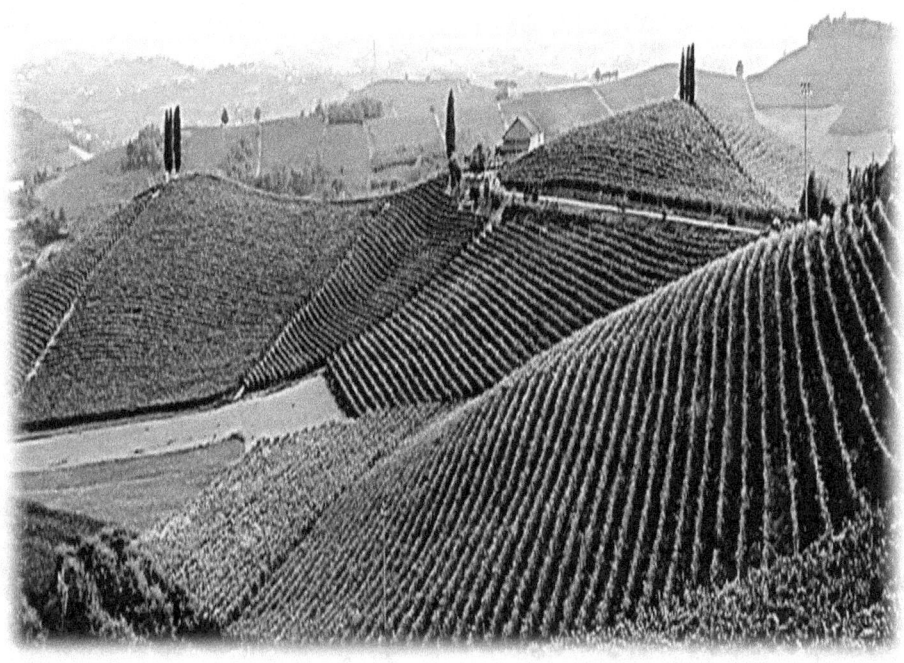

I VITIGNI E I VINI CALABRESI PIÙ DIFFUSI

Coprendo in tutto il territorio nazionale oltre il 10% delle superfici vitate ad uva da vino, il Sangiovese è il vitigno più diffuso in Italia. Il sangiovese insieme al Catarratto Bianco siciliano, il Trebbiano Toscano, il Montepulciano ed il Barbera ricoprono da soli oltre il 30% delle coltivazioni della penisola italica.

In totale in Italia vi sono ben 355 vitigni autoctoni che rappresentano un record unico al mondo. Per via della maggiore apertura verso i mercati internazionali e nonostante la progressiva riscoperta delle qualità autoctone oggi, anche in Calabria sono in crescita di superficie vitata i vitigni internazionali.

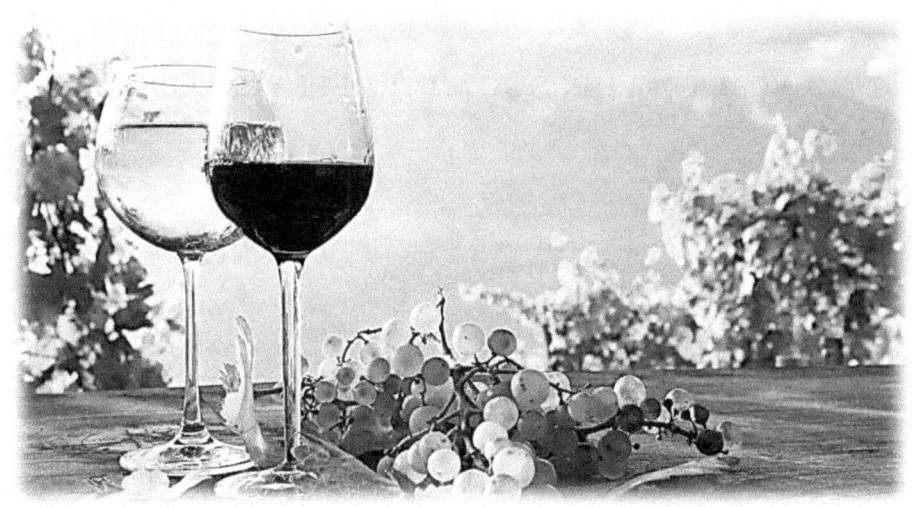

ELENCO AGGIORNATO DI ALCUNI VITIGNI

Di seguito alcuni vitigni autorizzati per la regione Calabria iscritti nel Registro Nazionale delle varietà di vite per uve da vino, approvato con D.M. 7 maggio 2004 e successivi aggiornamenti, e menzionati in almeno una delle Denominazioni di Origine (DOC, IGT) per la regione Calabria:

▪ **Vitigni a bacca Nera**: Castiglione. Ellenica. Ellenico. Gaglioppo. Glianica. Glianico. Greco Nero. Grecu Nieddu. Magliocco. Magliocco Canino. Maglioccone. Maglioppo. Marcigliana. Marsigliana Nera. Nerello Cappuccio. Nerello Mascalese. Nocera. Prunesta e Sangioveto. Cabernet Franc. Cabernet Sauvignon. Calabrese. Malvasia Nera di Brindisi. Merlot. Pecorello e Sangiovese.

▪ **Vitigni a bacca Bianca**: Greco Bianco. Greco di Bianco. Guardavalle. Guarnaccia. Incrocio Manzoni 6,0,13. Insolia. Inzolia. Iuvarella. Mantonico. Montonico. Pecorello. Pecorello di Rogliano. Pecorino. Pinot Blanc. Procanico. Riesling. Semillon. Ugni Blanc. Uva Greca e Verdina. Chardonnay. Malvasia Bianca. Moscato Bianco. Sauvignon e Trebbiano Toscano.

▪ **Vitigni a bacca Bianca o Nera**: Pinot.

▪ **Vitigni a bacca Grigia**: Pinot Gris.

LA CARTINA DEI DOC & IGT DELLA CALABRIA

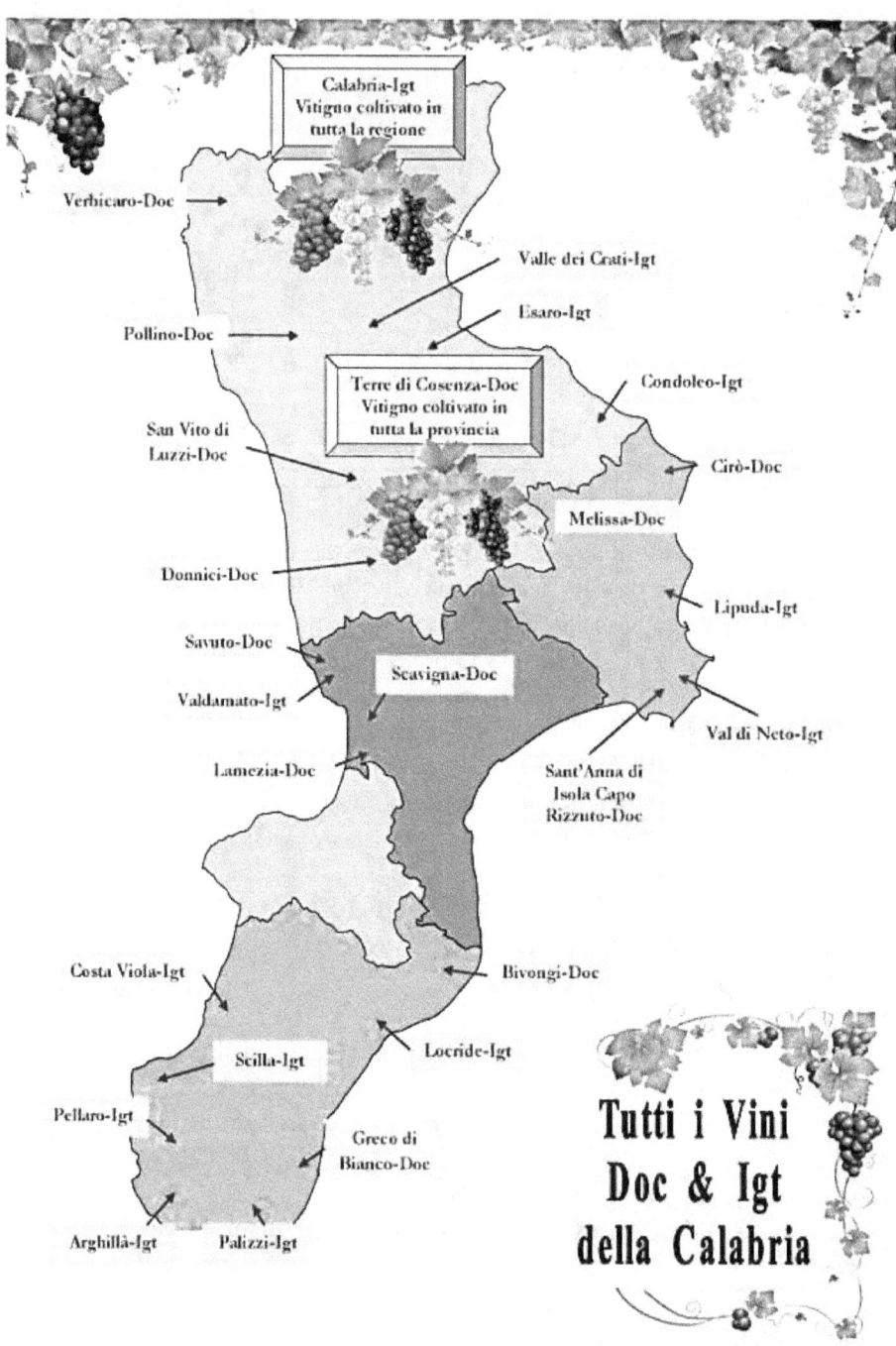

Calabria-Igt
Vitigno coltivato in tutta la regione

Verbicaro-Doc

Valle dei Crati-Igt

Esaro-Igt

Pollino-Doc

Terre di Cosenza-Doc
Vitigno coltivato in tutta la provincia

Condoleo-Igt

San Vito di Luzzi-Doc

Cirò-Doc

Melissa-Doc

Donnici-Doc

Lipuda-Igt

Savuto-Doc

Scavigna-Doc

Valdamato-Igt

Val di Neto-Igt

Lamezia-Doc

Sant'Anna di Isola Capo Rizzuto-Doc

Costa Viola-Igt

Bivongi-Doc

Scilla-Igt

Locride-Igt

Pellaro-Igt

Greco di Bianco-Doc

Arghillà-Igt

Palizzi-Igt

Tutti i Vini
Doc & Igt
della Calabria

DALLA GRECIA ALLA CALABRIA

La Calabria è una terra ricca di storia e cultura. Luogo di approdo e conquista per i popoli gravitanti nel bacino del Mediterraneo, è una regione caratterizzata da un'ininterrotta polifonia culturale fatta di differenze e commistioni. Il suo fascino immutabile si scorge nel vasto patrimonio storico- artistico, nella gastronomia, nell'artigianato, nelle forme di religiosità e nel paesaggio.

E' famosa per le sue straordinarie coste e per il mare blu/azzurro cristallino, vanta una cultura eno-gastronomica millenaria. Frutto di 3000 anni di storia, racchiude sapori diversi, da quelli propri dei greci e dei latini a tradizioni più recenti, introdotte da arabi, normanni, spagnoli e francesi.

Nota come 'Enotria Tellus' (*terra del vino*), fin dalla preistoria, la Calabria è stata dedita in particolar modo alla coltura della vite.

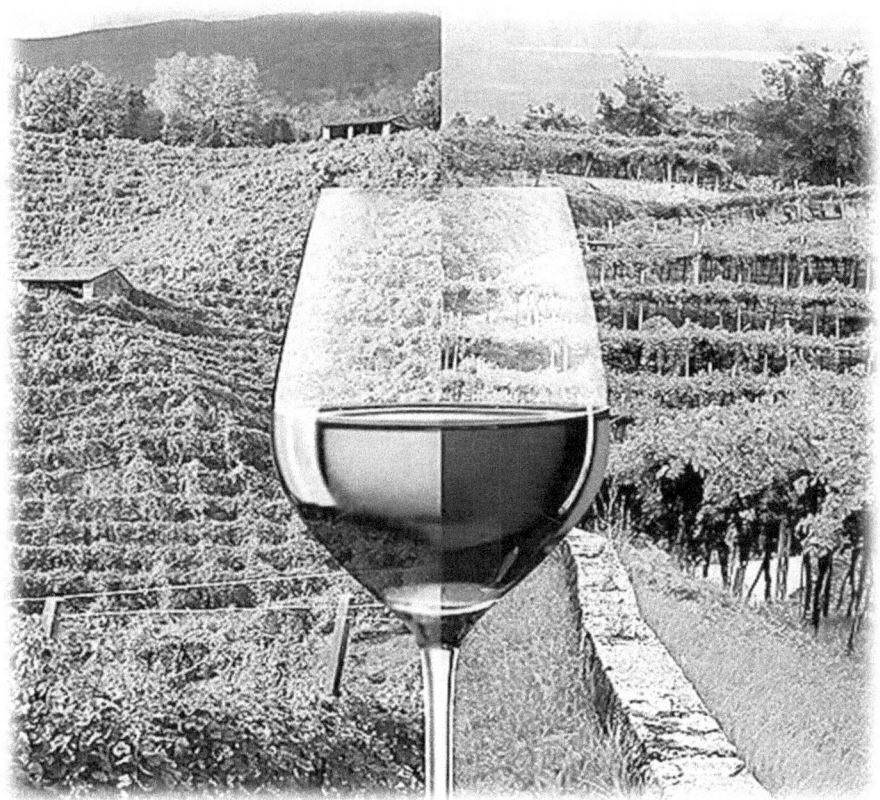

Con l'arrivo dei primi coloni greci, la coltivazione della vite divenne sempre più intensa e diffusa. Al mitico Bacco, dio del vino e della vendemmia, erano innalzati ovunque templi, tra i quali, famosissimo, quello di Cremissa o Crimisa, l'odierna Cirò. Si vuole, infatti, che il vino Cirò, tra i più antichi della Calabria, discenda in linea diretta da quel vino di Crimisa che si somministrava agli atleti olimpici vittoriosi nelle gare.

Il vino che si produceva in Calabria, oltre ad avere una considerevole importanza nell'economia dei tempi, era apprezzato e famoso per le sue qualità. In particolare, pare che quel vino fosse capace di 'resuscitare anche i morti', restituendo forza e vigore.

Ancora oggi, la tradizione vitivinicola rende la Calabria una delle regioni più apprezzate e conosciute per la produzione di vini di altissima qualità.

Il vino calabrese più famoso è il Cirò. I migliori *Cirò Rosso*, hanno colori vivi, profumi nitidi di frutta matura con gusti ampi e puliti. Le altre denominazioni, tra cui: Lamezia, Donnici, Scavigna e San Vito di Luzzi, producono vini di eccellente livello relativo al sapore, all'odore, al colore. Le proprietà dei vini rossi del Pollino e Lamezia hanno ottime qualità organolettiche.

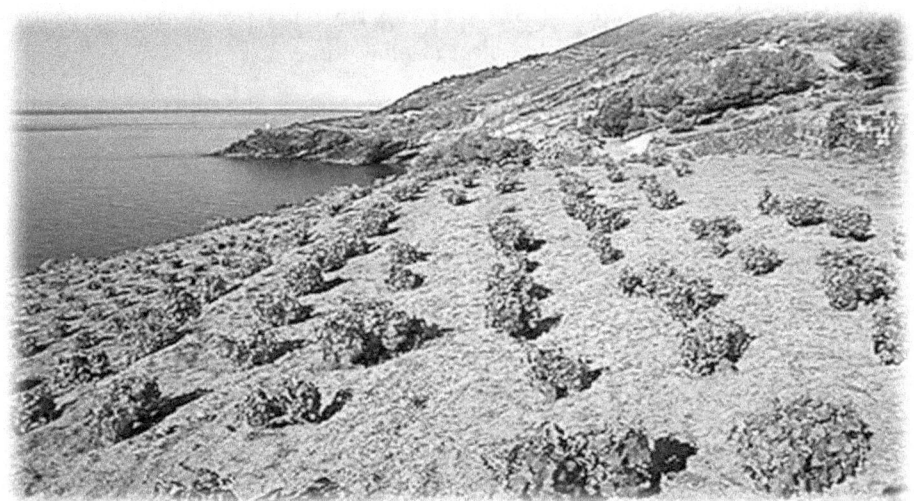

CAPITOLO 2

IL PANORAMA DELLA CALABRIA

LA STORIA E IL TURISMO

La Calabria nella sua storia ha visto alternarsi numerosi popoli e culture provenienti da tutto il Mediterraneo. La regione fu abitata fin dal Paleolitico. Ciò è confermato dai ritrovamenti nelle Grotte di Scalea (*Torre Talao*) e del graffito del "Bos primigenius" a Papasidero. Nel Neolitico si hanno insediamenti più sparsi, concentrati specialmente nella parte orientale della Calabria.

L'antica età dei Metalli portò in Calabria nuove popolazioni, uno degli insediamenti più importanti (*risalente alla tarda età del bronzo*) è il complesso di Torre Galli vicino a Vibo Valentia.

Oltre 3.000 anni fa, i greci sbarcarono in massa sulle coste e fondarono un insieme di colonie che divennero ben presto ricche e potenti, tanto da meritare l'appellativo di Magna Grecia. Varie fasi, con la supremazia di diverse città, caratterizzano questa epoca.

Reggio Calabria è stata la prima colonia greca fondata dagli Ioni della costa sicula, poi un gruppo di Achei fondò Sibari, quindi Crotone e Locri, il tutto dal 744 a.C. al 670 a.C. Il periodo di maggiore interesse fu sicuramente quello della colonizzazione dei greci, che nell'VIII secolo a.C. designarono questa punta della penisola con il nome di "Italia".

Itali, infatti, erano chiamati gli abitanti della parte meridionale della Calabria. Prima della conquista romana, e quando Roma unificò in un solo dominio le varie regioni, il nome di Italia si estese da sud verso nord, fino ad identificare al tempo dell'imperatore Augusto, nel 42 a.C., tutta la penisola italiana.

Numerose ed inestimabili sono le tracce della civiltà greca lasciate sul territorio calabrese. Il periodo di dominazione romana è ben diverso dallo splendore della Magna Grecia.

Vi fu un periodo in cui lo sviluppo sociale ed economico si arrestarono per lungo tempo; i calabresi ostacolarono l'occupazione dei romani più volte alleandosi con il generale cartaginese (*Tunisia*) Annibale Barca (*215 a.C.*); ma Roma ebbe la meglio e cominciò a tagliare i boschi della Sila e delle altre montagne della Calabria, causando un dissesto oro-idro-geologico con frane e smottamenti.

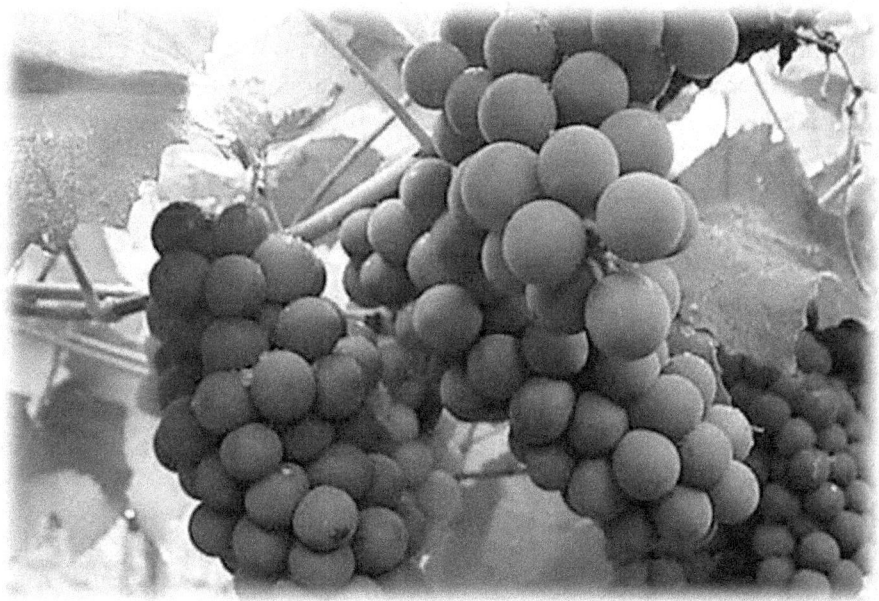

Dopo la caduta dell'Impero Romano la Calabria fu in seguito saccheggiata dai Visigoti e dai Goti. I Bizantini ne presero poi il dominio e rimase per secoli sotto la dominazione di Bisanzio.

Durante il periodo bizantino, la Calabria divenne un fortilizio contro le incursioni dei saraceni che arrivarono dal mare. Gli Arabi e i Longobardi cercarono sempre ma invano di conquistarla interamente al proprio dominio. In questo periodo trovarono un grande sviluppo anche i monasteri, facendo diventare la regione calabra, un ricco centro di trasmissione della cultura antica attraverso la produzione di manoscritti.

Purtroppo, solo pochi dei tesori artistici e culturali prodotti in questo periodo sono ancora oggi in Calabria. Tuttavia, nel Museo diocesano di Rossano (CS), si può ammirare il magnifico "Codex Purpureus Rossanensis", (Gregory-Aland: Σ o 042), un manoscritto onciale greco del VI secolo d.C.

Intorno all'anno 1.000 d.C. ai Bizantini subentrarono i Normanni. In questo periodo vissero due grandi protagonisti del monachesimo: Gioacchino da Fiore all'Abbazia di San Giovanni in Fiore e Brunone di Colonia alla Certosa di S. Stefano a Serra San Bruno, fondatore dei certosini; questi crearono il Regno del Sud, e dopo i Normanni vennero gli Svevi.

Federico II creò nelle regioni del sud una delle nazioni più civili del mondo, il famoso Regno del Sole, luogo d'incontro di culture e civiltà diverse: l'Occidentale, l'Islamica e la Greco-Ortodossa. Nell'anno 1.250 Federico morì ed il regno cadde in mano agli Angioini, che fecero del feudalesimo un sistema per controllare in maniera ferrea i sudditi ed il territorio.

Agli Angioini seguirono gli Aragonesi, gli Spagnoli (osteggiati tra gli altri dal filosofo Tommaso Campanella nel 1.599), gli Austriaci e i Borboni. Durante questo periodo la popolazione intensificò il suo ritiro sulle colline e sui monti, per sfuggire dalla malaria, ma anche dalle incursioni dei pirati prima saraceni e poi turchi, lungo tutte le coste calabre. Questo fenomeno creò un isolamento esterno ed interno, con centri abitati sorti sulle alture e nelle vallate privi di vie di comunicazione e con sentieri impraticabili per tutta la stagione invernale.

Al momento dell'Unità d'Italia, nel 1.861, la Calabria era dotata di una sola strada che l'attraversava da nord a sud fino a Reggio Calabria, la ferrovia era inesistente ed il 90% dei Comuni era senza strade interne ed esterne.

Nel XVIII secolo una terribile carestia e un fortissimo terremoto piegarono la Calabria borbonica. Ci si avvicina così all'età delle rivoluzioni, come quella del 1.799. Il generale francese e re di Napoli: Gioacchino Murat (cognato di Napoleone) fu giustiziato a Pizzo Calabro nel 1.815.

Durante le inquietudini della guerra, a metà del XIX secolo, a Cosenza, il re Ferdinando II ordinò ai suoi soldati la fucilazione dei fratelli Attilio ed Emilio Bandiera (patrioti italiani ed eroi del Risorgimento), finché nel 1860 arrivò Giuseppe Garibaldi portando nuove speranze di cambiamento con l'avvento del Regno d'Italia. Durante i decenni susseguenti, i risultati economici del nuovo regime italiano stabilitosi in Calabria fu fallimentare, producendo solo emigrazione e miseria.

Iniziò così a proliferare la piaga del brigantaggio negli anni intorno al 1.870 che causò soprattutto l'estrema povertà che spinse la gente ad andarsene. Con l'emigrazione massiccia, la popolazione della regione Calabria praticamente si dimezzò. Oggi sono milioni i calabresi nel mondo.

Solo lo sforzo dei moderni governi nazionali del dopo guerra hanno contribuito a rompere quest'isolamento, ed oggi le mutate condizioni economiche e sociali hanno determinato un'inversione di tendenza. Grazie anche al turismo, molti centri abitati sono sorti lungo le coste, superando in importanza gli stessi centri collinari.

Ma anche questo ha creato problemi, la speculazione edilizia ha in parte rovinato il paesaggio e la dispersione degli abitanti ha fatto perdere parte del patrimonio di tradizioni e di cultura che in passato hanno segnato la vita e le origini del popolo calabrese. Solo in questi ultimi anni, si cerca di recuperare quel grande patrimonio di tradizioni e di cultura che la Calabria ha conquistato grazie all'alternarsi di numerosi popoli e di culture provenienti da tutto il bacino del Mediterraneo.

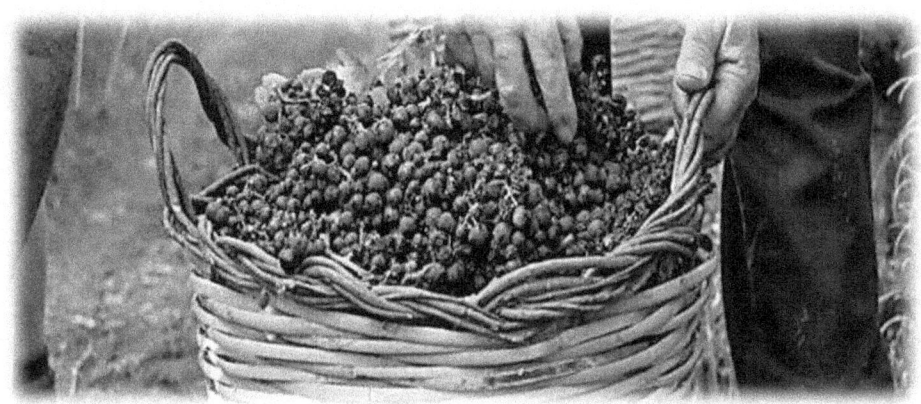

LE TRADIZIONI ANTICHE

Le tradizioni e il folklore delle popolazioni della Calabria testimoniano un grande passato. Infatti, negli "usi e costumi calabresi", spiccano estremi storici e culturali di epoca anche molto remota, fastosi sono i costumi femminili nei centri di lingua albanese e grecanica, austeri ed essenziali quelli dei paesi montani.

I più significativi e originali esempi di tradizioni popolari calabresi si registrano nei paesini più interni dove maggiormente lenta è stata la penetrazione di culture esterne e dominanti. Molte tradizioni sono legati alla religione (*Natale, Pasqua, feste patronali ecc.*), che per ogni evento vengono riproposti da secoli, riti, manifestazioni, usi, costumi e rappresentazioni di grande richiamo popolare.

A proposito della Pasqua in numerosi comuni vengono eseguite le sacre rappresentazioni che coinvolgono l'intero paese, da citare la Pasqua di Nocera Tirinese, in provincia di Catanzaro, dove ancora oggi durante il "Venerdì Santo", si può assistere alla rappresentazione dei "flagellanti" o "vattienti", i quali si martoriano le carni (*fronte, schiena, gambe e braccia*) fino a far scorrere il loro sangue.

Per quanto attiene le feste religiose, in molti paesi sulla costa calabra le processioni religiose (*Immacolata, Annunziata ed altre Marie e santi*) si svolgono in mare con le barche.

Anche il carnevale in Calabria riveste una grande partecipazione popolare, con vere e proprie recite e sfilate di antichi costumi e usanze collegate alla tradizione pagana dei Greci e dei Romani. Degne di nota sono le manifestazioni folkloristiche nei paesi di origine albanese, dove le rappresentazioni ripercorrono l'esodo che queste popolazioni hanno intrapreso secoli addietro e per il loro eroe nazionale: Giorgio Castriota, detto Scanderberg (*condottiero e patriota albanese del XV secolo d.C.*).

A Spezzano Albanese, vive è ancora la tradizione appunto albanese, nel dialetto, negli usi e costumi, il tutto molto evidente sopratutto durante la pasqua ed i matrimoni accompagnati da danze e canti popolari.

Un'altra piccola minoranza linguistica, con tradizioni e costumi propri si trova a Guardia Piemontese, fondato da gruppi di esuli piemontesi, venuti dalle valli Pellice e Angrogna, di religione valdese, intorno al 1200 d.C.. Di notevole interesse è l'area grecanica della Calabria ed è rappresentata dai comuni di Roccaforte del Greco, Condofuri, Roghudi e soprattutto Bova nel versante meridionale dell'Aspromonte, in queste zone si parla ancora il dialetto grecanico, interessanti rimangono sempre le particolari tradizioni e i costumi variopinti.

Inoltre, vi sono le superstizioni e le forti credenze popolari come quella di credere al malocchio, e che la caduta dell'olio per terra sia un segno negativo e tante altre credenze popolari. Numerose sono le sagre dei prodotti tipici locali, tra i quali quella della 'Nduja di Spilinga, della Cipolla Rossa di Tropea, dei funghi, del vino, della castagne ecc. Si tratta comunque, sempre, di manifestazioni corali tra i cui sentimenti innati e tramandati, le tradizioni e le radici culturali di una gran parte del popolo calabrese.

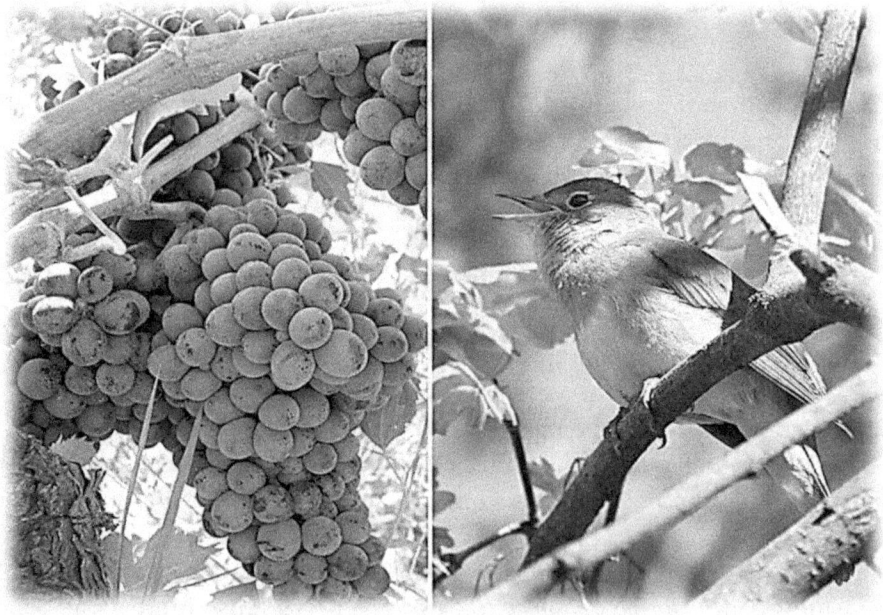

LA PENISOLA CALABRESE OGGI

Con una superficie di 15.080 kmq, la popolazione che vive in Calabria è di solo 2.100.000 persone. Dopo la Sicilia, la Calabria è la regione più meridionale d'Italia; confina a nord con la Basilicata (*Lucania*) e per il resto è circondata da due mari: dal mar Tirreno a ovest e dal mar Ionio a sud e a est (*compreso lo Stretto di Messina*) per una lunghezza complessiva di coste di ben 780 Km che corrisponde al 19% della totale costa italiana.

La Calabria presenta la più grande ed esclusiva varietà di spiagge formate da rocce particolari come gli scogli granitici della provincia reggina, a quelle calcaree e granitiche intervallate da splendide spiagge bianche del tirreno vibonese, a quelle lunghe e sabbiose dello ionio catanzarese.

Quindi il suo mare rappresenta la principale risorsa turistica calabrese, grazie ad una lunghissima costa affacciata su due mari (*Tirreno e Ionio*), con ricchezza ittica, in un paesaggio che alterna spiagge e scogliere ripide e imponenti.

Le colline e le montagne calabresi si trovano tra i due mari. Il territorio della Calabria è in prevalenza montuoso (*il Pollino, la Sila, l'Aspromonte, le Serre*) per il 42%, collinare per il 49% e il rimanente 9% è classificato come pianura (*Piana di Gioia Tauro, di Sibari e di Lamezia Terme*). Il massiccio del Monte Pollino è di natura calcareo-dolomitica con fenomeni di carsismo superficiale, geograficamente il Pollino segna il confine (a nord) con la Basilicata.

Nel massiccio del Pollino il monte più alto (*anche di tutta la Calabria*) è la "Serra Dolcedorme" con i suoi 2267 metri e il Pollino con i suoi 2.248 metri, Dal 1.991 gran parte del massiccio è diventato "Parco Nazionale del Pollino".

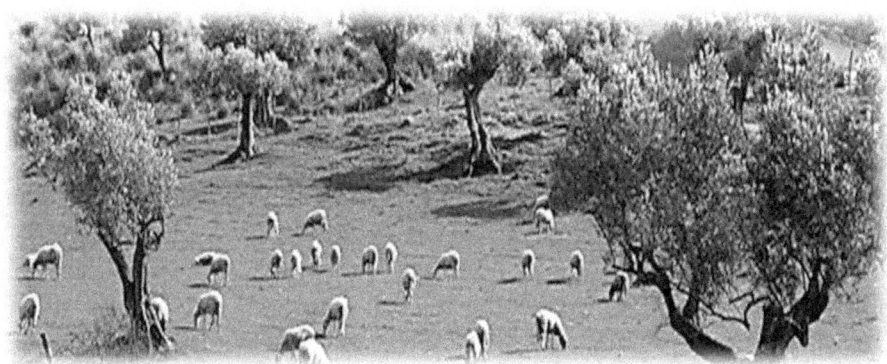

La Sila più che una catena montagnosa è un variegato altopiano con montagne che arrivano massimo a 1.928 metri.

Nel circondario del monte "Botte Donato", è possibile trovare immense distese di boschi, laghi, cascate che solcano i monti e navigano verso il mare, cime che degradano dolcemente e vette che formano naturali balconi offrendo una vista panoramica indimenticabile. La Sila è divisa in Sila Grande, Sila Greca e Sila Piccola.

Nel lontano 1968 la Sila è stata istituita la quinta dei parchi nazionali dopo quelli d'Abruzzo, Gran Paradiso, Stelvio e Circeo. Allora il parco era denominato "Parco Nazionale della Calabria", dal 1997 è diventato "Parco Nazionale della Sila".

L'Aspromonte è l'ultima propaggine montuosa dell'Appennino Calabrese e della penisola italiana. Il massiccio dell'Aspromonte è una montagna che nonostante il clima arido in estate è ricca di vegetazione soprattutto lungo i profondi valloni (*fiumare*) ma anche sui pendii che portano fino alla cima più alta del Monte Moltalto che sfiora i 2.000 metri.

Dal 1.994 il massiccio è diventato "Parco Nazionale dell'Aspromonte" dove l'area protetta si estende su 78.500 ettari e 36 comuni coinvolti.

Con i suoi 780 Km di costa la Calabria offre una varietà di paesaggi costieri che difficilmente si possono riscontrare in altre regioni dell'Italia peninsulare.

La Calabria costiera ha inizio da "Praia Mare" con l'Isola di Dino per poi proseguire lungo il Tirreno meridionale che bagna le coste calabre di Scalea, Cirella Marina, Diamante, Sangineto, Cetraro, Acquappesa, Guardia Piemotese, Fuscaldo, Paola Marina, San Lucido, Amantea e l'intera Costa dei Cedri, tutte dotate di splendide spiagge e l'entroterra ricco di boschi e di aperte radure (*Catena Costiera*).

Da Gizzeria Lido incomincia il Golfo di S. Eufemia che bagna la piana di Lamezia Terme con una costa sabbiosa e ampia che termina in prossimità di Pizzo Calabro dove ha inizio la Costa degli Dei (*anche denominata: Costa Bella*) molta famosa per il susseguirsi di baie, promontori, bianche spiagge e un mare cristallino.

Oltre a Pizzo Calabro, le località balneari della Costa degli Dei sono: Briatico, Zambrone, Parghelia, Tropea, Capo vaticano e Nicotera. Dopo Nicotera con la sua ampia spiaggia sabbiosa troviamo la piana di Gioia Tauro e il grande Teminal Container del Porto di Gioia Tauro; subito dopo ha inizio la Costa Viola con Marina di Palmi, Bagnara Calabra e la leggendaria Scilla.

Sempre più a sud è ubicato il centro abitato di Villa San Giovanni, siamo quindi sulla sponda calabra dello Stretto di Messina che continua fino a Reggio Calabria con il suo "più bel chilometro d'Italia" (*D'Annunzio*), completamente rinnovato.

Proseguendo verso sud di Reggio Calabria si arriva proprio all'estremità meridionale della penisola calabra e italiana con la spiaggia di Melito Porto Salvo.

Da questo punto geografico in poi la costa calabra risale verso nord costeggiando il limpido Mar Ionio dove si trovano le splendide spiagge di Bova Marina, di Capo Spartivento, di Bovalino Marina, di Siderno e di tuta la Locride, per poi risalire fino a Monasterace, Marina di Badolato, Soverato, Copanello e Catanzaro Lido.

Altre località costiere di prestigio che si trovano sul Mar Ionio sono: Le Castella, Isola Capo Rizzuto, Cirò Marina, Lido Sant'Angelo, Villapiana Lido e Marina di Amendolara.

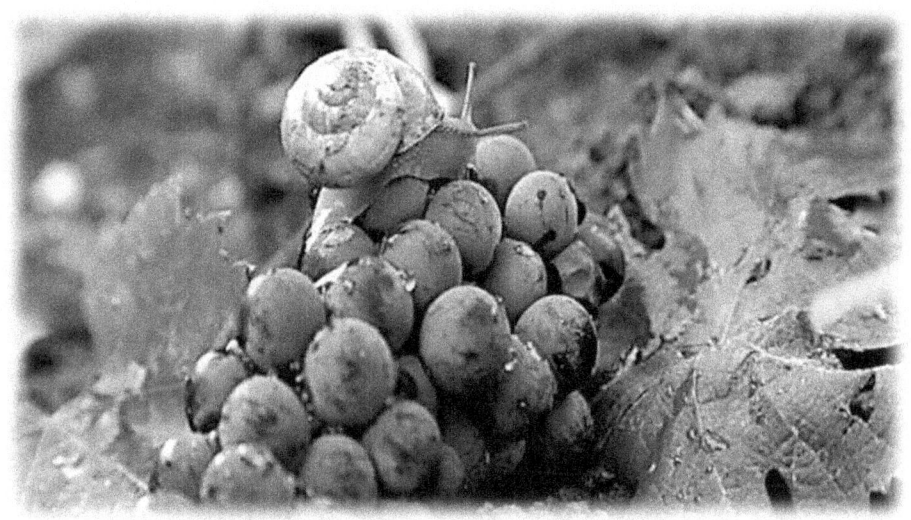

IL TURISMO IN CALABRIA

La Calabria con un territorio circondato da due mari, dal mar Tirreno ad ovest e dal mar Ionio a est e a sud per una lunghezza complessiva di coste di ben 780 Km che corrisponde al 19% del totale italiano e con una superficie in prevalenza montuosa quali: il Pollino, la Sila, l'Aspromonte e le Serre per il 42%, è sicuramente una delle regioni italiane più indicate al turismo sia balneare che di montagna.

Il clima mite su entrambe le coste facilita un turismo balneare che in quest'ultimi anni non si limita solo ai mesi estivi, ma anche alla primavera e all'autunno. La sola città di Tropea e il comprensorio di Capo vaticano registrano migliaia di presenze di turisti stranieri anche nei mesi invernali. Tutto ciò è facilitato dal mare pulito garantito dalla scarsa presenza d'insediamenti industriali e di grossi centri urbani.

La montagna con la Sila, l'Aspromonte, il Pollino e i loro rispettivi Parchi naturali richiamano ogni anno migliaia di visitatori, ma anche amanti degli sport invernali provenienti da molte regioni e non solo del sud Italia, basti pensare che in Sila in molti inverni la temperatura scende fino ai - 22 °C e la neve raggiunge anche i 2 metri.

La Calabria è una regione anche d'interesse culturale e archeologico, basta citare i famosi Bronzi di Riace e i tesori della Magna Grecia che si possono ammirare nel Museo Nazionale di Reggio Calabria. Molto importanti dal punto di vista archeologico sono gli scavi di Locri, Sibari e Crotone con i resti del tempio di Hera con l'unica colonna rimasta in piedi. Altri reperti di noto interesse artistico sono quelli d'influsso bizantino, dell'età normanna e dei periodi svevo, angioino e aragonese che nei vari secoli hanno visto la Calabria protagonista di guerre e di rivoluzioni regionali sia nel bene e sia nel male.

Ma le attrattive della Calabria sono varie e ancora da scoprire, come il turismo gastronomico ed eno-gastonomico, dalla 'Nduja di Spilinga al Caciocavallo della Sila, dal vino Cirò all'olio extravergine d'oliva delle colline calabresi. Anche l'artigianato nel settore della ceramica, dei tessuti, del legno, come anche il folclore, i riti religiosi, le comunità linguistiche e le loro tradizioni suscitano un forte richiamo da tutto il mondo.

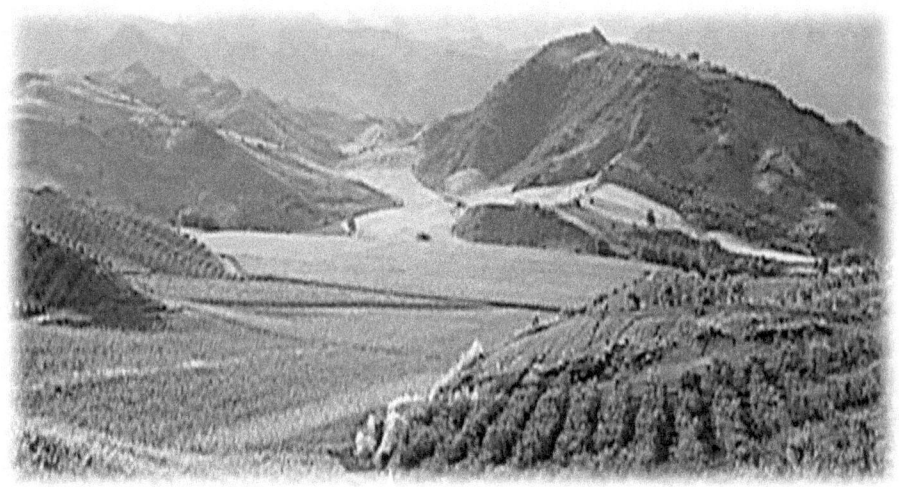

LUOGHI D'INTERESSE DA VISITARE

Provincia di Cosenza (CS): comprende la parte più settentrionale della Calabria. I luoghi da visitare sono:
Cosenza è il capoluogo di provincia, sede dell'Università della Calabria e città in forte espansione situata nella valle del Crati allo sbocco del Busento.
Sila: Altopiano montuoso diviso in Sila Grande, Sila Greca e Sila Piccola, al suo interno è stato istituito il Parco Nazionale della Sila.
Pollino: Massiccio montuoso a nord della Calabria, interessante è il Parco del Pollino e i numerosi centri montani.
San Giovanni in Fiore: Centro abitato costruito intorno all'abbazia fondata dal beato Gioacchino da Fiore, località rinomata per le produzioni artigianali.
Camigliatello Silano: Centro abitato e di villeggiatura situato tra fitti boschi di conifere, al centro della Sila Grande, è la più importante stazione silana di villeggiatura estiva e invernale con efficienti impianti sciistici.
Zone turistiche: Acquappesa, Castrovillari, Diamante, Morano Calabro, Scalea, Mandatoriccio Mare, Villapiana Lido.

Provincia di Crotone (KR): comprende parte del territorio che si affaccia sul mar Ionio e sul Golfo di Squillace. *I luoghi da visitare sono:*
Crotone è il capoluogo di questa nuova provincia, importante centro industriale della Calabria, sede di un importante museo.

Capo Colonna: Promontorio dove si trovano i resti del santuario greco di Hera Lacinia, del santuario è rimasta in piedi solo una grande colonna.
Le Castella: Castello Aragonese costruito su una stretta penisoletta, che sporge verso il mare blu profondo dello Ionio.
Santa Severina: Centro abitato situato su un piccolo altopiano roccioso del Marchesato dove con il suo castello domina il territorio circostante.
Zone turistiche: Cirò Marina, Cirò, Le Castella.

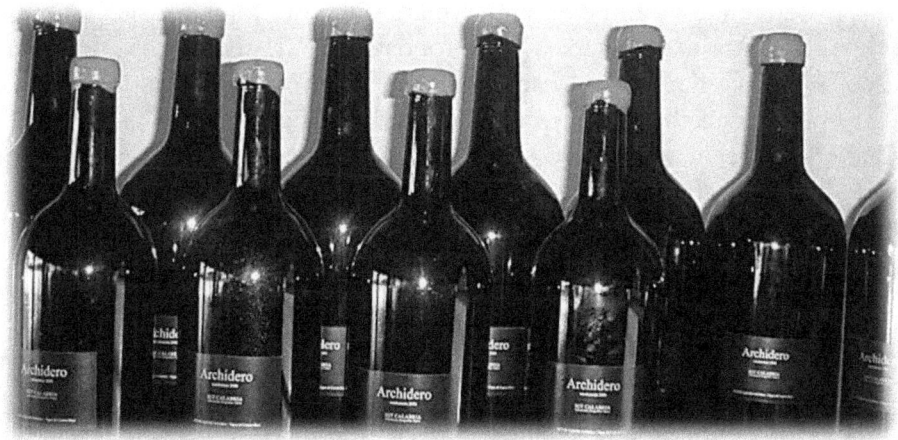

Provincia di Catanzaro (CZ): provincia con una superficie ridotta dopo l'istituzione delle due nuove province di Vibo Valentia e Crotone. *I luoghi da visitare sono*:
Catanzaro è il capoluogo della provincia e della regione Calabria, posizionata in bella posizione lungo un ripido sperone roccioso. Fondata dai Normanni.
Villaggio Mancuso: Moderno centro di villeggiatura e di sport invernali della Sila Piccola, sparso tra i pini e vicino ai laghi silani, ideale per escursioni.
Soverato: moderna stazione balneare del litorale ionico catanzarese, situato sul golfo di Squillace di probabile origine medievale.
Zona turistica: Cropani.

Provincia di Vibo Valentia (VV): è la più piccola provincia della Calabria, situata tra il Golfo di S. Eufemia e il Golfo di Gioia Tauro. *I luoghi da visitare sono*:
Vibo Valentia è il capoluogo della nuova provincia, da visitare il Castello Normanno, il museo, biblioteca e il centro storico.
Tropea: Pittoresca cittadina, fu denominata Porto Ercole, in quanto, secondo la leggenda la fondò il mitico Ercole, conserva quasi interamente una struttura urbanistica seicentesca, il suo centro storico è posto a picco sul mare.
Serra S. Bruno: Centro delle Serre Vibonesi, nota per la Certosa e per l'ambiente montano circostante.
Pizzo Calabro: Centro peschereccio e balneare situato a picco sul mare in pittoresca posizione lungo la costa del golfo di S. Eufemia.
Capo Vaticano: Nota località turistica balneare della costa degli Dei, vicino a

Tropea e di fronte alle Isole Eolie.

Zone turistiche: Capo Vaticano, Tropea, Zambrone, Briatico, Vibo Valentia, Pizzo Calabro.

Provincia di Reggio Calabria (RC): comprende l'estremo sud del territorio calabrese e della penisola italiana. *I luoghi da visitare sono*:

Reggio Calabria è il capoluogo di provincia, da visitare il Museo Archeologico Nazionale che ospita i Bronzi di Riace e altri importanti reperti della Magna Grecia, la Cattedrale e il rinnovato lungomare sullo Stretto di Messina.

Locri: Antica città della Magna Grecia fondata nel VII secolo a.C., da visitare i resti della "polis", i resti dei quartieri abitati, delle mura di cinta, di fortilizi e antiche opere idrauliche, reliquie di necropoli di varia età.

Gerace: Nota per il suo centro storico ricco di chiese e palazzi costruiti nelle varie dominazioni che si sono susseguite nei secoli.

Zona turistica: Scilla.

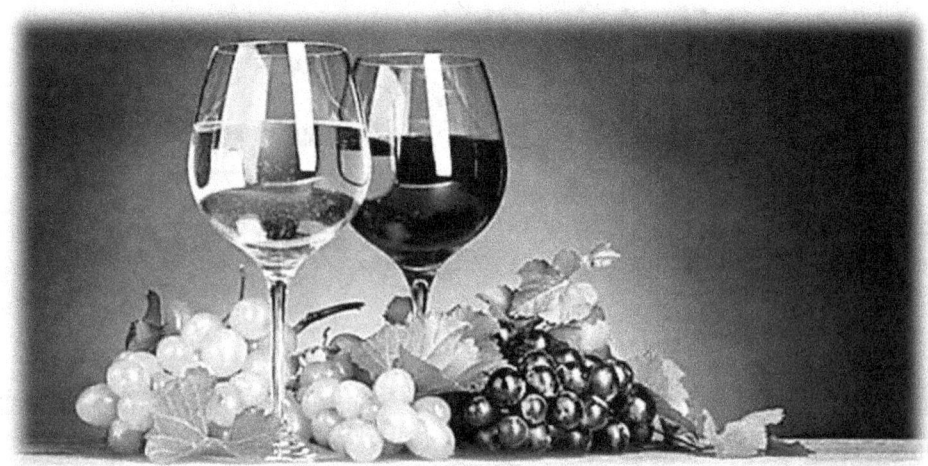

PRODOTTI TIPICI & GASTRONOMIA CALABRESE

La Calabria rappresenta la realtà ideale per un soggiorno salubre e riposante a contatto con una terra incontaminata, con mari limpidi e puliti, spiagge bianche, fondali marini variegati, ma anche per una vacanza "verde" alternativa sulle colline e sui monti calabresi, alla riscoperta di antichi percorsi e di antichi sapori, che è anche un modo per conoscere una Calabria diversa e ricca di bellezze naturali, all'insegna di un turismo rurale enogastronomico e naturalistico.

La Calabria è quindi anche una terra tutta da gustare. I prodotti tipici calabresi sono inimitabili perché nascono dalla tradizione, da materie prime inconfondibili, da tecniche antiche, ma soprattutto perché sono il frutto di una terra italiana ancora incontaminata.

Poterne fruire e conservare l'esistente il più a lungo possibile, per consegnarlo alle future generazioni, dipende anche dalle scelte dei consumatori e di come sapranno sostenere e premiare sul mercato queste straordinarie produzioni. Di fianco ai suoi eccellenti e pregiati vini, la gastronomia calabrese comprende una vasta varietà di prodotti gastronomici tipici caserecci.

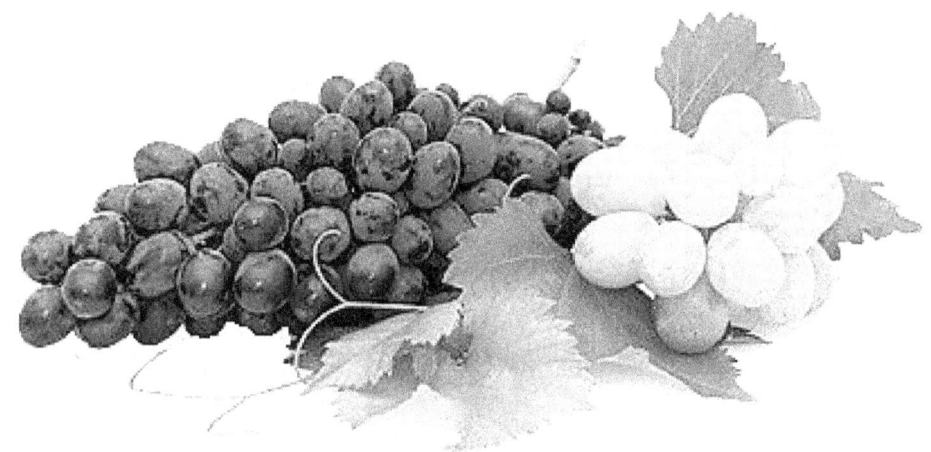

ALCUNI INTROVABILI PRODOTTI TIPICI CALABRESI

• L'olio extravergine d'oliva calabrese, dagli esperti è denominato: "Il re della Dieta Mediterranea". E' esente da Fitofarmaci e viene prodotto da olive raccolte dagli ulivi secolari presenti in tutta la regione, ma in particolare sulle colline nei dintorni di Tropea e Capo Vaticano. Alcuni dei suoi tanti derivati regionali sono: Olive nere e versi. Patè di olive. Sott'oli all'olio di oliva. Sapone di olio d'oliva (*sapuni i casa*).

• Dolci tipici Calabresi: Mostaccioli di Soriano Calabro (*biscotti*). Tartufo di Pizzo (*gelato*). Torrone gelato di Bagnara. Susumelle. Nepitella. Pia-pittapie (*biscotti*). Agrumi al cioccolato. Crocette di fichi secchi. Pitta 'mpigliata di San Giovanni in Fiore.
I prodotti dolciari della Calabria sono inimitabili perché nascono dalla tradizione, da materie prime inconfondibili, da tecniche antiche di mastri pasticceri e gelatai.

• Alcuni dei Liquori calabresi tipici, prodotti dagli agrumi e infusi di erbe aromatiche calabresi sono: Amaro del Capo. Limoncello. Liquore di Liquirizia. Nocino del Poro.

• Pane casareccio di Cerchiara (*cotto nel forno a legna*). Pitta calabrese. Focaccia ai fiori di sambuco. Frese.

• Pasta tipica calabrese: Fileja (*pasta tipica*). Strangugghi (*pasta tipica*). Tagghjarini (*pasta all'uovo*). Il prestigio gastronomico di cui gode il pane tradizionale calabrese e la pasta artigianale è dovuto alla qualità dei cereali coltivati che con l'aggiunta di erbe aromatiche.

- Liquirizia Calabrese.

- Cedro liscio e liquore al Cedro.

- Bergamotto e liquore al Bergamotto.

- Peperoncino Calabrese.

- Sardella (*il Caviale calabrese*) di Crucoli, di Cirò Marina, di Cariati o di Trebisacce.

- Stocco di Mammola (merluzzi essiccati).

- Formaggi tipici: Pecorino del Monte Poro. Pecorino crotonese. Caciocavallo silano. Formaggio delle Serre.

- Salumi di Calabria: Capicollo di Calabria. 'Nduja di Spilinga. Soppressata. Salame al peperoncino.

- Cipolla Rossa di Tropea (*la cipolla dolce*). Aglio di Papaglionti. Fagioli di Caria.

- Funghi delle Serre.

- **Curiosità: secondo uno studio americano, Nicotera** (*a 27 Km da Tropea*) e i paesi limitrofi, risulta uno dei pochi luoghi al mondo in cui il modo di alimentarsi si avvicina maggiormente alla dieta mediterranea.

- **Artigianato calabrese**: Sete e damaschi. Scialli o Vancale tipico di Tiriolo. Ricami e Arazzi. Sedie artistiche e manufatti artigianali. Pipe artigianali. Vimini. Vetro artistico. Ceramica artistica. Terracotte smaltate. Ferro battuto. Sculture. Graffiti. Oreficeria. Presepi artistici. Strumenti musicali.

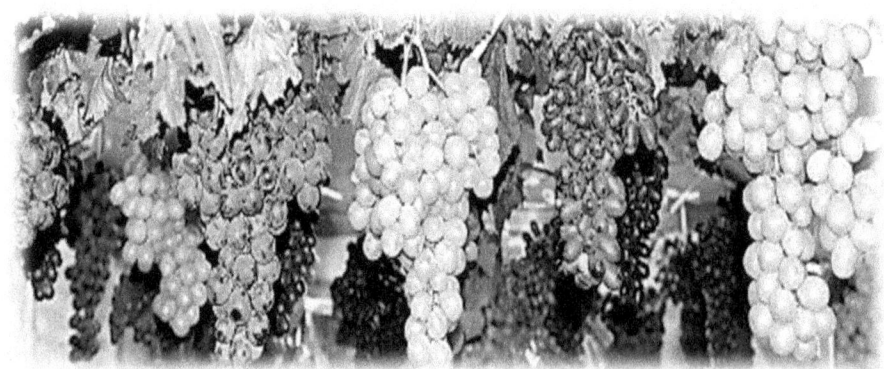

DOC & IGT DELLA CALABRIA

Escludendo i vari vini "Terre di Cosenza" Doc che sono prodotti nell'intera provincia di Cosenza, i vini a Denominazione di Origine Controllata (DOC) sono 12 e sono prodotti in un'area ben determinata e posseggono caratteristiche enologiche, chimiche e organolettiche stabilite dai disciplinari che ne regolano la produzione.

La struttura di controllo in riferimento alle DOC, autorizzata dal Ministero delle Politiche Agricole Alimentari e Forestali, ai sensi dell'articolo 13 del decreto legislativo n. 61/2010, è "Valoritalia" società per la certificazione delle qualità e delle produzioni vitivinicole italiane", con sede in via Piave, 24, 00187 Roma.

I vini IGT a Indicazione Geografica Tipica (da alcuni denominati: DOP) sono 13 e sono prodotti in determinate regioni o aree geografiche secondo disciplinari meno restrittivi e severi rispetto a quelli dedicati ai vini DOC.

La struttura di controllo in riferimento alle IGT, ai sensi dell'articolo 13 del decreto legislativo n. 61/2010, è il Ministero delle Politiche Agricole Alimentari e Forestali - ICQRF - Ispettorato centrale della tutela della qualità e repressione frodi dei prodotti agroalimentari – Via Quintino Sella, 42 – 00187 Roma.

In Calabria non si producono vini a Denominazione di Origine Controllata e Garantita (DOCG).

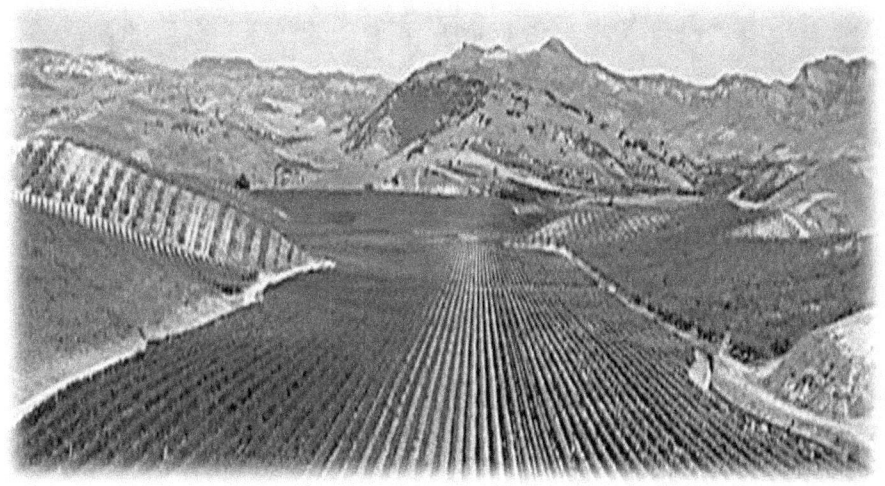

I 12 PIÙ IMPORTANTI VINI DI QUALITÀ (DOC)

1) Bivongi: prodotto nelle province di Reggio Calabria e Catanzaro.

2) Cirò: prodotto nei comuni di Cirò e Cirò Marina e in parte nei territori di Melissa e Crucoli.

3) Donnici: prodotto nella provincia di Cosenza.

4) Greco di Bianco: prodotto nella provincia di Reggio Calabria.

5) Lamezia: prodotto nella provincia di Catanzaro.

6) Melissa: prodotto nella provincia di Crotone.

7) Pollino: prodotto nella provincia di Cosenza.

8) Sant'Anna di Isola Capo Rizzuto: prodotto nelle province di Crotone e Catanzaro.

9) San Vito di Luzzi: prodotto nella provincia di Cosenza.

10) Savuto: prodotto nelle province di Cosenza e Catanzaro.

11) Scavigna: prodotto nella provincia di Catanzaro.

12) Verbicaro: prodotto nella provincia di Cosenza.

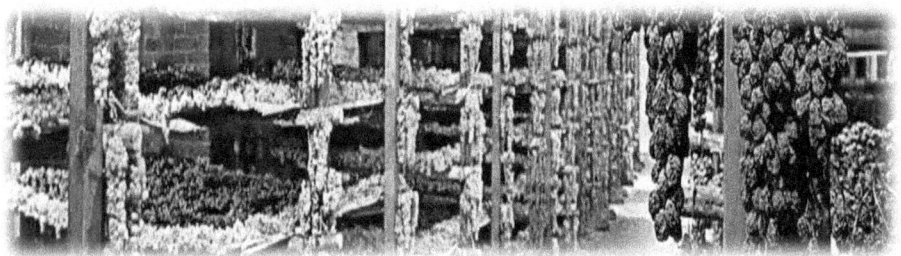

I 13 PIÙ IMPORTANTI VINI DI QUALITÀ (IGT)

1) Arghillà: prodotto nella provincia di Reggio Calabria.

2) Calabria:prodotto nell'intero territorio della regione Calabria.

3) Condoleo: prodotto nella provincia di Cosenza.

4) Costa Viola: prodotto nella provincia di Reggio Calabria.

5) Esaro: prodotto nella provincia di Cosenza.

6) Lipuda: prodotto nella provincia di Crotone.

7) Locride: prodotto nella provincia di Reggio Calabria.

8) Palizzi: prodotto nella provincia di Reggio Calabria.

9) Pellaro: prodotto nella provincia di Reggio Calabria.

10) Scilla: prodotto nella provincia di Reggio Calabria.

11) Valdamato: prodotto nella provincia di Catanzaro.

12) Val di Neto: prodotto nella provincia di Crotone.

13) Valle del Crati: prodotto nella provincia di Cosenza.

Di seguito elenchiamo tutte le informazioni ampelografiche ed enologiche, i dettagli sulla viticoltura, sui vini prodotti, le caratteriste organolettiche dei vini che se ne ricavano e tutte le Denominazioni che utilizzano ciascun vitigno.

Per ogni vitigno è inoltre riportata una tabella contenente i dati salienti del Catalogo viti. E' facoltà del Ministero delle politiche agricole alimentari e forestali modificare, con proprio decreto, i limiti indicati per l'acidità totale e l'estratto non riduttore minimo.

I vitigni idonei alla coltivazione nella Regione Calabria, sono quelli iscritti nel registro nazionale delle varietà di vite per uve da vino, riportati, ognuno, nel proprio disciplinare.

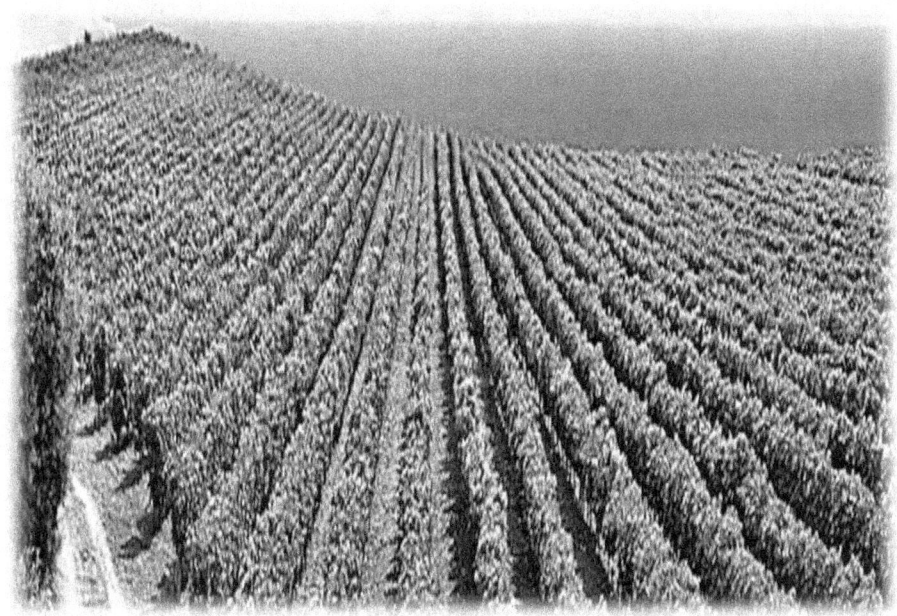

CAPITOLO 3

TUTTI I 12 VINI DOC
(DENOMINAZIONE DI ORIGINE CONTROLLATA)

"BIVONGI" - VINO DOC

La viticoltura riveste un ruolo fondamentale per l'economia di questo territorio. Particolarmente rinomato è il vino "Bivongi" a Denominazione di Origine Controllata (DOC), ottenuto da vigneti posti nelle zone collinari e anche siti su piccoli terrazzi, sia per tutelarne la qualità sia per rispettare il paesaggio circostante.

Le uve destinate alla produzione dei vini DOC "Bivongi" devono essere prodotte nella zona di produzione che comprende l'intero territorio amministrativo dei comuni di Bivongi, Camini, Caulonia, Monasterace, Pazzano, Placanica, Riace, Stignano, Stilo in provincia di Reggio Calabria e Guardavalle in provincia di Catanzaro.

Nella zona di Bivongi, la coltivazione della vite e la produzione del vino hanno origine remote. Molto apprezzate sono risultate soprattutto nel XX secolo le produzioni di vini robusti, con gradazione alcolica sostenuta.

Accanto a questi vi è una produzione di passiti che rende i prodotti vinosi di "Bivongi" unici e apprezzati nel comprensorio e nella provincia di Reggio Calabria.

Accanto ad un eccellente vino, uguale fama hanno sempre avuto le persone locali specializzate nell'arte della coltivazione della vite: potatori e innestatori, nonché i "maestri" della preparazione di un vino nostrano di altissimo pregio.

Va, infatti, ricordata la conversione a vigneto, attuata sui terreni della bassa collina, a partire dagli anni '60-70 ed ubicati soprattutto in agro di Bivongi, Stilo e Monasterace.

Prodotto di nicchia il vino "Bivongi" è apprezzato da estimatori e giovani anche per il gusto rotondo creato da un'equilibrata presenza di glicerina e da un'alcolicità contenuta, ciò a testimonianza del fatto che il vino non è un alimento tal quale, bensì un prodotto che si accompagna ai cibi, come si legge in molte etichette del "Bivongi".

VITIGNI UTILIZZATI

- **Bivongi Rosso**: Calabrese. Castiglione. Gaglioppo. Greco Nero. Nocera.

- **Bivongi Bianco**: Ansonica. Greco Bianco. Guardavalle. Malvasia bianca lunga. Montonico Bianco.

▪ **Bivongi Rosato**: Calabrese. Castiglione. Gaglioppo. Greco Nero. Nocera.

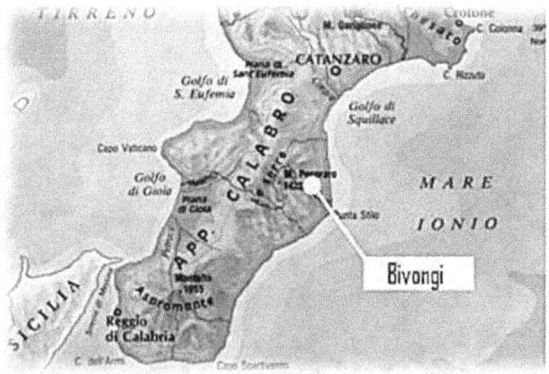 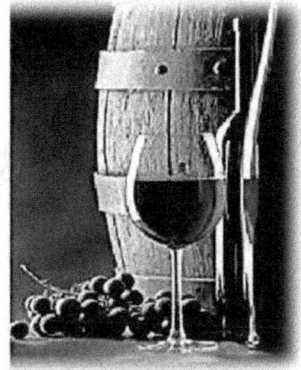

I vini a denominazione di origine controllata "Bivongi" devono essere ottenuti dalle uve provenienti dai vigneti aventi nell'ambito aziendale, le seguenti composizioni ampelografiche:

▪ **Bivongi Rosso e Bivongi Rosato**: uva Gaglioppo (*e suoi sinonimi*), uva Greco Nero, da soli o congiuntamente dal 30% al 50%; uva Nocera, uva Calabrese e uva Castiglione, da soli o congiuntamente dal 30% al 50%.

Possono concorrere alla produzione di detto vino, fino ad un massimo del 10% le uve a bacca nera e fino ad un massimo del 15% le uve a bacca bianca, provenienti da altri vitigni idonei alla coltivazione per la Regione Calabria iscritti nel Registro Nazionale delle varietà di vite per uve da vino approvato con D.M. 7/5/2004 e successivi aggiornamenti, riportati nel disciplinare.

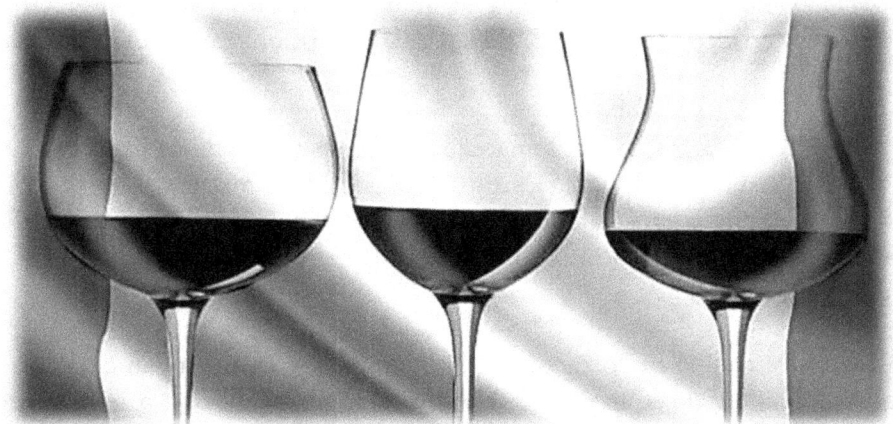

▪ **Bivongi Bianco**: uva Greco Bianco, uva Guardavalle e uva Montonico Bianco, da soli o congiuntamente dal 30 al 50%; uva Malvasia Bianca e uva

Ansonica, da soli o congiuntamente dal 30 al 50%. Possono concorrere alla produzione di detto vino, fino ad un massimo del 30%, le uve a bacca bianca provenienti da altri vitigni idonei alla coltivazione per la Regione Calabria, iscritti nel Registro Nazionale delle varietà di vite per uve da vino, riportati nel disciplinare.

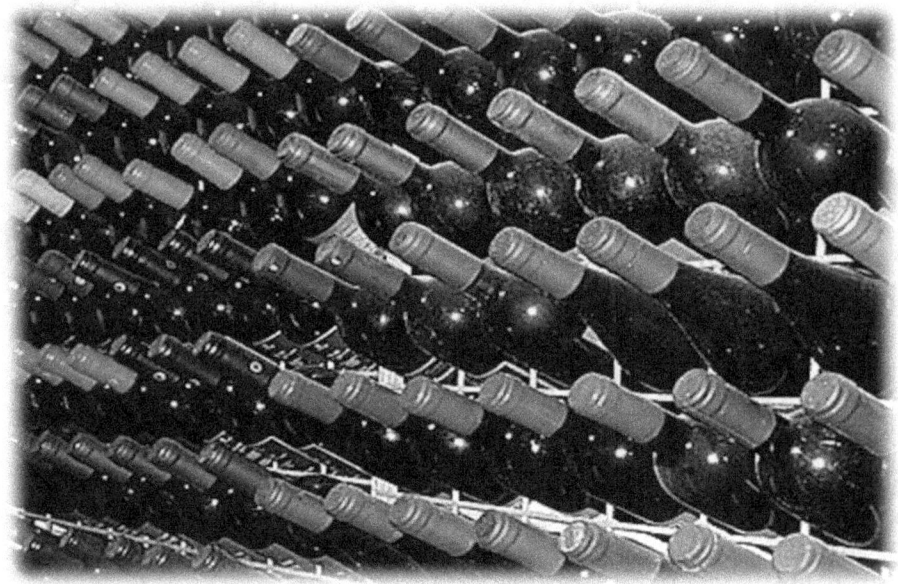

I vini "Bivongi" DOC all'atto dell'immissione al consumo devono rispondere alle seguenti caratteristiche

• **Bivongi Rosso**: titolo alcolometrico volumico totale minimo: 12% vol; **Acidità** totale minima: 4,5 g/l; **Estratto** non riduttore minimo: 20 g/l; **Colore** rosso più o meno intenso, tendente al granato con l'invecchiamento; **Odore**: vinoso, caratteristico e delicato; **Sapore**: asciutto, armonico, gradevole e talvolta fruttato.

• **Bivongi Riserva**: titolo alcolometrico volumico totale minimo: 12,50% vol; **Acidità** totale minima: 4,5 g/l; **Estratto** non riduttore minimo: 20 g/l; **Colore** rosso più o meno intenso, tendente al granata con l'invecchiamento; **Odore**: vinoso, caratteristico e delicato; **Sapore**: asciutto, armonico, gradevole e talvolta fruttato.

• **Bivongi Novello**: titolo alcolometrico volumico totale minimo: 12% vol; **Zuccheri** riduttori massimo: 10 g/l; **Acidità** totale minima: 4,5 g/l; **Estratto** non riduttore minimo: 20 g/l. **Colore**: rosso rubino più o meno intenso; **Odore**: delicato, vinoso e fruttato; **Sapore**: da secco ad abboccato, fruttato, fresco e armonico.

• **Bivongi Rosato**: titolo alcolometrico volumico totale minimo: 11,50% vol; **Acidità** totale minima: 4,5 g/l; **Estratto** non riduttore minimo: 16 g/l. **Colore**: rosato più o meno intenso; **Odore**: vinoso e caratteristico; **Sapore**: asciutto, gradevole e fruttato.

• **Bivongi Bianco**: titolo alcolometrico volumico totale minimo: 10,50% vol; **Acidità** totale minima: 4,5 g/l; **Estratto** non riduttore minimo: 15 g/l. **Colore**: giallo paglierino più o meno intenso; **Odore**: vinoso e gradevole; **Sapore**: secco, armonico e fruttato.

Abbinamenti e temperatura di servizio

• **Bivongi Rosso**: si accompagna a formaggi e salumi tipici calabresi. Temperatura di servizio 16° - 18°C.
• **Bivongi Rosato**: si accompagna a salumi, primi, secondi di carne, formaggi freschi. Temperatura di servizio 12° - 14°C.
• **Bivongi Bianco**: si abbina ad antipasti, piatti a base di pesce, uova. Temperatura di servizio 10° - 12°C.

La zona vinicola

L'area vinicola del Bivongi è posta su una zona montuosa a ridosso del mare Ionio a 50 chilometri circa a sud di Catanzaro. La zona ricade nella stretta di Catanzaro a ridosso delle ultime propaggini settentrionali del massiccio delle Serre.

Questo territorio è condizionato dalle strutture tettoniche tipiche nel contesto geologico del Mediterraneo Centrale. Corrisponde geograficamente alla parte posta a sud della Stretta di Catanzaro, l'istmo caratterizzato da una stretta valle allungata di 30 km circa che unisce le due coste, Ionica e Tirrenica e che è il punto più stretto dell'intera penisola italiana.

Strutturalmente è una depressione tettonica nota come Graben di Catanzaro. Questa faglia è stata caratterizzata sin dal Pliocene inferiore (*ultimo periodo dell'era cenozoica o terziaria di milioni di anni fa*) da un'alternanza di sollevamenti ed abbassamenti, mentre dal Pliocene superiore si registra una generale tendenza all'emersione.

Il massiccio risulta poi bordato da più sistemi di faglie longitudinali e trasversali attive dal Pliocene inferiore. Le litologie affioranti sono costituite da un basamento cristallino metamorfico di tre unità: unità del Frido di argilloscisti, quarzo areniti e calcari arenacei; il metamorfismo alpino e l'unità di Castagna è diffusa in tutta l'area.

Vi sono Paragneiss (*roccia metamorfica di quarzo e feldspato*) grigio-bruni, Micascisti (*roccia di argilla, arenarie esilico clastici*) con lenti di gneiss e leucosomi granitoidi, interessati da fenomeni cataclastici e milonitici.

I terreni sedimentari sovrastano le tre unità con arenarie e sabbie brune del Miocene medio e superiore, con discreta resistenza all'erosione e con calcare evaporitico che costituisce un importante strato.

Inoltre ci sono conglomerati sabbiosi costituiti da ciottoli metamorfici con matrice sabbiosa bruna, argille marnose con clasti di calcare evaporitico grigio chiaro, calcare arenaceo che affiora sporadicamente ed è ricco di macrofossili.

E ancora sabbie e argille dal giallo al grigio con sottili livelli di conglomeratici di rocce cristalline; argille grigio azzurre; depositi quaternari; coperture pleistoceniche attestate sui 450-500 metri di altitudini con rocce arenitizzate friabili ed ossidate.

Il quarzo è visibilmente cataclasitizzato; i feldspati ossidati e argillificati conferiscono alla formazione un colore da avana a marrone.

Infine depositi di origine marina e continentale di colore bruno rossastro e depositi olocenici sabbiosi e pietrosi, con struttura caotica. Sono compresi in questo gruppo i depositi alluvionali.

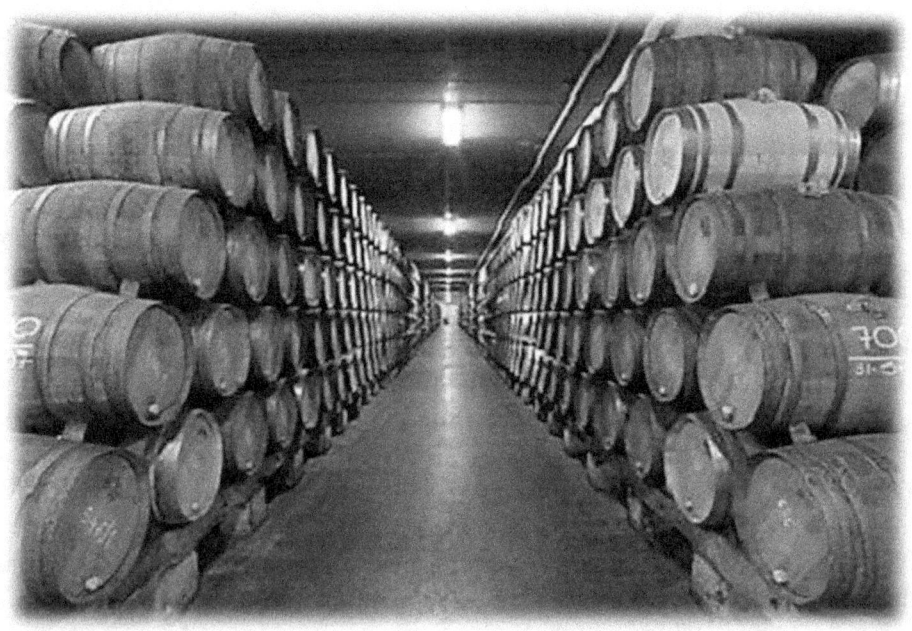

I vitigni rossi

I vitigni rossi disciplinati per la produzione di questo vino sono il Gaglioppo (*localmente detto anche Magliocco*), il Greco nero (*localmente detto anche Maglioccone*), il Nocera e il Calabrese (*localmente detto anche Nero d'Avola o Mantonico Nero*).

Il Nocera è un vitigno molto simile ai Nerelli coltivato prevalentemente nel messinese da tempi molto antichi.

Si ipotizza sia legato agli storici vini "Mamertinum" e ai vini di "Zancle" celebrati dagli antichi latini.

44

Ha una media vigoria, con acini medi e buccia consistente di colore nero-bluastro e la maturazione media.

Il vino prodotto in purezza è di colore rosso rubino carico con riflessi porpora, con buon corredo aromatico, corposo, ricco di acidità fissa, alcol e tannino.

I vitigni bianchi

I vitigni bianchi che sono utilizzati per il Bivongi Bianco sono principalmente il Greco Bianco, la principale uva bianca calabra, il Guardavalle che qui viene chiamato Uva Greca, il Monsonico, chiamato anche Mantonico Bianco in provincia di Reggio Calabria e poi, anche se in misura nettamente minori, il Malvasia Bianca e l'Ansonica.

Il Guardavalle è un autoctono della regione, diffuso in particolare sulla costa ionica della provincia di Reggio Calabria.

Il suo uso è prevalentemente rivolto al taglio del vino, ed è sfruttata solo in questa zona. Di quest'uva infatti non vi è traccia al di fuori della Kalipera e della Locride. Il Guardavalle ha un grappolo di dimensioni medie con forme coniche e alate, con densità compatta e a spargolo.

Anche i chicchi hanno dimensioni medie, con bucce pruinose e ambrate. Poco vigoroso ha una maturazione tardiva e una buona resistenza alla avversità. I vini hanno colori paglierino molto tenue, con penetranti aromi alla nocciola tostata. Ottima presenza al palato, di struttura e di corpo.

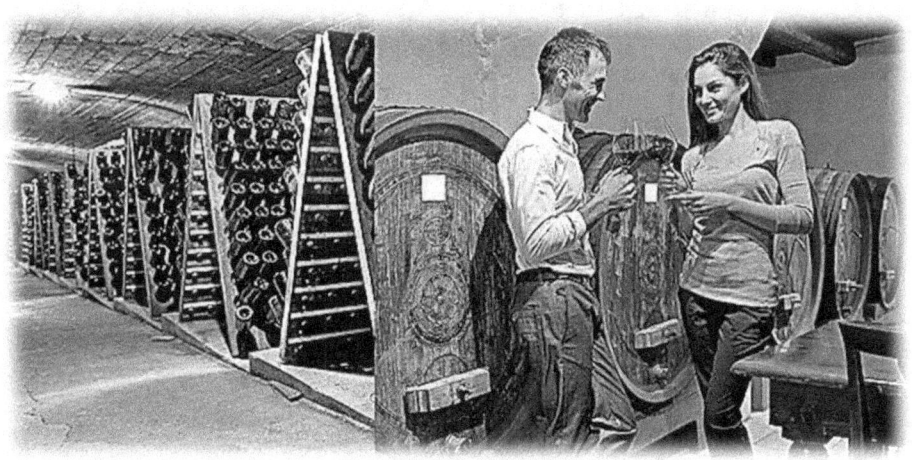

LE AZIENDE

Cosmi vinifica il Bivongi Rosso D.O.C. con agricoltura biologica. Il risultato è un vino corposo, profumato e carico di estratti. E' ottenuto da uve Gaglioppo, Greco Nero e Calabrese Nero, vinificate con adeguata macerazione. E' un vino per le pietanze della cucina mediterranea.

Scarica il disciplinare: www.iviniditalia.it/disciplinari/bivongi.html

SCHEDE DEI VITIGNI AUTOCTONI DELLA ZONA

Castiglione: www.euvite.it/vitigni/19/castiglione.html
Gaglioppo: www.euvite.it/vitigni/12/gaglioppo.html
Greco Bianco: www.euvite.it/vitigni/15/greco_bianco.html
Malvasia Bianca: www.euvite.it/vitigni/24/malvasia_bianca.html
Mantonico Italico: www.euvite.it/vitigni/25/mantonico_italico.html
Nzolia: www.euvite.it/vitigni/33/nzolia.html

Territorio - Reggio Calabria: www.euvite.it/territori/5/reggio_calabria.html

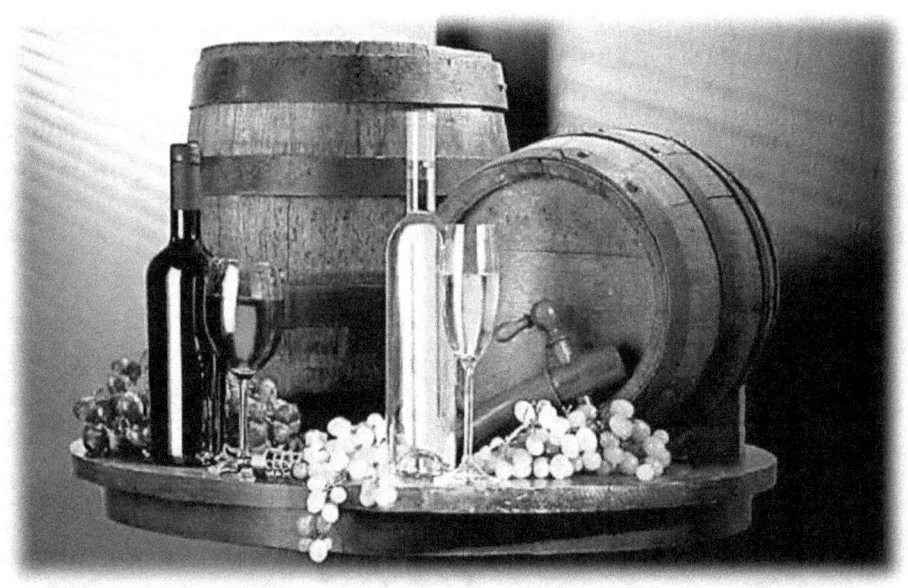

"CIRÒ" - VINO DOC

Punta di diamante dell'enogastronomia cirotana è il vino "Cirò" DOC. Quest'ultimo discende da un vino che anticamente era chiamato 'Krimisa'. Il nome deriva probabilmente da quello di una colonia greca, situata dove ora sorge Cirò Marina.

Il "Cirò Rosso" DOC è veramente un grande vino, uno di quelli che hanno conquistato gli esperti d'Europa e del mondo.

Difatti, come già menzionato, il vino prodotto a Cirò Marina e nel suo circondario veniva offerto in dono, tra il VII e il VIII secolo a.C., agli atleti vincitori delle Olimpiadi. Anche oggi, per rinnovare questa antica tradizione, il Cirò viene servito come vino ufficiale durante tutte le regolari Olimpiadi mondiali.

Cultura

In Calabria il vino Cirò ha inizio nell'VIII secolo a.C. quando alcuni coloni giunti dalla Grecia approdarono sul litorale di Punta Alice e fondarono Krimisa. La sua origine è legata alla leggenda di Filottete il quale, al ritorno da Troia, consacrò le frecce donategli da Eracle (*Ercole*) nel santuario di Apollo Aleo.

"Krimisa" è il nome che deriva da una colonia greca, di cui dea era Cremissa. A Cirò Marina sorgono ancora i resti di un importante tempio dedicato al dio del vino: Bacco. Anche nella Grecia remota il "Krimisa" (o *Cremissa*) era nell'antichità, il "vino ufficiale" delle Olimpiadi.

Tipologie: La Denominazione di Origine Controllata (DOC) del vino Cirò è riservata alle seguenti tipologie: "Cirò rosso", "Cirò bianco" e "Cirò rosato".

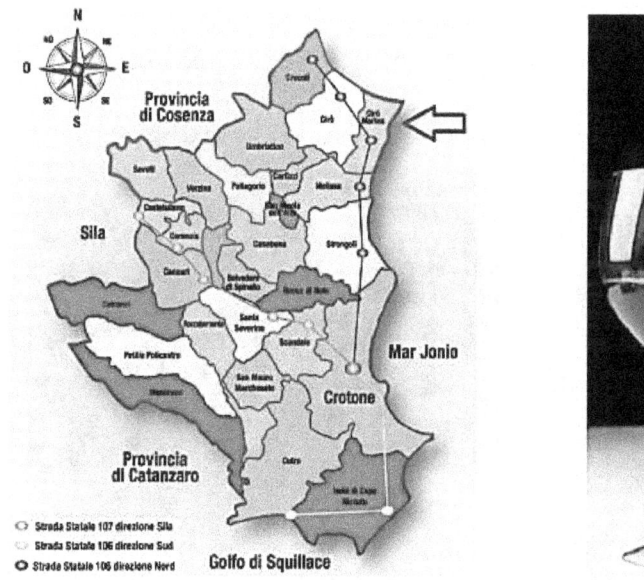
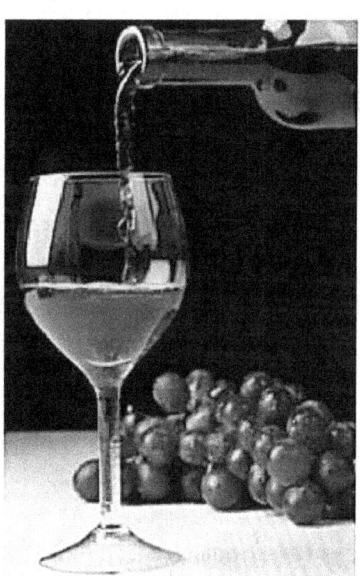

Tipi di vino Cirò

"Cirò Classico": se prodotto nei comuni di Cirò e Cirò Marina. "Cirò Superiore": con gradazione minima del 13,5%. " Cirò Riserva": con gradazione minima del 13,5% ed invecchiamento di 2 anni.

Solo i vini "Cirò Rosso" e "Cirò Rosso Classico" provenienti da uve che assicurino un titolo alcolometrico volumico minimo naturale del 13% vol e che all'atto dell'immissione al consumo abbiano un titolo alcolometrico volumico complessivo minimo del 13,50% vol, possono fregiarsi della qualificazione di "Cirò Superiore".

È facoltà del Ministro delle politiche agricole alimentari e forestali di modificare con proprio decreto i limiti minimi sopra indicati per l'acidità totale e l'estratto non riduttore.

Vitigni utilizzati

- **Cirò Rosso**: Gaglioppo. Greco Bianco. Trebbiano Toscano.
- **Cirò Bianco**: Greco Bianco. Trebbiano Toscano.
- **Cirò Rosato**: Gaglioppo. Greco Bianco. Trebbiano Toscano.

- **L'uva Gaglioppo**, proviene dal vitigno più tipico della Calabria. E' un'uva nera capace di resistere anche se non piove per lungo tempo.
- **Il Cirò Rosso** è prodotto al 100% con le uve Gaglioppo.
- **Una varietà del Cirò Rosso** è prodotto con 95% di Gaglioppo e 5% di Trebbiano toscano odi Greco bianco.
- **Una varietà del Cirò Rosato** è prodotto con 95% di uva Gaglioppo e 5% di uva Trebbiano toscano, oppure 5% di uva Greco bianco.
- **Il Cirò Bianco** è prodotto al 100% con le uve Greco Bianco.
- **Una varietà del Cirò Bianco** è prodotto con 90% di uva Greco Bianco e 10% di uva Trebbiano Toscano.

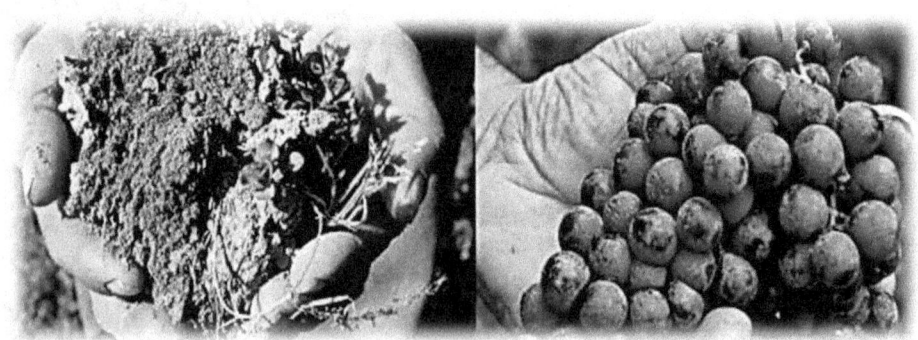

La zona

L'unica area di produzione del vino Cirò è Crotone con l'intero territorio dei comuni di Cirò, Cirò Marina e parte di quelli di Cutro, Melissa e Crucoli. Le uve destinate alla produzione dei vini "Cirò Rosso", anche nelle tipologie "Cirò Superiore" e "Cirò Superiore Riserva", "Cirò Rosato" e "Cirò Bianco" devono essere prodotte solo nelle zone di produzione indicate.

Invecchiamento: Il "Cirò Rosso" può invecchiare a lungo.

Basi ampelografiche

▪ **I vini Cirò Rosso e Rosato** devono essere ottenuti da uve prodotte da vigneti aventi, nell'ambito aziendale, la seguente composizione ampelografica: Uva "Gaglioppo": minimo 80%.

Possono concorrere alla produzione di detti vini le uve a bacca rossa provenienti dalle varietà idonee alla coltivazione nella regione Calabria, iscritti nel Registro Nazionale delle varietà di vite per uve da vino approvato con D.M. 7 maggio 2004 e successivi aggiornamenti, riportati nel disciplinare, fino ad un massimo del 20% ad esclusione delle varietà: Barbera, Cabernet Franc, Cabernet Sauvignon, Sangiovese e Merlot, che possono concorrere fino ad un massimo del 10%.

▪ **Il vino Cirò Bianco** deve essere ottenuto da uve prodotte da vigneti aventi, nell'ambito aziendale, la seguente composizione ampelografica: Uva "Greco Bianco": minimo 80%.

Possono concorrere alla produzione di detti vini, da sole o congiuntamente fino ad un massimo del 20%, le uve a bacca bianca provenienti dalle varietà idonee alla coltivazione nella regione Calabria, iscritti nel Registro Nazionale delle varietà di vite per uve da vino, e riportati nel disciplinare.

I vini DOC "Cirò" all'atto dell'immissione al consumo devono rispondere alle seguenti caratteristiche

▪ **Cirò Rosso**: Titolo alcolometrico volumico totale minimo: 12,50% vol; **Acidità** totale minima: 4,5 g/l; **Estratto** non riduttore minimo 20 g/l; **Zuccheri** riduttori residui massimo 4 g/l. **Colore**: rosso rubino, più o meno intenso, con riflessi violacei e con tendenza al granato nelle Riserve; **Odore**: gradevole, delicato e intensamente vinoso; **Sapore**: secco, corposo, caldo, armonico e vellutato con l'invecchiamento.

▪ **Cirò Rosato**: Titolo alcolometrico volumico totale minimo: 12,50% vol; **Acidità** totale minima: 4,5 g/l; **Estratto** non riduttore minimo 17 g/l. **Colore**: rosè più o meno intenso; **Odore**: delicato e vinoso; **Sapore**: da secco ad abboccato, fresco, armonico e gradevole.

▪ **Cirò Bianco**:Titolo alcolometrico volumico totale minimo: 11% vol; **Acidità** totale minima: 4,5 g/l; **Estratto** non riduttore minimo 16 g/l. **Colore**: giallo paglierino più o meno intenso con eventuali riflessi verdognoli; **Odore**: armonico e gradevole; **Sapore**: da secco ad abboccato, armonico, delicato e caratteristico.

Abbinamenti e temperatura di servizio

Il Cirò Rosso si abbina ad arrosti e selvaggina. Temperatura di servizio: 18°C.
Il Cirò Rosato si abbina a primi piatti con sughi di verdure e secondi di carne. Temperatura di servizio: 14-16 °C.
Il Cirò Bianco si abbina ad antipasti, secondi di pesce e piatti a base di uova. Temperatura di servizio: 10-12 °C.

Curiosità

Dall'antichità ad oggi, il vino "Cirò" ha sempre goduto la fama di essere dotato di virtù terapeutiche. Infatti più di un medico garantiva che il Cirò è un "sicuro cordiale per chi vuole recuperare le forze dopo una lunga malattia", ed inoltre è un "tonico opulento e maestoso per la vecchiaia umana per chi vuole coronarsi di gioventù ancor per molti anni".

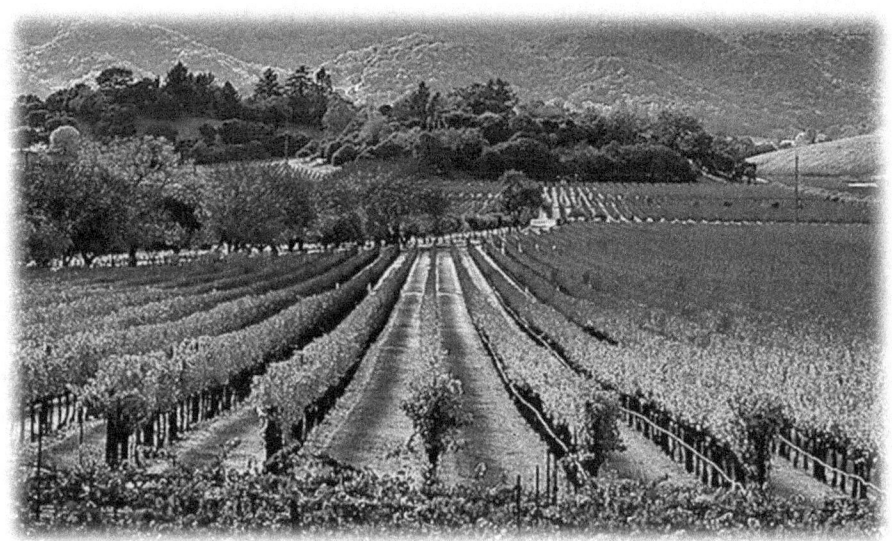

La zona vinicola

L'area vinicola del Cirò è una ristretta zona che va dalla costa ionica crotonese e si addentra per qualche chilometro nell'entroterra ai margini del Parco Nazionale della Sila, in una zona collinare ai margini orientali del Parco.

L'altimetria degrada con un andamento costante verso il mare, con pendenze medie non eccessive, con le vette più alte che si trovano nell'estrema zona occidentale.

La zona presenta delle forme carsiche e di superficie, con sviluppo di sistemi ipogei tra i più importanti sistemi carsici in gessi d'Italia.

I sedimenti affioranti sono costituiti da argille marnose siltose grigie-azzurre ricche di fossili (*pesci fossili, foraminiferi, ostracodi, ecc.*) depositatesi nel Pliocene tra i 400 e gli 800 metri di profondità e sono poi coperte da strati verso l'alto di biocalcareniti, noduli algali, frammenti di molluschi e di piccole biocostruzioni a Coralli del Pleistocene.

Il clima è temperato, gli inverni miti, ma con forti nevicate a cadenza generalmente decennale per l'arrivo di correnti polari. La temperatura estiva è calda ma ventilata dalle brezze marine che sporadicamente sono afose per le ondate dello scirocco o del libeccio.

Le temperature massime possono arrivare intorno ai 40 °C ma con bassi tassi di umidità. Le piogge sono intense in autunno, mentre gli inverni sono poco piovosi e le stagioni estive molto secche con problemi di siccità.

I vitigni rossi

Il vitigno autoctono Gaglioppo trova in questo particolare settore un ambiente estremamente favorevole, producendo un vino di ottima qualità con un leggero taglio ottenuto con il Barbera, il Cabernet Franc, il Cabernet Sauvignon, il Sangiovese, il Merlot e le altre autoctone a bacca rossa autorizzate in Calabria.

I vitigni bianchi

Il vitigno autoctono Greco Bianco è il vitigno principale per la produzione del Cirò bianco, che può essere assemblato anche con altre uve bianche autorizzate in regione. È un vitigno molto antico sicuramente introdotto dai Greci durante la colonizzazione del VIII secolo a.C.

Proprio in Calabria sembra sia stato il primo nucleo originale dell'introduzione del vitigno, poi valorizzato dai Romani che lo diffusero anche in centro Italia, tanto che nel Medioevo fu la Serenissima Repubblica di Venezia la principale sponsor di questo vitigno, esportato nei porti di tutto il Mediterraneo.

Alcuni esperti ritengono il Greco all'origine dei famosi Garganega e Grechetto. Il Greco viene oggi distinto in Greco Bianco, particolarmente presente in Calabria, e il Greco di Tufo, sfruttato invece in Campania.

Il vitigno ha grappoli medio-grandi, alati, con acini medi e pruinosi, dorati, ambrati quando sono in maturazione. La maturazione cade nella seconda metà di settembre con molti processi di appassimento per ottenere ottimi vini dolci. In Calabria tutti i vini bianchi sfruttano alte percentuali di questo vitigno, in particolare nei vini secchi.

Come passito apporta altrettanta qualità, in vini dolci che possono arrivare anche a 10 anni d'invecchiamento. Questi vini bianchi hanno colori oro, fruttati e ammandorlati con un palato molto strutturato.

LE AZIENDE

Il vino Cirò è una delle eccellenze calabresi e sono molte le aziende, nonostante la ridotta porzione di territorio sotto la denominazione, che lo vinificano con ottimi risultati a livello nazionale.

• Caparra & Siciliani è tra le aziende più affermate e premiate, con ottime reazioni da parte dei migliori enologi italiani, fin dagli anni sessanta. Il Mastro Gurato è un assemblaggio del 70% di Gaglioppo e 30% di Greco Nero, dal rubino luminoso, e gli aromi eleganti. I complessi aromi di visciola sotto spirito sono amalgamati con profumi di fiori secchi e spezie. Fine ed equilibrato, possiede tannini setosi.

• Nel Classico Superiore Volvito Riserva, vinificato dal Gaglioppo in purezza, il colore diventa granato, con intensi toni balsamici al naso, equilibrati con le spezie dolci e la china. Morbido ed elegante anche nei tannini si accompagna alla selvaggina in umido.

• Il Rosso Classico Solagi è di rubino brillante con naso intenso di fiori appassiti e frutti sotto spirito. Fresco e lungo si serve con le fettuccine al sugo di cinghiale. Il Rosso Classico giovane invece ha colori rubino trasparente, naso intenso floreale che poi evolve verso l'amarena. Fresco e delicato per i saltimbocca.

• Enotria produce il Classico Superiore Piana delle Fate Riserva dal colore granato luminoso, con frutta rossa sotto spirito su fondi balsamici. Al palato è fresco, asciutto e dai tannini levigati. Un ottimo abbinamento con i brasati.

• La Fattoria San Francesco ha conseguito per il suo Classico Ronco dei Quattroventi, vinificato in purezza, i cinque grappoli. Il rubino è ben vino, il naso elegante e complesso, con frutti rossi e fiori secchi che poggiano sulle spezie dolci e le note balsamiche. In bocca è equilibrato, morbido e solido, con un lungo finale. Da degustare con il pecorino di Crotone.

• Il Classico Donna Madda aggiunge al floreale e il balsamico un tocco iodato. Il corpo è solido, il gusto fresco e asciutto. Il finale sapido si abbina bene con la selvaggina in umido.

• Ippolito 1845 produce un'ampia linea di Cirò, partendo dal Classico Superiore Colli del Mancuso Riserva, un vino elegante intenso e complesso. Il naso attraversa una vasta gamma, dalla confettura di frutta rossa alle spezie e il rabarbaro con note balsamiche sempre presenti. Morbidezza e persistenza caratterizzano la bocca, con i brasati da abbinare nei pasti.

• Il Classico superiore Ripe del Falco Riserva del 1992, vinificato in purezza ha una sorprendente longevità, con un bouquet di tabacco, sottobosco, cuoio e spezie. Al palato è austero, morbido e persistente. Ottimo con lo spezzatino di cinghiale. Il Classico Superiore Liber Pater ha aromi di frutta rossa matura e spezie dolci. Caldo e fresco per gli arrosti misti. Il Rosso Classico invece richiede in abbinamento i formaggi mediamente stagionati.

▪ Santa Venere ha il Classico Superiore Federico Scala Riserva di un granato vivo e complessi aromi speziati avvolti da note scure di humus e fungo. Solido ed equilibrato si abbina con la selvaggina. Il Rosso Classico invece, con rubino brillante e profumi floreali e speziati, è fresco e giovane per le cotolette panate. Da segnalare anche le aziende Parrilla. Librandi e Zito.

Scarica il disciplinare:
www.informatoreagrario.it/euvite/DOP/DOP_Ciro.pdf

SCHEDE DEI VITIGNI AUTOCTONI DELLA ZONA

Gaglioppo: www.euvite.it/vitigni/12/gaglioppo.html
Greco Bianco: www.euvite.it/vitigni/15/greco_bianco.html
Territorio - Cirò: www.euvite.it/territori/4/cir%C3%92.html

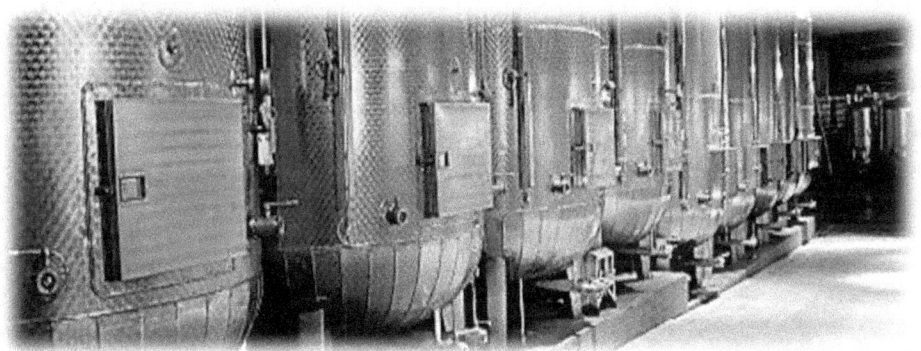

"DONNICI" - VINO DOC

Insieme al più famoso Cirò, il Donnici è stato tra i primi vini della Calabria ad ottenere il riconoscimento Denominazione di Origine Controllata (DOC) da parte dell'Unione Europea. In queste terre il vino si produce nelle tre classiche qualità di Rosso, Rosato e Bianco.

La zona di produzione si trova tra i comuni di Aprigliano, Cellara, Dipignano, Mangone, Pedace, Piane Crati e Pietrafitta, ricadenti nella provincia di Cosenza.

L'area di produzione dunque è localizzata nell'alta valle del fiume Crati stretta, tra le pendici occidentali dell'Altopiano della Sila e il versante orientale della Catena Costiera del Mar Tirreno, ad altezze comprese tra i 400 e gli 800 metri sul livello del mare. Questa posizione offre un particolare microclima caratterizzato da umidità media e forti escursioni termiche notturne e stagionali.

Nonostante le differenze climatiche che però si rilevano tra le diverse altitudini, le coltivazioni locali appaiono omogenee in termini di caratteristiche agronomiche e di resa.

Il vino Donnici Doc è un uvaggio ottenuto dalla mescolanza di vari vitigni locali tra cui spicca l'uva Magliocco Nero o Mantonico Nero, varietà locale di Gaglioppo, che viene utilizzato fino ad un massimo del 50%. Si aggiungono il Greco Nero per almeno il 10%, Malvasia Bianca o Greco Bianco non oltre il 10% e altri vitigni della zona sia a bacca bianca che a bacca nera con percentuali non superiori al 20%.

Con questo uvaggio si ottengono sia il Donnici Rosso Doc che raggiunge una gradazione minima totale del 12,5% e sia il Donnici Rosato Doc che ha una gradazione dell'11%. L'uva Montonico Bianco o Magliocco Bianco costituisce la base dell'uvaggio per il Donnici Bianco Doc, al quale si aggiunge il Greco Bianco o la Malvasia Bianca fino a un massimo del 30%, inoltre altri vitigni a bacca bianca della zona di produzione per la restante parte.

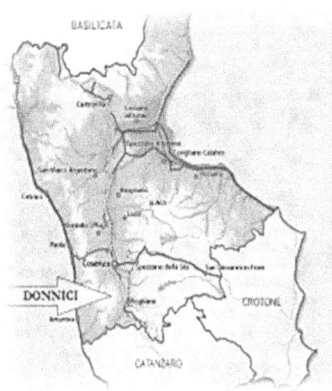 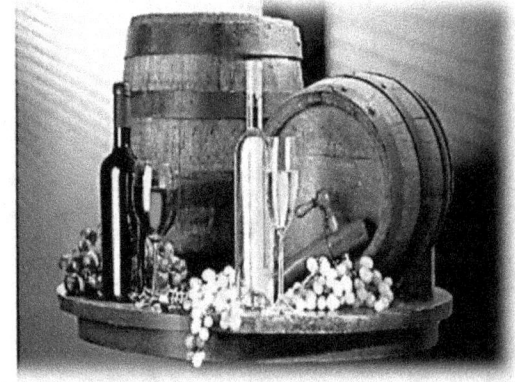

Vitigni utilizzati

- **Donnici Rosso**: Gaglioppo. Greco Bianco. Greco Nero. Malvasia bianca lunga. Pecorello Bianco.
- **Donnici Bianco**: Greco Bianco. Malvasia bianca lunga. Montonico Bianco. Pecorello Bianco.
- **Donnici Rosato**: Gaglioppo. Greco Bianco. Greco Nero. Malvasia bianca lunga. Pecorello Bianco.

Il disciplinare di produzione del vino Donnici Doc, stabilisce che le condizioni ambientali e di coltura dei vigneti devono essere quelli tradizionali della zona e comunque tali da conferire alle uve, ai mosti e ai vini derivati le specifiche caratteristiche di qualità che distinguono il Donnici dagli altri vini calabresi.

• Quindi un colore cha va dal rosso rubino al cerasuolo per la varietà: Donnici Rosso. Colore rosa più o meno intenso per il Donnici Rosato, e giallo paglierino per il Donnici Bianco.

• Per tutte le qualità prodotte, l'acidità totale minima del vino Donnici Doc è fissata nella misura del 5 per mille, anche per il Donnici Novello Doc e per il Donnici Riserva Doc.

La zona vinicola

L'area vinicola del Donnici è posta intorno ai versanti dell'altopiano della Sila, le cui origini sono da ricondurre a epoca geologica ben più remota di quella dell'orogenesi appenninica. L'altopiano è costituito da graniti, scisti e gneiss biotici che compongono genericamente il suo apparato roccioso di base.

L'ambiente fisico vario e scarsamente tormentato, favorisce una complessa vegetazione ed una presenza umana moderata lasciando intatto un equilibrato sistema interagente.

È un vasto, esteso all'incirca per 1700 chilometri quadrati, a forma di quadrilatero, e occupa il cuore più continentale della Calabria con sviluppo relativamente pianeggiante, con altitudine compresa tra i 1200 e i 1400 metri sul livello del mare.

Nelle valli scorrono numerosi corsi di acqua, fra cui i maggiori sono il Fiume Neto, il Tacina, il Grati, il Trionto, il Mucone, l'Arvo, l'Ampollino ed il Savuto. La Sila fa parte geologicamente del massiccio granitico-cristallino che costituisce l'arco calabro-peloritano, antiche entità paleozoiche disseminate nell'area del Tirreno ed in cui sono annoverate anche la Corsica e la Sardegna, che si sono formate a partire da circa 300 milioni di anni fa, in un'area del Mediterraneo dove si accumulavano enormi spessori di sedimenti.

Successivamente questi spessori di rocce sedimentarie furono sottoposti ad intrusioni di magmi granitici e furono coinvolti in fenomeni orogenetici, che le deformarono intensamente e le trasportarono in enormi ammassi per grandi distanze, determinando un rapido sollevamento tuttora attivo.

L'altopiano silano è formato essenzialmente dai tre tipi principali di rocce: le rocce magmatiche, le rocce metamorfiche e le rocce sedimentarie. Le rocce magmatiche che affiorano nei territori del Parco posti in provincia di Cosenza nelle zone della Sila Grande e della Sila Greca, costituite principalmente da rocce intrusive.

I litotipi che affiorano più diffusamente sono i graniti, mentre gabbri e porfiriti sono poco presenti. La natura dei graniti è piuttosto variabile, tanto che più di veri e propri graniti, si dovrebbe parlare in realtà di rocce di tipo granitico, ossia di granodioriti, monzoniti, tonanti, apliti, dioriti quarzifere con filoni di pegmatiti, di età tardo paleozoica. Le rocce metamorfiche come il nome suggerisce (*letteralmente significa: cambio di forma*) derivano dalla trasformazione (*metamorfismo*) di altre rocce preesistenti dovute principalmente all'aumento di temperatura e/o aumento di pressione dovuta al seppellimento e alle spinte di natura orogenetica che la roccia di partenza subisce.

Due fattori che possono agire contemporaneamente o singolarmente. Le rocce metamorfiche presenti in Sila sono gli gneiss, le granuliti, le migmatiti, i marmi, le filladi, gli scisti, le metabasiti e le migratiti che affiorano estesamente nell'area di Monte Botte Donato, mentre affioramenti di marmi e granuliti sono presenti sulla vetta di Monte Gariglione. Le metabasiti e le oficalci affiorano nell'area compresa tra Monte Reventino e Gimigliano.

Le filladi e gli scisti sono le rocce più antiche che affiorano nel territorio del Parco. Le rocce sedimentarie affiorano nell'area di Longobucco Caloveto e sono costituite da una successione compresa tra il Giurassico, 210 milioni di anni fa, e l'Eocene, 55 milioni di anni fa.

In questa successione si trovano strati fossiliferi che contengono importanti organismi estinti, tra cui le ammoniti che abitavano i bacini oceanici ai tempi dei dinosauri. I litotipi più importanti affioranti in questa zona sono: conglomerati e arenarie, calcari grigi e calcari marnosi rossi ammonitici.

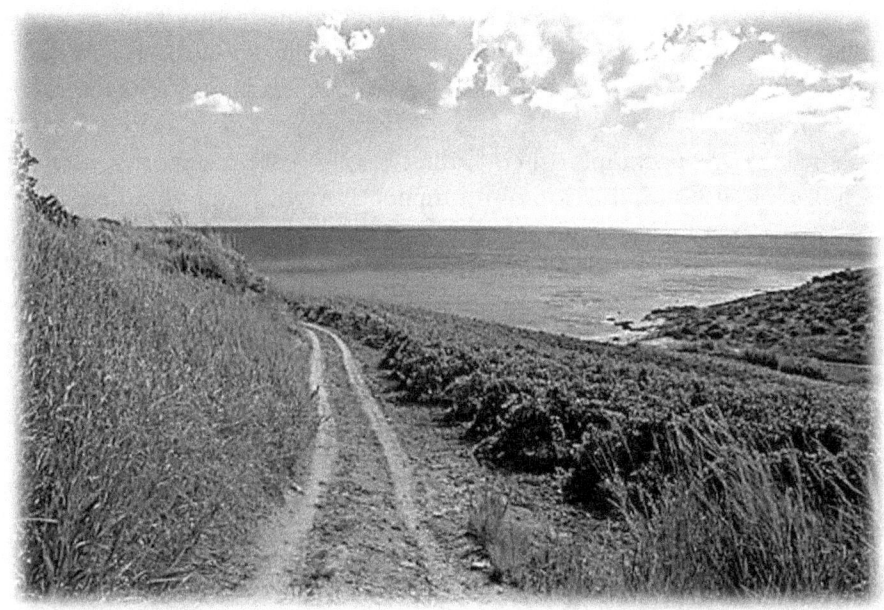

I vitigni rossi

I vitigni rossi utilizzati in questa zona sono il Gaglioppo (*localmente detto: Magliocco o Mantonico nero*) e il Greco Nero, a cui si affiancano alcuni vitigni a bacca bianca come la Malvasia Bianca, il Greco Bianco, il Mantonico Bianco e il Pecorello Bianco. Il Gaglioppo è la varietà predominante in Calabria, che prospera bene in climi secchi e fornisce elevate concentrazioni zuccherine, producendo vini alcolici e robusti seppur raramente eleganti. Per questo viene molto spesso tagliato per aumentarne le potenzialità.

I vitigni bianchi

I vitigni bianchi autorizzati dal disciplinare sono la Malvasia Bianca, il Greco Bianco, il Mantonico Bianco e il Pecorello Bianco. Il Greco bianco è il vitigno bianco calabro per eccellenza, presente in tutte le denominazioni anche con produzioni di qualità.

Il Greco Bianco, clone del Greco di Tufo, è la varietà peculiare della Calabria, con bei grappoli grandi e alati, con acini medi e pruinosi, belli dorati che diventano ambra in piena maturazione. Offre vini di gran fattura, anche nella versione dolce.

Si assembla bene anche con i vitigni regionali. In purezza regala vini dorati, con un bel naso fruttato di frutti bianchi, fichi e un finale tostato. Ottima bocca strutturata, perfetta per il pesce e i primi allo scoglio.

Il Montonico invece si trova qui e nella Locride, oltre che sporadicamente in altre regioni. Il grappolo è di grandi dimensioni, a forma allungata e cilindrica, con ali. Gli acini rotondi sono grandi, pruinosi, ancora dorati e ambrati. Usato solo in assemblaggio.

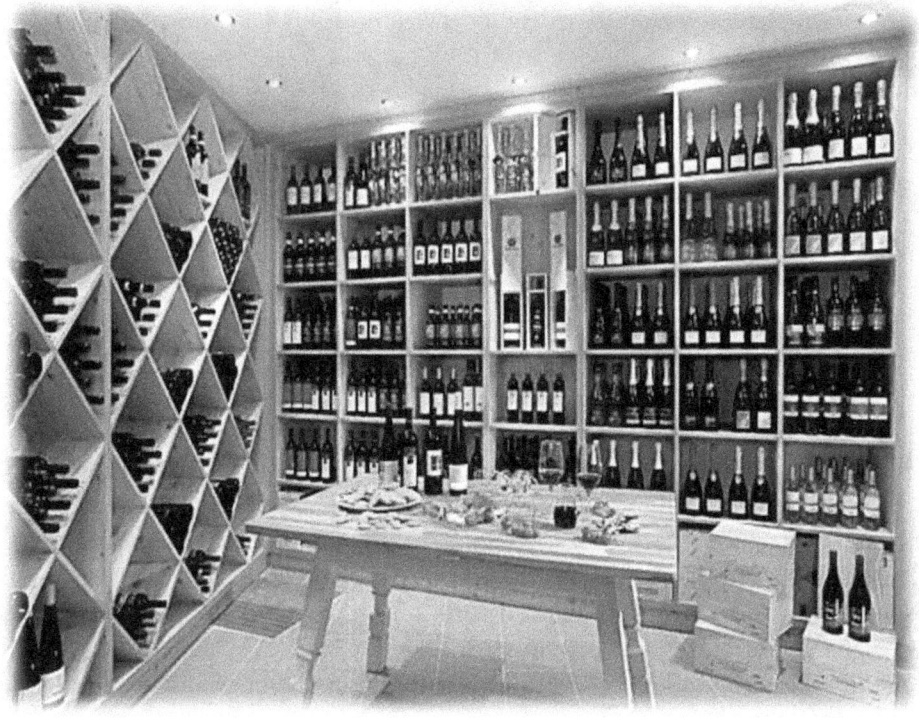

▪ Spadafora è una delle aziende leader nella produzione del Donnici, con una gamma di bianchi, rossi e rosati di ottima qualità e con produzioni che risalgono ai primi del novecento. Il suo Donnici Rosso Vigna Fiego è prodotto con un 75% di Magliocco, 10% di Mantonico e Greco e il 5% di Malvasia.

Il risultato nel colore è un rubino chiaro, con naso floreale e speziato. Al palato è caldo e fresco, con maturazione di un anno in acciaio e barrique prima di accompagnare il maialino al forno.

▪ Donnici 99 produce l'Antico di Verzano, dal colore rubino con aromi molto alcolici (sui 14% °C) di amarene sotto spirito e marmellata di ciliegie. In bocca seguono la marasca e le amarene, con tannini un po' aggressivi.

Scarica il disciplinare: www.iviniditalia.it/disciplinari/donnici.html

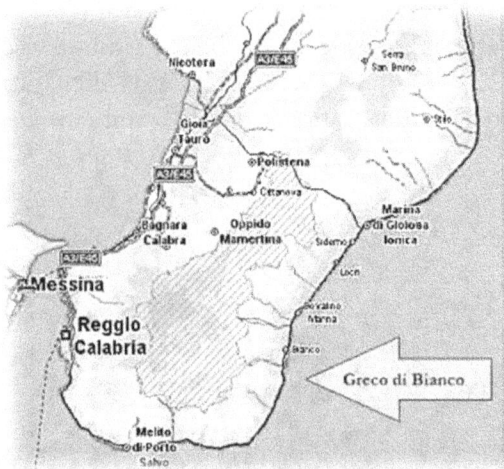
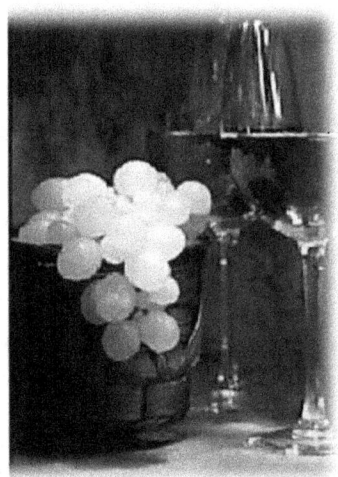

"GRECO DI BIANCO (PASSITO)" - VINO DOC

Tra i prodotti tipici calabresi spicca il pregiato vino Greco di Bianco a Denominazione di Origine Controllata (DOC). Da non confondere con il vitigno che produce il Greco Bianco coltivato in varie zone della Calabria fra cui nell'area del Cirò. Le uve "Greco di Bianco" destinate a questa gemma enologica possono essere prodotte solo nel territorio che si trova tra i comuni di Bianco e di Casignana, entrambi nella provincia di Reggio Calabria.

E' un piccolo fazzoletto di terra di pochi chilometri quadrati dove nasce una gemma enologica.

Gli intenditori assicurano che il "Greco di Bianco" sia il più antico vino d'Italia. La leggenda fa risalire questo vino al VII secolo a.C., quando un colono greco portò i primi tralci della vite sbarcando nell'odierno Capo Bruzzano, nel territorio comunale di Bianco. Furono proprio i Greci a individuare sui litorali dell'Enotria, che significa "Terra del Vino", le zone vocate alla vite e a dare impulso, con i loro vitigni e con le loro pratiche enoiche, ad una ottima produzione.

Il vino "Greco di Bianco", evidenzia in positivo il territorio che lo ha valorizzato. Lo troviamo sulla Costa Jonica calabrese nei pressi di Bianco vicino alla storica Gerace. Essendo presente in altre zone del bacino del mediterraneo occidentale lo si può pure definire un "vitigno marinaro". Predilige i climi più ventosi e assolati.

Il vitigno "Greco di Bianco" ha trovato un habitat ideale nei terreni calcareo-argillosi. E' un vino bianco "passito" ricavato da uve che, prima di essere spremute, sono appassite al sole su graticci di canne o in essiccatoi ad aria forzata, e subiscono una riduzione di peso che può raggiungere, a seconda del contenuto in zuccheri, il 35%. Le uve aromatiche si prestano ad essere prodotte ed appassite direttamente sulla pianta (*previo schiacciamento o torsione del rachide ad opera dell'uomo*) o direttamente al sole su graticci, oppure in locali ben condizionati. Al termine dell'operazione di appassimento le uve vengono sottoposte a pigiatura e torchiatura.

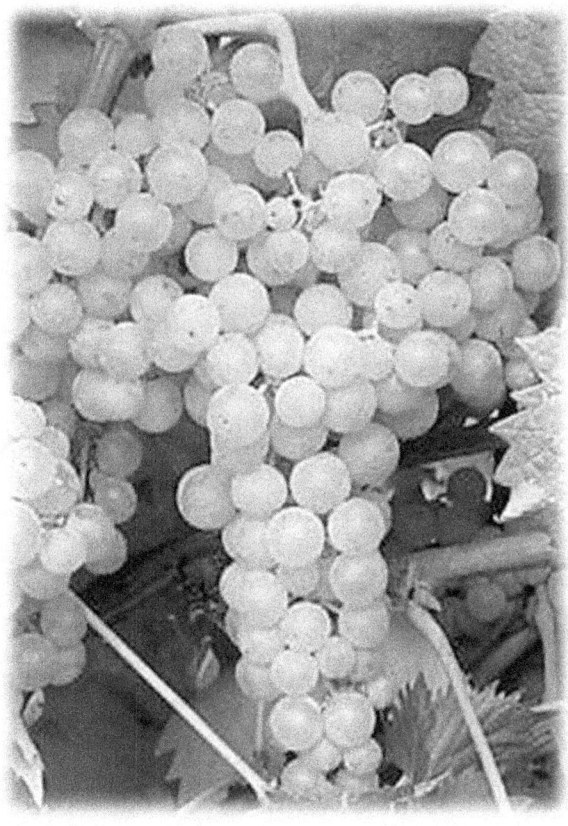

Da alcune case vinicole, questo vino ottiene una maturazione in acciaio con passaggio in botti di castagno. Il vino "Greco di Bianco" ha un colore tra l'oro antico e l'ambra, un profumo unico, amaro e aromatico come le zagare ed il bergamotto ed un sapore dolce, pienamente morbido ed armonico, di stoffa elegante e sostenuta.

Vitigni utilizzati

▪ **Greco di Bianco.**

All'atto dell'immissione al consumo questo vino deve rispondere alle seguenti caratteristiche

Il vino "Greco di Bianco" deve essere ottenuto esclusivamente dalle uve provenienti dai vigneti composti dal vitigno "Greco Bianco" minimo 95%.

È ammessa la presenza nei vigneti di non più del 5% di uve a bacca bianca provenienti da altri vitigni idonei alla coltivazione per la Regione Calabria.

Le uve destinate alla produzione del vino a DOC "Greco di Bianco" devono essere prodotte nel territorio amministrativo del comune di Bianco e in parte nel comune di Casignana tutti nella provincia di Reggio Calabria.

Caratteristiche organolettiche

Titolo alcolometrico volumico totale minimo: 17% vol; Titolo alcolometrico volumico effettivo minimo: 14% vol; **Acidità** totale minima: 6 g/l; **Estratto** non riduttore minimo: 30 g/l.

Colore giallo tendente al dorato con eventuali riflessi ambrati: **Odore** alcolico, etereo, caratteristico del vino; **Sapore** amabile o dolce, morbido, caldo, armonico e con caratteristico retrogusto.

Abbinamenti e temperatura di servizio

Il Greco di Bianco Passito è un vino da fine pasto e da meditazione, si abbina a pasticceria secca e a dolci a base di pasta di mandorle. Temperatura di servizio: 14° - 16°C.

Scarica il disciplinare:
www.informatoreagrario.it/euvite/DOP/DOP_Greco_di_Bianco.pdf

Greco Bianco: www.euvite.it/vitigni/15/greco_bianco.html

Territorio - Reggio Calabria: www.euvite.it/territori/5/reggio_calabria.html

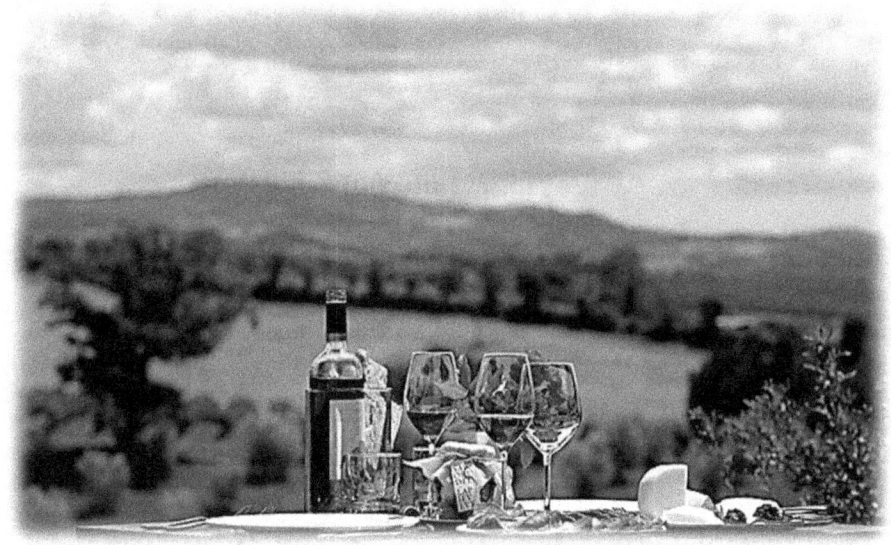

"LAMEZIA" - VINO DOC

Le origini del vino ‹Lamezia› sono remotissime e si fanno risalire addirittura al 2000 a.C., quando i Fenici introdussero la '*vitis sativa*' in queste zone. Le caratteristiche dei terreni e del clima nella zona di Lamezia sono particolarmente adatte alla vite che ha finito, nei secoli, per imporsi su tutte le altre colture locali. Il vino di Lamezia può vantare una grande tradizione e gode da sempre di un'ottima reputazione, tanto che è stato spesso menzionato da rinomati scrittori della storia calabra.

Nell'antichità e fino a pochi anni fa, tuttavia, questo vino non era commercializzato con il nome ‹Lamezia›, ma con il nome del proprio comune di provenienza delle uve. La ragione è semplicissima: Lamezia Terme è nata solo nel 1968 come unità amministrativa dei comuni di Sambiase, Nicastro e S. Eufemia.

Le uve destinate alla produzione dei vini ‹Lamezia› a Denominazione di Origine Controllata (DOC) devono essere prodotte nelle seguenti zone che comprendono in parte il territorio della Provincia di Catanzaro: Curinga, Falerna, Feroleto Antico, Gizzeria, Francavilla Angitola, Maida, Pianopoli, Lamezia Terme e S. Pietro a Maida.

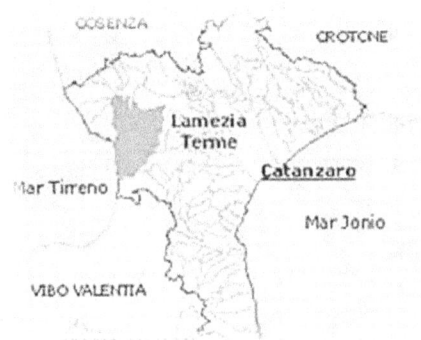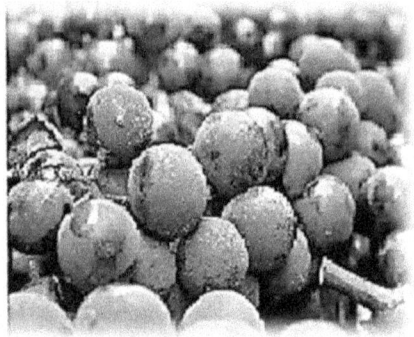

Vitigni utilizzati

- **Lamezia Rosso**: Gaglioppo. Greco Nero. Magliocco Canino. Marsigliana Nera. Nerello Cappuccio. Nerello Mescalese.
- **Lamezia Bianco**: Greco Bianco. Malvasia. Trebbiano Toscano.
- **Lamezia Rosato**: Gaglioppo. Greco Nero. Magliocco Canino. Marsigliana Nera. Nerello Cappuccio. Nerello Mescalese.
- **Lamezia Greco**: Greco.

I vini DOC "Lamezia" devono essere ottenuti da uve provenienti da vigneti aventi nell'ambito aziendale le seguenti composizioni ampelografiche

- **Lamezia Bianco**: uva Greco Bianco, minimo 50%; possono concorrere alla produzione di detto vino, fino ad un massimo del 50% le uve a bacca bianca provenienti da altri vitigni che sono idonei alla coltivazione per la Regione Calabria e iscritti nel Registro Nazionale delle varietà di vite per uve da vino, riportati nel disciplinare.
- **Lamezia Rosso, Lamezia Rosato** e **Lamezia Novello**: uva Gaglioppo e uva Magliocco da soli o congiuntamente dal 35 al 45%, uva Greco Nero e uva Marsigliana da soli o congiuntamente dal 25 al 45%. Possono concorrere alla produzione di detto vino, fino a un massimo del 40% le uve a bacca nera provenienti da altri vitigni idonei alla coltivazione per la Regione Calabria se iscritti nel Registro Nazionale delle varietà di vite per uve da vino, riportati nel disciplinare.
- **Lamezia Greco**: uva Greco Bianco, minimo 85%; possono concorrere altri vitigni a bacca bianca non aromatici se idonei alla coltivazione nella Regione Calabria fino a un massimo del 15%.
- **Lamezia Greco Nero**: uva Greco Nero, minimo 85%; possono concorrere altri vitigni a bacca nera se idonei alla coltivazione nella Regione Calabria fino a un massimo del 15%.
- **Lamezia Gaglioppo**: uva Gaglioppo, minimo 85%; possono concorrere altri vitigni a bacca nera se idonei alla coltivazione nella Regione Calabria fino a un

massimo del 15%.

▪ **Lamezia Mantonico**: uva Mantonico, minimo: 85%; possono concorrere altri vitigni a bacca nera se idonei alla coltivazione nella Regione Calabria fino a un massimo del 15%.

▪ **Lamezia Passito**: uva Greco 50%, uva Mantonico 35%; possono concorrere altri vitigni a bacca bianca se idonei alla coltivazione nella Regione Calabria fino a un massimo del 15%.

▪ **Lamezia Spumante**: uva Greco Bianco e uva Mantonico da soli o congiuntamente fino all'85%; possono concorrere altri vitigni a bacca bianca non aromatici se idonei alla coltivazione nella Regione Calabria fino ad un massimo del 15%.

▪ **Lamezia Spumante Rosato**: uva Greco Bianco, uva Mantonico e uva Gaglioppo da soli o congiuntamente fino all'85%; possono concorrere altri vitigni a bacca nera non aromatici se idonei alla coltivazione nella Regione Calabria fino ad un massimo del 15%.

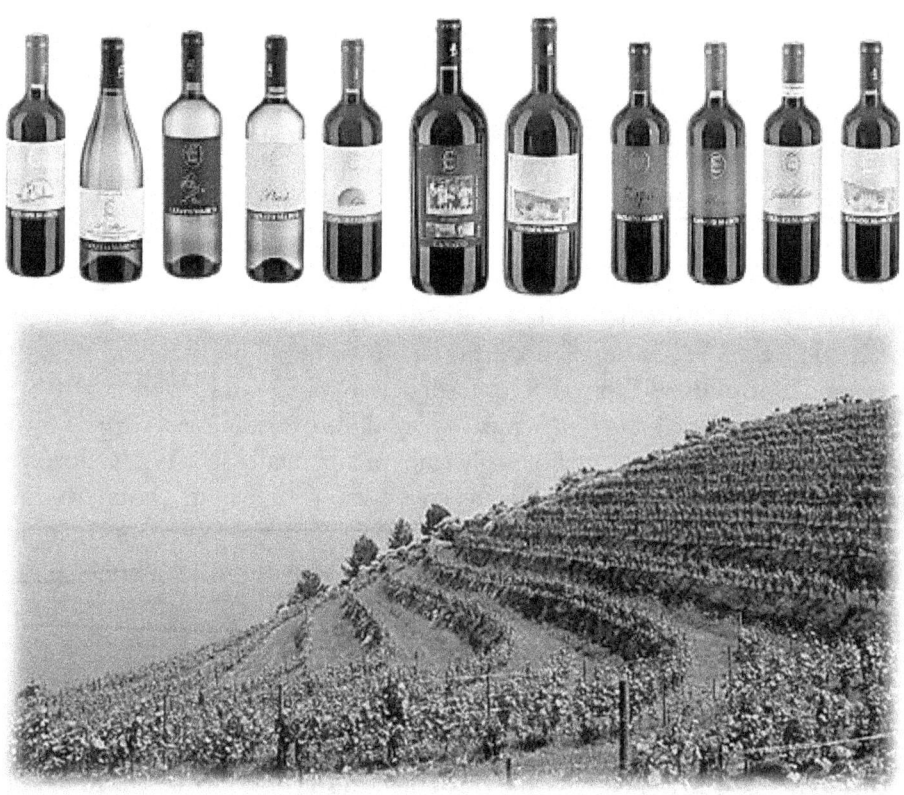

I vini DOC ‹Lamezia› all'atto dell'immissione al consumo devono rispondere alle seguenti caratteristiche

▪ **Lamezia Bianco**: titolo alcolometrico volumico totale minimo: 11% vol; **Acidità** totale minima 4,5 g/l; **Estratto** non riduttore minimo: 15 g/l. **Colore**:

63

giallo paglierino più o meno intenso; **Odore**: fruttato e caratteristico; **Sapore**: asciutto, sapido e armonico.

■ **Lamezia Rosso**: titolo alcolometrico volumico totale minimo: 12% vol; **Acidità** totale minima: 4,5 g/l; **Estratto** non riduttore minimo: 18 g/l. **Colore**: rosso più o meno intenso, talvolta tendente al granato; **Odore**: vinoso; **Sapore**: asciutto e armonico.

■ **Lamezia Rosso Novello**: titolo alcolometrico volumico totale minimo: 11% vol; **Acidità** totale minima: 4,5 g/l.; **Estratto** non riduttore minimo: 18 g/l. **Colore**: rosso rubino; **Profumo**: fruttato; **Sapore**: armonico fresco.

■ **Lamezia Rosso Riserva**: titolo alcolometrico volumico totale minimo: 13% vol; **Acidità** totale minima: 4,5 g/l; **Estratto** non riduttore minimo: 20 g/l. **Colore**: rosso più o meno intenso, tendente al granato; **Odore**: gradevole, delicatamente vinoso, con eventuali sentori di legno; **Sapore**: asciutto, di giusto corpo e armonico.

■ **Lamezia Rosato**: titolo alcolometrico volumico totale minimo: 11,50% vol; **Acidità** totale minima: 4,5 g/l; **Estratto** non riduttore minimo: 16 g/l. **Colore**: rosa più o meno intenso; **Odore**: delicato e caratteristico; **Sapore**: fragrante e asciutto.

■ **Lamezia Greco**: titolo alcolometrico volumico totale minimo: 11% vol; **Acidità** totale minima: 4,5 g/l; **Estratto** non riduttore minimo: 15 g/l. **Colore**: giallo paglierino più o meno intenso; **Odore**: fruttato, gradevole e caratteristico; **Sapore**: fresco, asciutto e armonico.

■ **Lamezia Passito**: titolo alcolometrico volumico totale minimo: 16% vol; **Acidità** totale minima 4,5 g/l; **Estratto** non riduttore minimo: 21 g/l. **Colore** giallo più o meno intenso con riflessi dorati; **Odore**: gradevole, fresco e caratteristico; **Sapore**: dolce, pieno, armonico e di buona persistenza.

■ **Lamezia Spumante**: titolo alcolometrico volumico totale minimo: 10% vol; **Acidità** totale minima: 5 g/l; **Estratto** non riduttore minimo: 15 g/l. **Spuma** fine e persistente; **Colore**: giallo paglierino più o meno intenso; **Odore**: fine, ampio e composito; **Sapore**: sapido, fresco e armonico, da extra brut a dry.

■ **Lamezia Spumante Rosato**: titolo alcolometrico volumico totale minimo: 10% vol; **Acidità** totale minima: 5 g/l; **Estratto** non riduttore minimo: 16 g/l. **Spuma** fine e persistente; **Colore**: rosa tenue con eventuali riflessi violacei; **Odore**: fine, ampio e composito; **Sapore**: sapido, fresco e armonico, da extra brut a dry.

■ **Lamezia Greco Nero**: titolo alcolometrico volumico totale minimo: 11% vol; **Acidità** totale minima: 4,5 g/l; **Estratto** non riduttore minimo: 18 g/l. **Colore**: rosso intenso con eventuali riflessi violacei; **Odore**: intenso e vinoso; **Sapore**: pieno, armonico ed elegante.

■ **Lamezia Mantonico**: titolo alcolometrico volumico totale minimo: 10% vol; **Acidità** totale minima: 4,5 g/l; **Estratto** non riduttore minimo: 16 g/l. **Colore**: giallo con riflessi paglierini più o meno intensi; **Odore**: fruttato, fine e caratteristico; **Sapore**: fresco pieno e sapido.

■ **Lamezia Gaglioppo**: titolo alcolometrico volumico totale minimo: 11% vol;

Acidità totale minima: 4,5 g/l; **Estratto** non riduttore minimo: 17 g/l. **Colore:** rosso rubino con lievi note violacee; **Odore** intenso e fragrante; **Sapore:** pieno, armonico ed elegante.

La zona vinicola

La zona vinicola dove si producono i vini della denominazione Lamezia DOC è situata nella Piana di Sant'Eufemia, splendida zona della Stretta di Catanzaro nella sua parte tirrenica a cui è dedicato anche l'omonimo golfo.

La Stretta di Catanzaro è la parte più stretta d'Italia, con una distanza tra mar Tirreno e mar Ionio di appena una trentina di chilometri. La Piana di Sant'Eufemia rappresenta la terza pianura della regione per superficie ed ha una morfologia e geologia diversi dalle zone limitrofe.

La sua forma ad anfiteatro, modellata da fenomeni alluvionali, è costituita da massicci igneo-metamorfici costituiti da graniti che sono stati lavorati in profondità da materiale fuso ad alta pressione e temperatura che ha subito un lento raffreddamento evolvendo così le loro strutture interne.

Morfologicamente si possono differenziare vari settori di cui quello interessato alla coltivazione delle vigne, la piana litoranea di Sant'Eufemia, ha origine appunto alluvionale creata dal fiume Amato.

Nel corso del tempo infatti, anche quello recente, questa zona ha visto la presenza di numerosi ed estesi ristagni paludosi o lacustri che hanno accentuato questa natura alluvionale e che al tempo stesso impedivano le coltivazioni. Il problema fu risolto con la bonifica del 1936 che diede la possibilità alla popolazione locale di sfruttare questa fertile terra. Naturalmente il clima dell'area è quello tipico del sud Italia, caldo e mite, con inverni molto temperati e lunghe estati assolate.

Solo l'interno e ai suoi confini, con la presenza delle montagne, offre qualche area in cui il clima può avvicinarsi a quello continentale, dove l'inverno vede qualche breve periodo al di sotto dello zero. Questa situazione si verifica comunque solo quando nell'area soffiano venti freddi. L'estate invece offre un clima africano, con lunghi periodi con temperature superiori ai 40° gradi.

I vitigni rossi

Per la produzione di questo vino si coltivano principalmente il Nerello Mascale e il Nerello Cappuccio, a cui si affiancano il Gaglioppo Nero e il Magliocco Nero o il Greco Nero e il Marsigliana Nero. Il Nerello è un importante e produttiva varietà autoctona, generalmente utilizzata congiuntamente ad altre uve, che fornisce vini di alta gradazione alcolica anche se non particolarmente concentrati.

Tra le due varietà il Nerello Mascalese è la più diffusa. L'uva ha colore rosso chiaro con maturazione tardiva e la vendemmia effettuata fra la seconda e la terza settimana di ottobre.

I vini prodotti possono subire un lungo invecchiamento ma hanno una grande variabilità a seconda della zona di coltivazione con notevole sensibilità all'annata ed al territorio di provenienza.

I vitigni bianchi

I vitigni utilizzati nella produzione di vini bianchi sotto la denominazione del Lamezia sono principalmente il Greco bianco, affiancato dal Mantonico ma anche dal Gaglioppo vinificato bianco per la produzione degli spumanti. Il Montonico è un vitigno antichissimo presente in Calabria già nel VII secolo a.C. quando fu introdotto dai coloni greci sul promontorio di Capo Zeffirio, zona della bassa Locride.

Il suo nome infatti deriva dal greco *mantonikos*, etimologicamente originato dal sostantivo *mantiseos*. Questa parola greca indica i termini italiani *profeta* e/o *indovino*. Questo perché il suo vino veniva utilizzato dai sacerdoti dell'antica Locri Epizephiri per dettare le profezie degli indovini in stato di ebbrezza.

Il vino DOC ‹Lamezia› si collega quindi direttamente a tutta la cultura religiosa dell'antichità che vedeva nei culti dionisiaci e negli oracoli uno dei momenti fondamentali della vita.

La sua coltivazione era quindi direttamente collegata alla presenza di templi e oracoli, anche al di fuori della Locride, come la Calabria settentrionale ma anche la Puglia, l'Abruzzo e le Marche.

Il Montonico offre alte rese con maturazioni tardive nelle prime due settimane di ottobre. Ha grandi grappoli a forma cilindrico-conica e alata. La densità è elevata con grappolo compatto. Anche i chicchi sono grandi, con forma rotonda e buccia concentrata in pruina. Questa è spessa, con colore giallo-verde tendente all'ambra macchiato rosso-bruno nella maturità.

Di polpa molle, gli acini sono astringenti. Il sistema dall'allevamento utilizzato è l'alberello, potato corto. Si segnala per resistenza alle avversità e ai parassiti. Produce dei vini di bel colore e profumo, in genere incentrato sulle note floreali del timo e del biancospino, qualche traccia erbacea al timo e un finale fruttato alla pesca e al la susina. Ottima struttura, con palato morbido dal tocco finale acido. Perfetto per il pesce spada, o la pasta ai ricci di mare. Comunque con piatti forti.

▪ Le cantine a conduzione famigliare "Lento" hanno una produzione di ottimi vini, anche se il Lamezia rosso non fa parte della propria linea di punta. Il loro Rosso Riserva è comunque un bel vino rubino, con profumi ben equilibrati di confetture di amarena con note floreali per un corpo lieve e morbido, dal tannino levigato. Si affina nelle barrique prima di essere degustato con il pollo alla cacciatora.

Il generico Rosso Dragone ha una lieve gamma olfattiva di piccoli frutti rossi, con toni balsamici e vaniglia. Al palato risulta gradevolmente fresco con tannini vigorosi. Per lui la pasta e broccoli.

Da provare anche il Lamezia Greco della casa vinicola "Lento", alla nocciola, mela golden e biancospino. Palato ancora fresco ma anche sapido, ottimo per gli spaghetti allo scoglio.

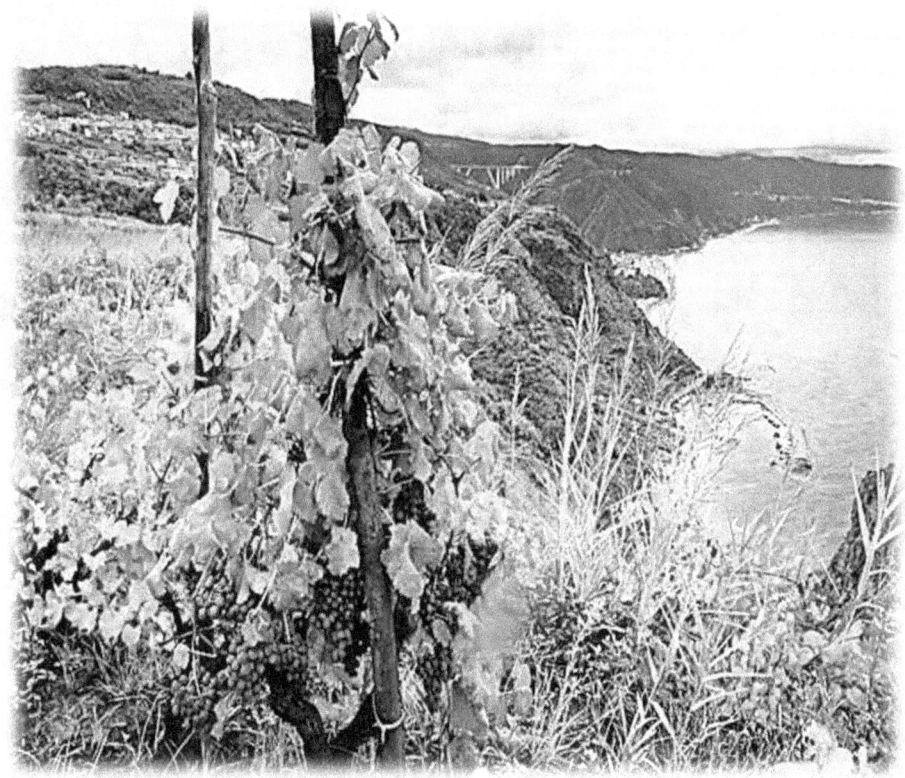

▪ Il Lamezia Rosso della casa vinicola "Statti", vinificato con il 40% di Nerello Cappuccio, il 30% di Greco Nero e altrettanto di Gaglioppo, risulta un vino intenso, con ottimo rapporto tra qualità e prezzo. Il naso ha forti aromi vegetali, su una base floreale e di frutti rossi.

Fresco e morbido, incontra bene le lasagne ai funghi porcini. E' ottimo il Lamezia Bianco Greco della casa vinicola Statti, con bei profumi di pesca e fiori d'acacia. La bocca fresca e morbida ben si abbina ai polpi al pomodoro.

Scarica il disciplinare:
www.informatoreagrario.it/euvite/DOP/DOP_Lamezia.pdf

SCHEDE DEI VITIGNI AUTOCTONI DELLA ZONA

Gaglioppo: www.euvite.it/vitigni/12/gaglioppo.html
Greco Bianco: www.euvite.it/vitigni/15/greco_bianco.html
Vini – Lamezia: www.euvite.it/vini/39/lamezia.html
Territorio – Lamezia: www.euvite.it/territori/3/lamezia.html

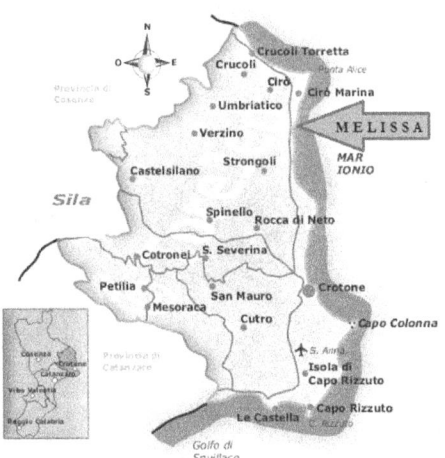 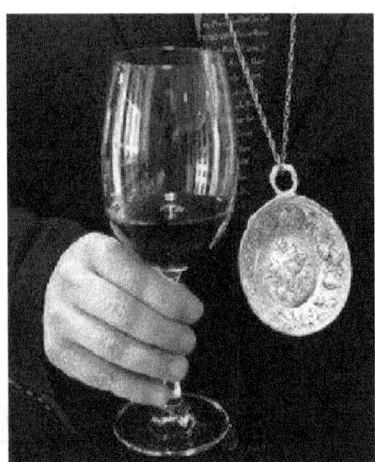

"MELISSA" - VINO DOC

Melisso o Melisséo, era un filosofo, uomo politico e ultimo rappresentante della scuola eleatica. Egli fu il comandante della flotta greca che sconfisse quella ateniese nel 442 a.C. Una leggenda del V secolo a.C. narra che Melisso, principe cretese al seguito di Minosse in Sicilia, dopo la morte del suo re, riprende il mare e, sbattuto dai flutti lungo la Costa calabro-ionica approda in quella contrada, che dalla colonia da lui fondata viene appunto chiamata Melissa.

Qui i suoi sudditi, dediti all'agricoltura e già molto esperti nell' arte di coltivare la vite, trasformano quella campagna che è fertilissima, in lussureggianti vigneti da cui ottengono un vino molto prelibato per bontà e raffinatezza, di gusto. In età romana Melissa ritorna agli onori della cronaca ad opera del poeta latino Ovidio Publio Nasone, che la ricorda nelle "Metamorfosi" come luogo ameno, ricco di vigne, non lontano da Crotone.

Leggenda e storia dunque che ci lasciano dedurre che fin da epoche assai remote, Melissa avesse una lunga tradizione a cui sono rimasti fedeli sia i contadini sia i melissesi produttori di vino. Il vino Melissa ha da sempre conseguito i più lusinghieri apprezzamenti, tanto che, anche in prospettiva di possibili risultati economici consistenti, anni fa spinsero gli enologi più esperti, dotati di intraprendenza e spirito di iniziativa, a tentare di ottenere un giudizio nazionale sul "Melissa".

E così che nel 1934 per la prima volta una bottiglia di vino recante l'etichetta "Melissa" fu presentato alla terza mostra nazionale dell'agricoltura di Firenze dove conseguì il primo diploma ufficiale di qualificazione con medaglia d'oro.

Cominciò così l'ascesa di quel tipico prodotto agricolo melissese che si presentò ben presto sul mercato con le denominazioni di vino D.O.C. fra i più pregiati.

Questa larga produzione di vino a denominazione di origine controllata ha permesso all' Amministrazione Comunale di Melissa di entrare, già diversi anni fa, nell' associazione delle "Città del vino", che ha sede a Siena, presso l'enoteca nazionale.

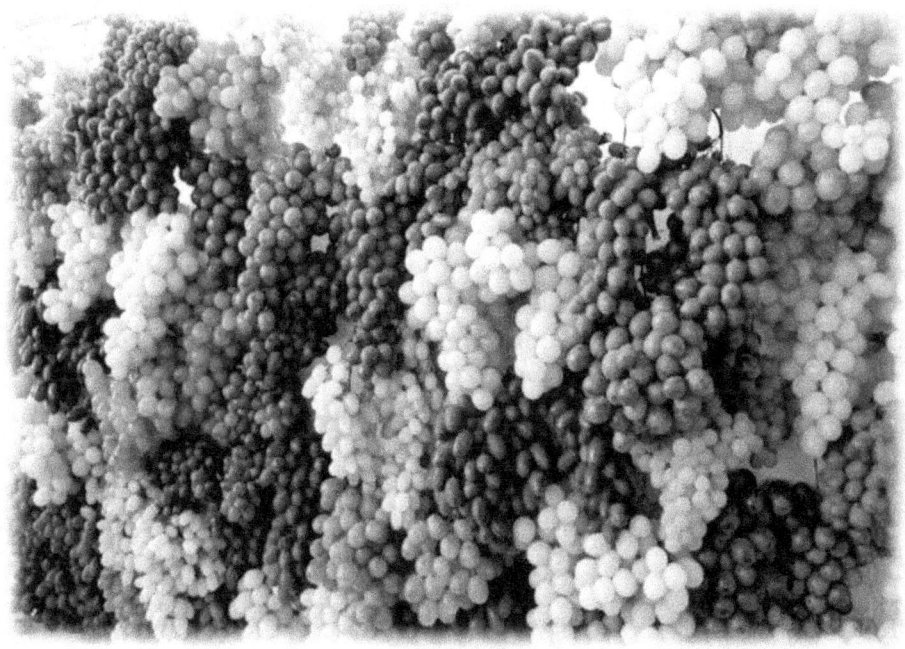

Base ampelografica dei vigneti

Le uve destinate alla produzione dei vini a Denominazione di Origine Controllata (DOC) "Melissa" devono essere prodotte nella zona indicata che comprende in tutto il territorio amministrativo dei comuni di: Melissa, Belvedere Spinello, Carfizzi, San Nicola dell'Alto, Umbriatico e parte del territorio dei comuni di: Casabona, Castel Silano, Crotone, Pallagorio, Rocca di Neto,

Scandale, San Mauro Marchesato, Santa Severina, Strongoli tutti in provincia di Crotone.

I vitigni idonei alla produzione del vino DOC "Melissa" sono quelli tradizionalmente coltivati nell'area di produzione, con particolare attenzione al vitigno "Gaglioppo".

Vitigni utilizzati

- **Melissa Rosso**: Gaglioppo. Greco Nero. Trebbiano Toscano.
- **Melissa Bianco**: Greco Bianco. Malvasia bianca lunga. Trebbiano Toscano.

Percentuale di uva impiegata

- **Melissa Rosso**: uva Gaglioppo dal 75 al 95%; uva Greco nero, uva Greco bianco, uva Trebbiano toscano e uva Malvasia bianca, da soli o congiuntamente dal 5% al 25%.
- **Melissa Bianco**: uva Greco bianco dall'80 al 95%; uva Trebbiano toscano, uva Malvasia bianca, da soli o congiuntamente dal 5% al 20%.

I vini DOC "Melissa" all'atto dell'immissione al consumo devono rispondere alle seguenti caratteristiche

- **Melissa Rosso**: Titolo alcolometrico volumico totale minimo: 12,50% vol; **Acidità** totale minima: 5 g/l; **Estratto** non riduttore minimo: 18 g/l. **Colore**: dal rosato carico al rosso rubino; **Odore**: vinoso e caratteristico; **Sapore**: asciutto, di corpo, sapido e caratteristico.

- **Melissa Rosso Superiore**: Titolo alcolometrico volumico totale minimo: 13% vol; **Acidità** totale minima: 5 g/l; **Estratto** non riduttore minimo: 18 g/l. **Colore**: rosso rubino con riflessi aranciati con l'invecchiamento; **Odore**: etereo, intenso e persistente; **Sapore**: asciutto, vellutato, alcolico, robusto e armonico.

- **Melissa bianco**: Titolo alcolometrico volumico totale minimo: 11,50% vol; **Acidità** totale minima: 5 g/l; **Estratto** non riduttore minimo: 16 g/l. **Colore**: giallo paglierino più o meno tenue; **Odore**: vinoso e caratteristico; Sapore: secco, delicato e armonico.

Abbinamenti e temperatura di servizio

- **Melissa Rosso**: vino da tutto pasto, indicato specialmente con le carni di maiale.

- **Melissa Superiore**: si abbina ottimamente con carni e funghi, cacciagione e selvaggina. Temperatura di servizio 18°C.
- **Melissa Bianco**: ottimo come aperitivo, si abbina a piatti a base di pesce e torte di verdura. Temperatura di servizio: 10° - 12°C.

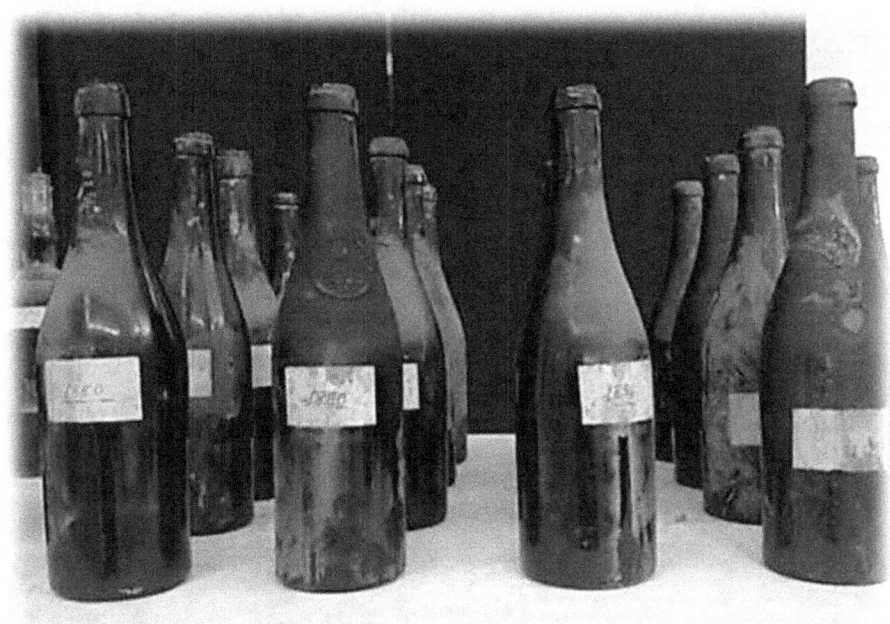

La zona vinicola

Il Melissa DOC viene prodotto in una zona poco estesa della provincia di Crotone, in una zona collinare ai margini orientali del Parco Nazionale della Sila. L'altimetria si caratterizza per un andamento costante verso la montagna, con pendenze medie non eccessive, fino ad arrivare alle vette più alte che si trovano nell'estrema zona occidentale.

La zona si caratterizza per diversità delle forme carsiche e di superficie e lo sviluppo di sistemi ipogei tra i più importanti sistemi carsici in gessi d'Italia.

I sedimenti affioranti sono costituiti da argille marnose siltose grigie-azzurre ricche di fossili (pesci fossili, foraminiferi, ostracodi, ecc.) depositatesi nel Pliocene tra 400-800 m di profondità e passano verso l'alto a biocalcareniti, noduli algali, frammenti di molluschi e da piccole biocostruzioni a Coralli del Pleistocene.

Il clima è temperato, con inverni generalmente miti, e possibili ma temporanee e repentine nevicate dovute all'arrivo di correnti polari con conseguenti diminuzioni della temperatura. In estate la temperatura è calda ma ventilata dalle brezze marine che sporadicamente sono afose per le ondate dello scirocco o del libeccio. Le temperature massime possono arrivare intorno ai 40°C ma con bassi tassi di umidità.

Le piogge si intensificano principalmente in autunno e con inverni poco piovosi e stagioni estive sofferenti per la siccità.

I vitigni rossi

Il principale vitigno rosso utilizzato per la produzione del Melissa è il Gaglioppo, autoctono della Calabria, a cui si affianca il Greco Nero e le varietà a bacca bianca Greco Bianco, Trebbiano Toscano e Malvasia Bianca. Il Gaglioppo è vitigno a bacca scura più coltivato in Calabria, e fu probabilmente importato dai Greci ai tempi della loro colonizzazione nel sud Italia.

Si trova bene in climi secchi, come quelli di quest'area sofferente spesso di siccità, e le uve forniscono elevate concentrazioni zuccherine, con produzione di vini alcolici e robusti, anche se raramente eleganti. Per questo viene molto spesso tagliato, anche con uve bianche aromatiche come il Trebbiano Toscano.

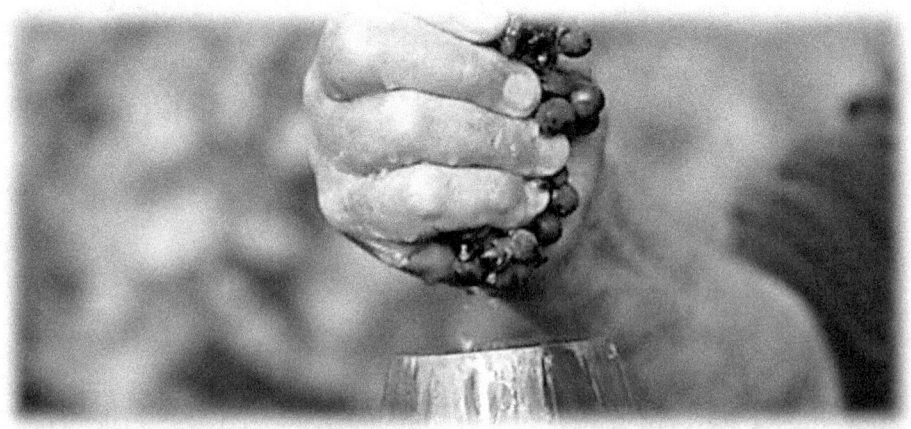

LE AZIENDE

▪ Il Melissa è poco meno famoso del suo compagno zonale Cirò, anche se tra le aziende che producono quest'ultimo, molte vinificano anche il Melissa con ottimi risultati. Tra queste aziende vinicole si segnala Librandi, che esporta all'estero fino al 50% dei suoi vini. Il Melissa Rosso Asylia è un buon prodotto dagli aromi floreali e di visciola sotto spirito. In bocca si segnala per freschezza, sapidità e morbidezza, con abbinamenti alle costolette d'agnello.

▪ La cantina Val di Neto vinifica il Rosso Superiore Mutrò, che ha un colore rosso rubino e una gamma olfattiva rilevante e complessa, intensa e persistente con la confettura di frutti di bosco e la vaniglia in evidenza. Al palato risulta morbido, con tannini ben strutturati.

▪ Da segnalare anche le Cantine Riunite del Cirò e del Melissa che producono discrete quantità di questa denominazione con risultati soddisfacenti.

SCARICA IL DISCIPLINARE:
www.informatoreagrario.it/euvite/DOP/DOP_Melissa.pdf

SCHEDE DEI VITIGNI AUTOCTONI DELLA ZONA

Gaglioppo: www.euvite.it/vitigni/12/gaglioppo.html
Greco Bianco: www.euvite.it/vitigni/15/greco_bianco.html
Malvasia Bianca: www.euvite.it/vitigni/24/malvasia_bianca.html
Territorio – Cirò: www.euvite.it/territori/4/cir%C3%92.html

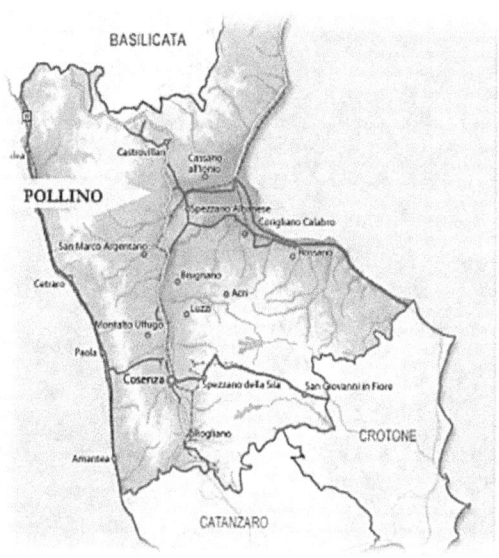
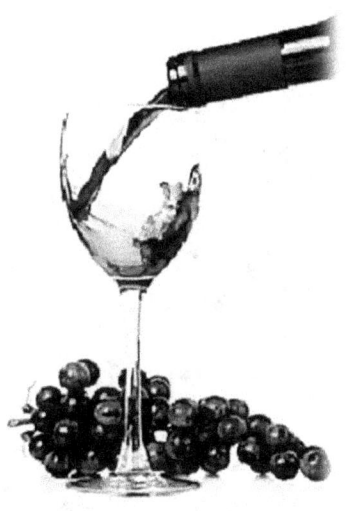

"POLLINO" – VINO DOC

Anche il Pollino fu tra i primi vini calabresi a ottenere il riconoscimento Denominazione di Origine Controllata (DOC) dall'Unione Europea. Il vino Pollino DOC si produce nei territori dei comuni di Civita, Frascineto, Castrovillari, Saracena e Cassano allo Ionio, tutti nella provincia di Cosenza.

I vitigni utilizzati per produrre quest'ottimo vino Doc crescono dunque alle falde meridionali del Massiccio del Pollino, su terreni argillosi e calcarei che permettono una maggiore densità delle coltivazioni in virtù di un'alta permeabilità. Il clima risente in via principale di forti escursioni termiche, e questo offre un elevato apporto d'acqua ai vitigni che risultano di una corposità media.

Il disciplinare di produzione prevede l'impiego di uva tipo Gaglioppo per almeno il 60%, Greco Nero minimo 20% e Malvasia Bianca, Montonico e altre uve a bacca bianca per non oltre il 20% del volume totale. Nella produzione del vino Pollino Doc è utilizzata una varietà autoctona di uva Gaglioppo denominata Magliocco Canino.

Questo particolare tipo di vitigno si coltiva solo nella zona collinare del Massiccio del Pollino e conserva caratteristiche climatiche eccellenti che lo rendono poco zuccherato e ricco di aromi e polifenoli.

Un altro vitigno utilizzato per ottenere il Pollino Doc è l'Aglianico, una varietà coltivata nel sud Italia che rende il vino più corposo e strutturato. L'Aglianico cresce anche ad elevate altitudini e si coniuga molto bene con l'uva del tipo Magliocco Canino.

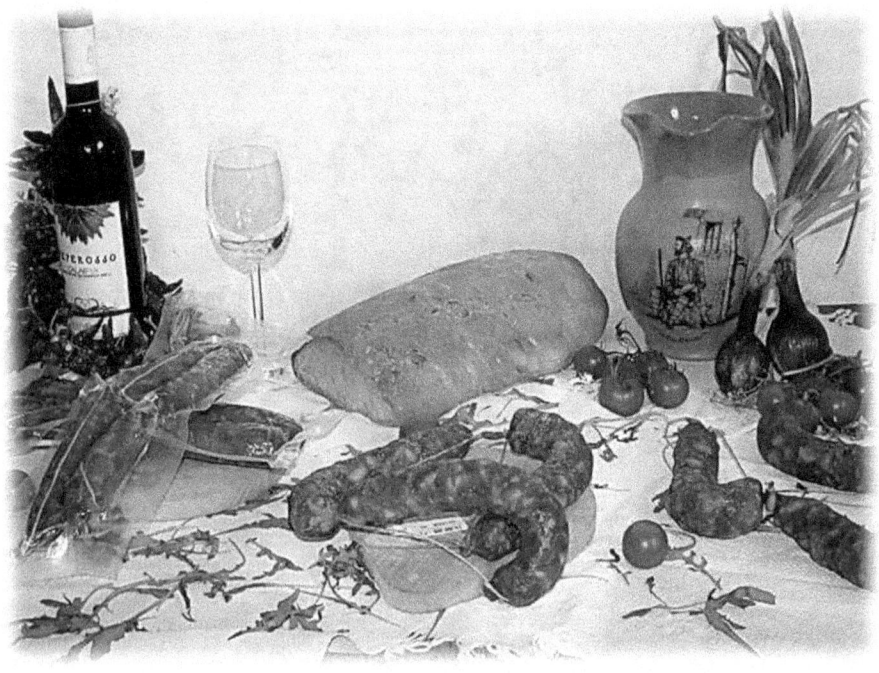

Il Pollino Doc è un vino rosso ottenuto da vitigni che maturano tra la fine di Settembre e i primi di Ottobre. La fermentazione del mosto avviene con la tecnica della vinificazione in rosso, cioè a contatto con l'uvaccia ottenuta dalle parti solide dell'uva come la buccia e i vinaccioli.

Il vino Pollino Doc è tra i vini maggiormente diffusi della Calabria, è molto apprezzato anche sul versante lucano del Massiccio del Pollino, e sulla costa tirrenica calabrese.

Oggi oltre duecento produttori vitivinicoli della provincia di Cosenza partecipano alla produzione del vino Pollino Doc, ottenendo una quantità complessiva di oltre un migliaio di ettolitri.

Vitigni utilizzati

- **Pollino Rosso**: Gaglioppo. Greco Nero. Guarnaccia Bianca. Malvasia bianca lunga. Montonico Bianco.
- **Il Pollino Doc** ha un **colore** rosso rubino, il **profumo** è intenso e fruttato con **aroma** di prugne e ribes, mentre il **sapore** risulta abbastanza secco e sapido.
- Secondo il disciplinare di produzione la versione base del Pollino Doc deve mantenere una gradazione minima totale di 12,5%.
- **La tipologia Pollino Superiore**, che si ottiene dopo almeno due anni di invecchiamento in botte, deve avere una gradazione non inferiore ai 13%.

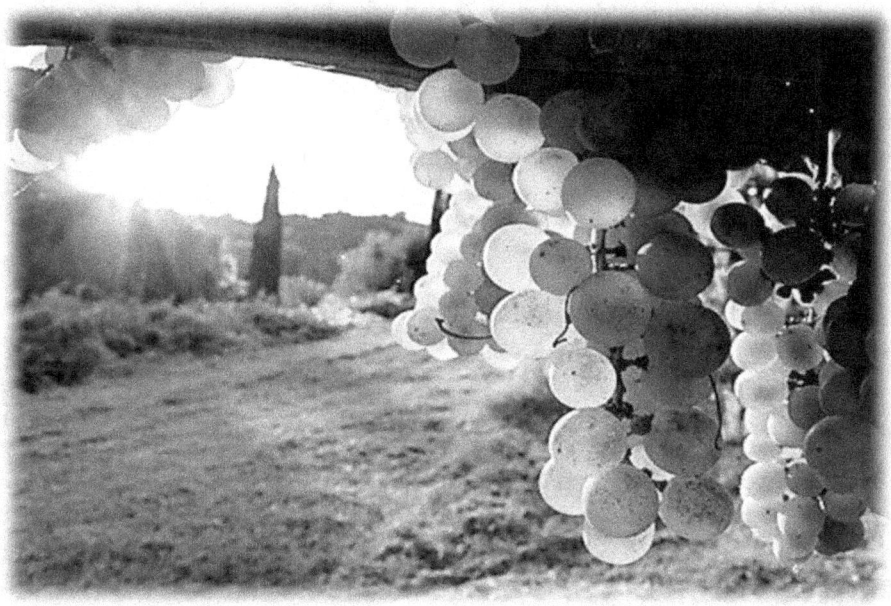

La zona vinicola

L'area di produzione del Pollino fa parte di una ristretta zona a ridosso dei confini orientali del Parco Nazionale del Pollino, nel nord della Calabria in provincia di Cosenza. Il Massiccio del Pollino è tra i maggiori di tutto l'arco appenninico ed è costituito da varie montagne con un'altitudine massima di circa 2200 metri sul livello del mare. La natura delle rocce è di tipo calcareo e calcareo dolomitico, fortemente soggette a fenomeni di erosione e carsismo che ne cambiano continuamente l'aspetto.

Il massiccio è disseminato di grotte, doline, inghiottitoi e canyon scavati dai torrenti nel loro scorrere impetuoso dopo il disgelo conseguente all'ultima glaciazione. Gli enormi inghiottitoi fungono da veri e propri raccoglitori-convogliatori di acque piovane che contribuiscono ad alimentare le copiose sorgenti presenti su tutto il territorio.

Il fenomeno del glacialismo è stato di fondamentale importanza per la conformazione del suolo in quanto i ghiacciai ritirandosi, hanno lasciato numerosi depositi morenici e abbandonato massi erratici di notevoli dimensioni.

Il Massiccio del Pollino si impone come grande baluardo calcareo-dolomitico originatosi circa 200 milioni di anni fa quando, la Pangea l'unico continente, iniziava a dividersi in vari blocchi e tra questi si andava formando un ampio mare chiamato Tetide, sui cui fondali si accumulavano numerosi sedimenti costituiti soprattutto da scheletri calcarei di organismi marini che sarebbero andati a formare le rocce sedimentarie della catena appenninica e quindi del Pollino.

Tutto lo spessore dei sedimenti si è trasformato originando le rocce calcaree e calcareo-dolomitiche nel corso dei milioni di anni.

Alla fine del periodo cretaceo, 70 milioni di anni, i blocchi continentali africano ed europeo cominciarono a riavvicinarsi ed a schiacciare i fondali di Tetide. Gli enormi spessori di roccia iniziarono a sollevarsi per formare le catene montuose delle Alpi e degli Appennini. Nei fondali della Tetide si depositarono sedimenti argillosi che costituiranno il flysch, un insieme di argille, marne, arenarie, che si ritrovano soprattutto nella zona orientale e settentrionale del Massiccio.

Cinque milioni di anni fa circa, nel Pliocene superiore, l'area si distese provocando delle fratture nei massi rocciosi formando enormi blocchi, alcuni dei quali in seguito si sarebbero spostati per sprofondare e formare fosse e rilievi tettonici che oggi caratterizzano la forma vera e propria del Massiccio.

Le fosse si sono trasformate in vallate percorse da fiumi o in conche occupate da laghi. I ghiacciai con il loro lento movimento erosero le rocce disgregandole e trasportandole a valle. I detriti formati si accumularono formando le colline di materiale incoerente dette morene. I materiali morenici rivestono un ruolo di primaria importanza, soprattutto perché piuttosto rari in questo settore dell'Appennino.

La natura calcarea dei rilievi del gruppo montuoso del Pollino, a causa dell'azione chimica delle acque e dell'azione morfogenetica dei ghiacciai, ha portato alla formazione di numerose forme carsiche. Forme come lapies, doline, depressioni endoreiche e si trovano anche grandi depressioni carsiche che sono tipiche degli altipiani appenninici cioè i piani carsici. La peculiarità della zona è la struttura geologica molto differenziata.

Questo fa si che i vigneti si estendano su terreni di origine calcarea, argillosa, marnosa o lavica. La latitudine del Pollino pone l'area in un contesto climatico mediterraneo, umido e piovoso d'inverno, caldo e secco d'estate, ma alle medio-alte quote (sopra i 1500 m) il clima presenta caratteri temperato-oceanici, con frequenti acquazzoni estivi e inverni nevosi.

I vitigni rossi

Anche per questo vino il vitigno a bacca scura protagonista è il Gaglioppo (*localmente noto come: Arvino, Aglianico, Aglianico di Cassano e Lacrima*) e il Greco Nero, a cui si affiancano le altre varietà a bacca bianca Malvasia bianca (*localmente noto come: Verdana e Iuvarella*), Montonico Bianco e Guarnaccia Bianca che generalmente sono utilizzate nel taglio per apportare aromaticità al vino.

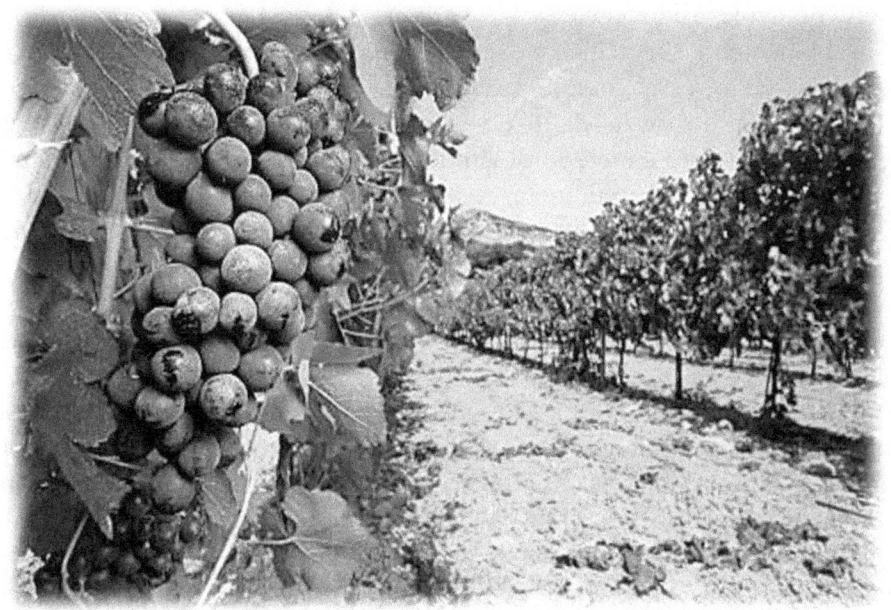

LE AZIENDE

• Il Pollino DOC viene oggi prodotto localmente da oltre 200 piccoli viticoltori, tra cui i Vignaioli del Pollino che coltivano su terreni franco-limoso-argilloso di bassa vigoria. Il Pollino Rosso Rubino, ottenuto dall'Aglianico e dal Magliocco, è un vino dai profumi di menta e frutti rossi, di tabacco, e dal sapore ampio e strutturato che hanno i vini di queste latitudini. Ideale per capretto arrosto, maccheroni al pollino, formaggi duri e piatti di carne rossa in genere.

Dopo due anni d'invecchiamento in botte si ottiene il Ponte del Diavolo Superiore, un sontuoso vino per abbinamenti a base di costolette di agnello alla calabrese, carni bianche arrostite e piatti di formaggi e salumi regionali come caciocavallo silano stagionato, ricotta, capocollo, salsiccia e soppressata di Calabria.

Questo vino raggiunge i 13° gradi con un profumo piuttosto intenso e persistente, fruttato, con sentori di prugne e ribes ed un sapore secco, caldo, abbastanza morbido, corposo ed equilibrato. Si consiglia una temperatura di servizio di circa di 16-18 °C.

• L'Azienda Agricola Casalnuovo del Duca produce solo Pollino DOC nella sua linea che include, il Pollino Rosso da uve 100% Magliocco Canino (*localmente noto come: Lacrima o Aglianico*), raccolte a mano nella seconda decade di ottobre e vinificate e fermentate con macerazione delle bucce per una durata di 10 giorni circa a temperatura controllata di 25°. Il vino subisce poi un invecchiamento in barrique di almeno tre mesi e un affinamento in acciaio con completamento in bottiglia. Il colore è rosso rubino intenso con riflessi porpora. Al naso l'aroma è intenso, persistente, caratteristico, fruttato di lamponi, ribes. Il gusto vellutato, struttura notevole, caldo ed elegante.

Gli abbinamenti suggeriti sono per i primi piatti ben saporiti con ragù di agnello o capretto, carni rosse e cacciagione, pecorino stagionato. Si suggerisce una temperatura di servizio di 18°C – 20°C. Il Pollino Rosso Montevecchio ha lo stesso assemblaggio e metodo di vinificazione del Rosso, ma l'invecchiamento è di almeno tre mesi in carati.

Il colore è rosso rubino vivace, trasparente, con aroma fruttato di mora, frutti di bosco, intenso e caratteristico. Al palato il gusto è armonico, asciutto, leggermente tannico che con il tempo si affina al morbido. Si abbina con primi piatti al pomodoro, carni e arrosti, formaggi a una temperatura di servizio di 18°C.

Infine il Pollino DOC Boschetto, ancora con l'assemblaggio e l'invecchiamento del precedente ma con colore rosso cerasuolo e aroma intenso, ricco di eleganti note floreali. Al gusto risulta fresco, morbido e invitante con un grado alcolico di 12% vol., 1% più basso dei precedenti. Negli abbinamenti predilige i primi piatti a base di pesce o pomodoro, verdure, carni bianche, formaggi freschi.

Scarica il disciplinare: www.iviniditalia.it/disciplinari/pollino.html

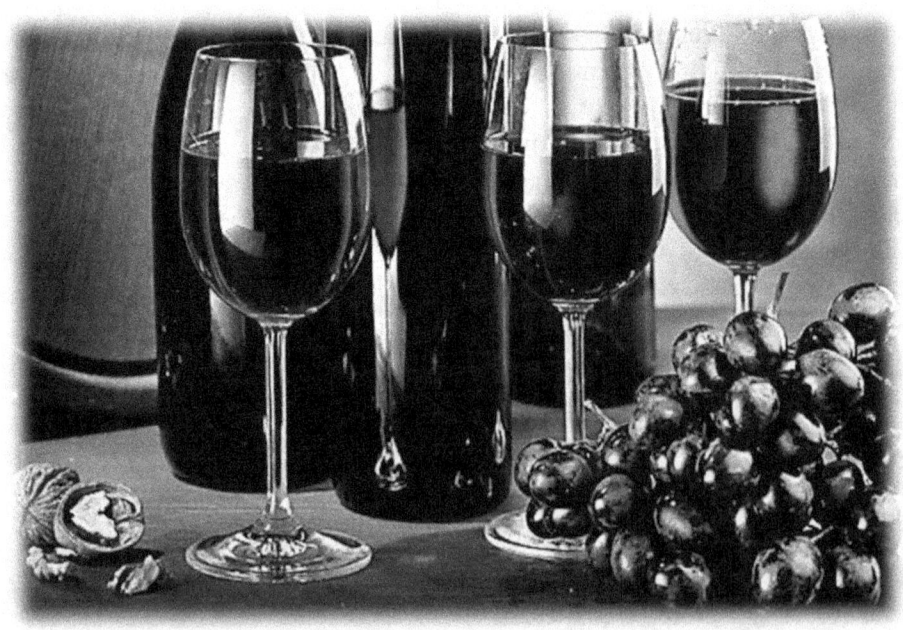

"SAN VITO DI LUZZI" – VINO DOC

Nella piccola frazione di San Vito del comune di Luzzi in provincia di Cosenza si produce da molti anni un vino giovane che dall'Unione Europea ha ottenuto, nel 1997, il riconoscimento Denominazione di Origine Controllata (DOC). Luzzi è un piccolo comune posto sulle basse pendici occidentali dell'Altopiano della Sila che digradano dolcemente verso l'ampia valle del Crati.

I vitigni coltivati in quest'area della Calabria risentono di un clima umido e poco temperato, la cui caratteristica principale è data dai frequenti sbalzi di temperatura sia notturna che stagionale. La qualità di vino San Vito di Luzzi è assicurata dal riconoscimento Doc, mentre la tipicità che da una parte è garantita dalla piccola zona di produzione, risulta a volte trascurata per l'eccessiva disomogeneità dell'uvaggio e dei vitigni utilizzati.

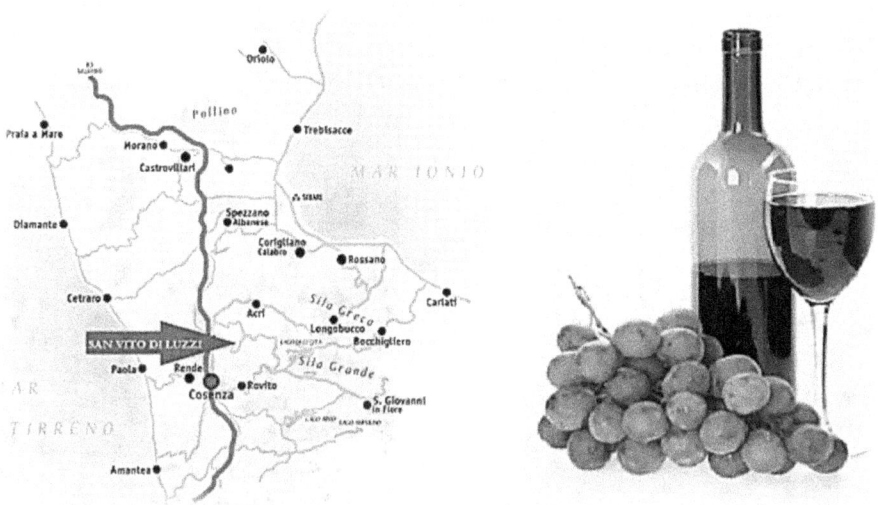

- **Il vino San Vito di Luzzi Doc** si produce nelle varietà Rosso, Rosato e Bianco con l'utilizzo di uva proveniente da vitigni locali secondo una mescolanza stabilita dal disciplinare di produzione del 1994.

- **Il San Vito di Luzzi Rosso** e il **San Vito di Luzzi Rosato** si ottengono da un uvaggio composto di uva Gaglioppo al 70%, Greco Nero e/o Sangiovese ed altri vitigni a bacca nera della zona per il 30% e la Malvasia per un massimo del 10% del volume totale.

- **Il San Vito di Luzzi Bianco** si ottiene da uve di Malvasia Bianca al 40-60%, Greco Bianco al 20-30% e altri vitigni a bacca bianca per un massimo del 40%. Così composto il San Vito di Luzzi è uno dei vini più eterogenei della Calabria ottenuto dall'unione di numerosi vitigni dei quali qualcuno non autoctono come il Sangiovese, vitigno utilizzato per produrre il celeberrimo vino "Brunello di Montalcino".

Vitigni utilizzati e caratteristiche

- **San Vito di Luzzi Rosso**: Gaglioppo. Greco Nero. Malvasia. Sangiovese.
- **San Vito di Luzzi Bianco**: Greco Bianco. Malvasia bianca lunga.
- **San Vito di Luzzi Rosato**: Gaglioppo. Greco Nero. Malvasia. Sangiovese.
- **Il vino San Vito di Luzzi Doc** ha una gradazione alcolica minima totale che varia dai 10,5 gradi per il Bianco, fino agli 11,5 gradi per il Rosso.
- **Il colore del San Vito di Luzzi Bianco** è giallo paglierino più o meno intenso con **odore** gradevole e vinoso.
- **Il colore del San Vito di Luzzi Rosso** è rosso rubino più o meno intenso con **sapore** secco e vellutato.
- **Il colore del San Vito di Luzzi Rosato** è rosa con qualche sfumatura arancione, **odore** caratteristico e delicato dal **sapore** fresco, asciutto ed elegante con una gradazione minima di 11 gradi.

Scarica il disciplinare: www.iviniditalia.it/disciplinari/sanvitodiluzzi.html

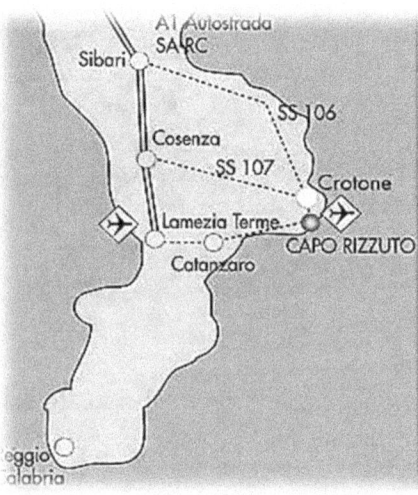
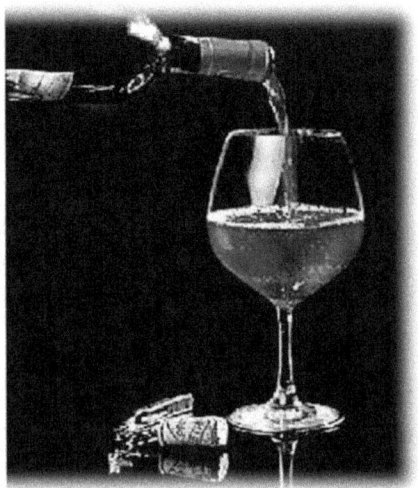

"SANT'ANNA DI ISOLA CAPO RIZZUTO" - VINO DOC

Il vino "Sant'Anna di Isola Capo Rizzuto" è da sempre riconosciuto come un vino di altissima qualità. Già in epoca magno-greca il vino prodotto a Sant'Anna veniva esportato a Creta e in Egitto. Molti secoli prima che nascesse il Sacro Romano Impero, Sant'Anna di Isola Capo Rizzuto era il più importante centro della Magna Grecia per la produzione di uva destinata alla vinificazione.

Il vino che si otteneva da tale uva serviva all'approvvigionamento di Crotone, ma soprattutto all'esportazione, che allora si spingeva fino alle lontane terre intorno al Mediterraneo. Nel XII secolo d.C. quando l'imperatore Federico Barbarossa sbarcò a Sant'Anna con le sue truppe, vi trovò un vino così buono che decise di fare sosta nella contrada per ben sei mesi.

La produzione di questo vino, preferendo il colore esclusivamente rosso e rosato e non bianco, ebbe ulteriore impulso quando, agli albori della cristianità, i frati Benedettini iniziarono a costruire in quest'area monasteri, attorno ai quali proliferava la coltura della vite.

Dalle molte antiche citazioni esistenti, si evince che nel corso dei secoli i viticoltori di questa importante zona hanno tramandato i loro stessi antichi metodi di coltivazione della vite, un disciplinato procedimento che non è mai mutato.

Basi ampelografiche

Le uve destinate alla produzione dei vini a Denominazione di Origine Controllata (DOC) Sant'Anna di Isola Capo Rizzuto Rosso e Rosato devono essere prodotte nella zona indicata che comprende tutto il territorio amministrativo comunale di Isola Capo Rizzuto e parte dei comuni di Crotone e di Cutro.

Vitigni utilizzati

▪ **Sant'Anna Rosso e Sant'Anna Rosato**: Gaglioppo. Greco Bianco. Malvasia bianca lunga. Malvasia Nera. Nerello Cappuccio. Nerello Mescalese. Nocera.

Percentuale di uva impiegata

▪ Uva Gaglioppo dal 40% al 60%.
▪ Uva Nocera, uva Nerello Mascalese, uva Nerello Cappuccio, uva Malvasia Nera, uva Malvasia Bianca e uva Greco Bianco da soli o congiuntamente, dal 40% al 60% con una presenza massima dei vitigni a bacca bianca non superiore al 35% del totale.

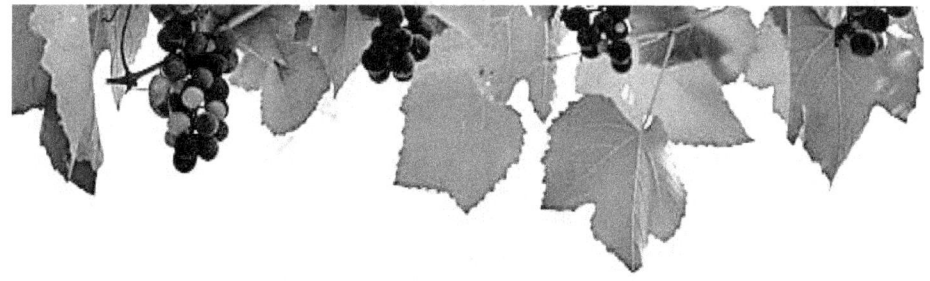

I vini DOC "Sant'Anna di Isola Capo Rizzuto" all'atto dell'immissione al consumo devono rispondere alle seguenti caratteristiche

▪ **Sant'Anna di Isola Capo Rizzuto Rosso**: Titolo alcolometrico volumico totale minimo: 12% vol. Acidità totale minima: 6 g/l. Estratto non riduttore minimo: 18 g/l. Colore: rosso più o meno carico. Odore: vinoso e caratteristico. Sapore: asciutto, armonico e rotondo.

▪ **Sant'Anna di Isola Capo Rizzuto Rosato**: Titolo alcolometrico volumico totale minimo: 12% vol. Acidità totale minima: 6 g/l. Estratto non riduttore minimo: 18 g/l. Colore: rosato più o meno carico. Odore: vinoso e caratteristico. Sapore: asciutto, armonico e rotondo.

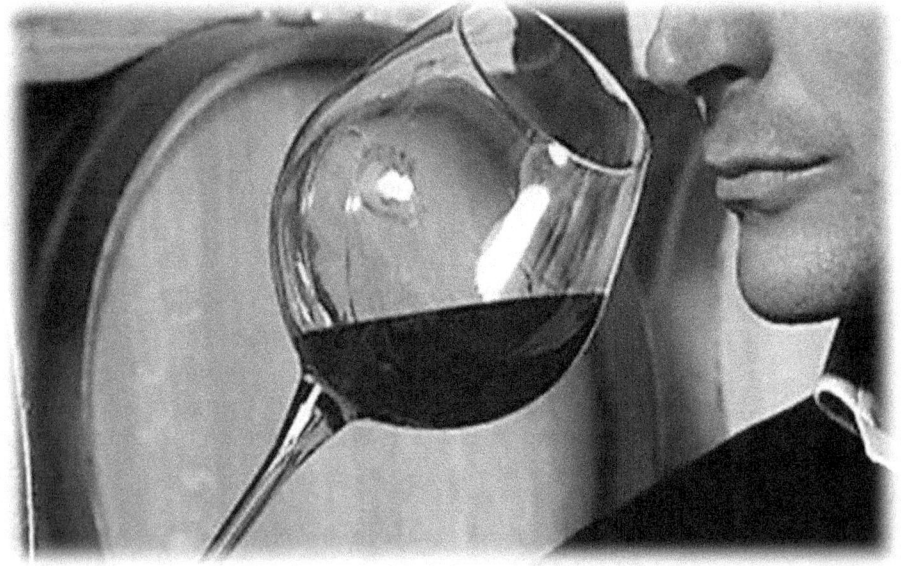

Abbinamenti e temperatura di servizio

▪ **Il vino Sant'Anna di Isola di Capo Rizzuto rosso**: si accompagna a primi piatti, secondi di carne, frittate e formaggi ovini. Temperatura di servizio: 16° - 18°C.

▪ **Il vino Sant'Anna di Isola di Capo Rizzuto Rosato**: si accompagna a carni bianche e rosse, oppure piatti di formaggi e salumi tipici calabresi, minestre asciutte e in brodo, pasta e fave. Temperatura di servizio 12° - 14°C.

SCARICA IL DISCIPLINARE:
www.informatoreagrario.it/euvite/DOP/DOP_S_Anna%20_di_Isola_Capo_Ri zzuto.pdf

SCHEDE DEI VITIGNI AUTOCTONI DELLA ZONA

Gaglioppo: www.euvite.it/vitigni/12/gaglioppo.html
Greco Bianco: www.euvite.it/vitigni/15/greco_bianco.html
Malvasia Bianca: www.euvite.it/vitigni/24/malvasia_bianca.html
Territorio – Cirò: www.euvite.it/territori/4/cir%C3%92.html

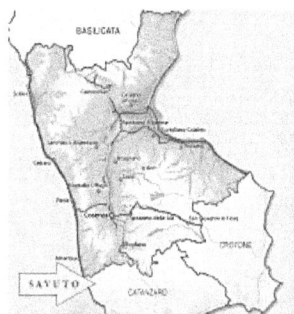 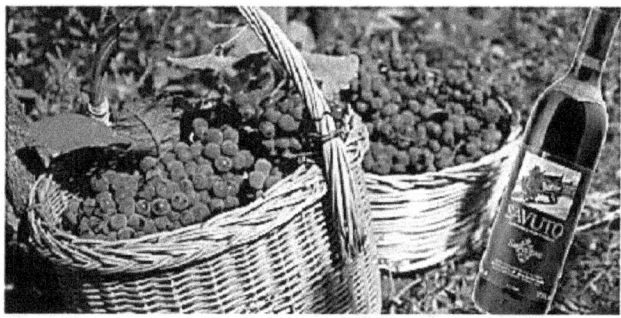

"SAVUTO" - VINO DOC

Sin dall'antichità la zona di produzione del "Savuto" ha una grande tradizione di vino pregiato. Fu decantato durante il 1° secolo a.C. e il 1° secolo d.C. dal geografo e storico greco: Strabone e dall'oratore, letterato e funzionario romano: Plinio, ed era molto amato dai patrizi romani ai cui banchetti non poteva mai mancare, il "Savuto" ('*Sanutum*' per i Latini).

Ancor oggi si distingue dagli altri vini calabresi perché, invece di essere prodotto nei vigneti che costeggiano il mare, deriva da viti che sono piantate sulle pendici dei monti che sovrastano il fiume Savuto, da cui questo magnifico vino prende il nome.

La vite da cui si trae questo vino di ottima levatura è sempre stata allevata ad alberello, con lo stesso sistema praticato nel III secolo a.C. dagli antichi Bruzi, una popolazione dell'Italia preromana che si stabilì nei territori dell'attuale Calabria del cosentino e catanzarese. A quei tempi la Calabria, già sottomessa al dominio di Roma, pagava a questa tributi sotto forma di legnami e vino.

Dopo la discesa dei Romani dal sud della penisola italica, il vino "Sanutum", ora denominato: "Savuto", veniva ampiamente apprezzato alla pari dei grandi vini dell'epoca. Durante i secoli d.C., in queste zone vi furono enormi sconvolgimenti del territorio causati da guerre, problemi politici ed eventi patologici.

Questi fattori contribuirono a decimare i vigneti e la quantità del vino "Savuto", la cui produzione si è potuta stabilizzare solo a partire dal XV secolo d.C., grazie all'evoluzione dei trasporti marittimi e alla conseguente instaurazione di regolari rapporti commerciali con mercati lontani.

Nel 1807, il diarista, Duret de Tavel, ufficiale francese, di transito nella valle del Savuto, in "Lettere dalla Calabria" indirizzate al padre, scriveva tra l'altro: "Rogliano 18 dicembre 1807...Questo borgo abitato da duemila anime... ha diverse belle case ed è rinomato per l'aria salubre e per il suo buon vino".

Dopo alla seconda guerra mondiale la Calabria si è posta su un piano di rinnovamento generale, ed anche in questa zona i produttori di vino hanno badato più alla qualità che alla quantità, considerando il "Savuto" un vino tipico di classe elevata. I suoi attestati di ottima valutazione vanno ricercati nelle attività promozionali intraprese.

La plaga di questo vino, com'è noto, comprende i centri situati a sud della provincia di Cosenza e a nord di Catanzaro. Caldo e robusto questo nettare ha un uvaggio che è un atto di amore della terra che lo produce. Il suo vitigno più importante è il famoso Gaglioppo, detto anche Magliocco o Arvino, uva di antica origine, introdotta nel periodo magno greco millenni a.C.

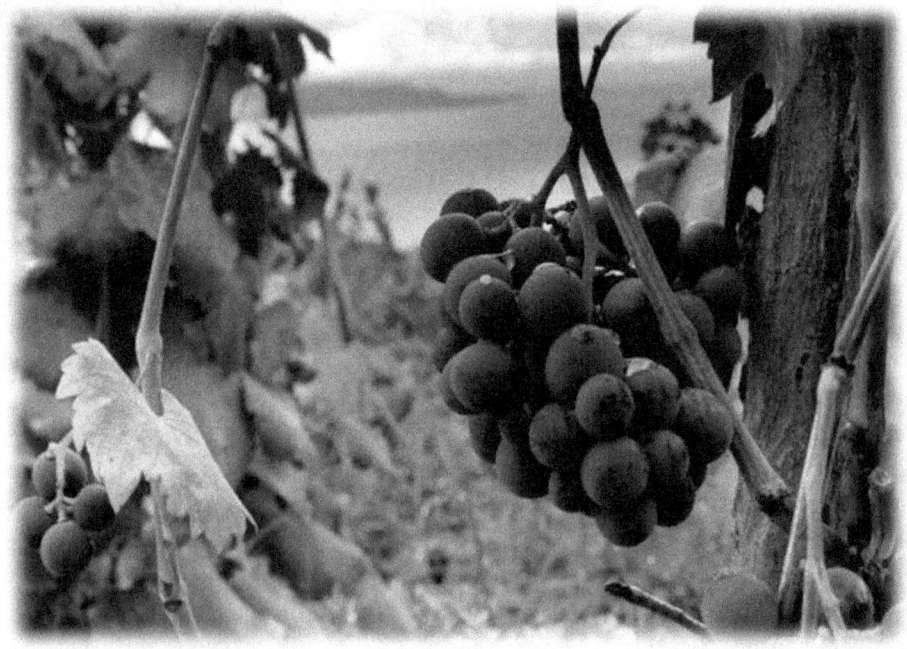

Zone di produzione

Le uve destinate alla produzione dei vini a Denominazione di Origine Controllata (DOC) "Savuto" sono coltivate in parte nei seguenti comuni:
• Provincia di Cosenza: Rogliano, S. Stefano di Rogliano, Marzi, Belsito, Grimaldi, Altilia, Aiello Calabro, Cleto, Serra Aiello, Pedivigliano, Malito, Amantea, Scigliano, Carpanzano.
• Provincia di Catanzaro: Motta S. Lucia, Martirano Vecchio, Martirano Lombardo, S. Mango d'Aquino, Nocera Terinese e Conflenti.

Vitigni utilizzati

- **Savuto Rosso e Savuto Rosato**: Gaglioppo. Greco Nero. Magliocco Canino. Malvasia bianca lunga. Nerello Cappuccio. Pecorello Bianco. Sangiovese.

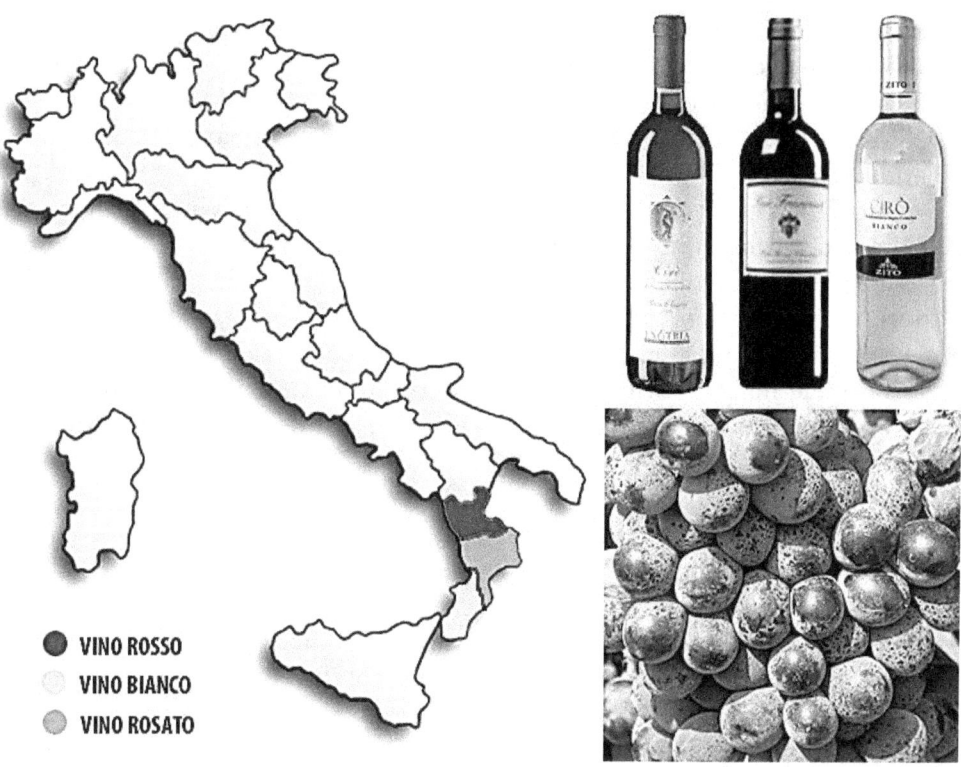

- VINO ROSSO
- VINO BIANCO
- VINO ROSATO

Per essere riconosciuti con la qualità DOC, i vini "Savuto" devono essere ottenuti dalle uve provenienti da vigneti aventi, nell'ambito aziendale, la seguente composizione ampelografica

- **Savuto Bianco**: prodotto da uva Mantonico fino ad un massimo del 40%; uva Chardonnay fino ad un massimo del 30%; uva Greco Bianco fino ad un massimo del 20%; uva Malvasia Bianca fino ad un massimo del 10%. Inoltre, possono concorrere altri vitigni a bacca bianca, idonei alla coltivazione per la Regione Calabria, fino al massimo del 45%.

- **Savuto Rosso e Savuto Rosato**: prodotto da uva Gaglioppo (localmente noto come: *Arvino*) fino ad un massimo del 45%; uva Aglianico fino ad un massimo del 45%; uva Greco Nero, uva Nerello Cappuccio, da soli o congiuntamente, fino ad un massimo del 10%.

Possono concorrere altri vitigni a bacca nera, idonei alla coltivazione per la Regione Calabria, fino ad un massimo del 45%. I vitigni idonei alla coltivazione nella Regione Calabria, come sopra richiamato, sono quelli iscritti nel registro nazionale delle varietà di vite per uve da vino, riportati nel disciplinare.

I vini DOC "Savuto" all'atto dell'immissione al consumo devono rispondere alle seguenti caratteristiche

- **Savuto Rosso**: Titolo alcolometrico volumico totale minimo: 12% vol. **Acidità** totale minima: 5 g/l. **Estratto** non riduttore minimo: 25 g/l. **Colore**: rosso rubino. **Odore**: intenso e caratteristico. **Sapore**: secco, pieno ed armonico.
- **Savuto Rosso Superiore**: Titolo alcolometrico volumico totale minimo: 13,50% vol. **Acidità** totale minima: 5 g/l. **Estratto** non riduttore minimo: 25 g/l. **Colore**: rosso rubino. **Odore**: intenso e caratteristico. **Sapore**: secco, pieno ed armonico.
- **Savuto Bianco**: Titolo alcolometrico volumico totale minimo: 10,50% vol. **Acidità** totale minima: 5 g/l. **Estratto** non riduttore minimo: 15 g/l. **Colore**: giallo paglierino talvolta con riflessi verdolini. **Odore**: fine e caratteristico. **Sapore**: secco e armonico.
- **Savuto Rosato**: Titolo alcolometrico volumico totale minimo: 11% vol. **Acidità** totale minima: 5 g/l. **Estratto** non riduttore minimo: 18 g/l. **Colore**: rosa tenue tendente al rosa cerasuolo. **Odore**: delicato e caratteristico. **Sapore**: secco, sapido e armonico.

Abbinamenti e temperatura di servizio

- **Savuto Rosso**: si abbina ad arrosti e selvaggina. Temperatura di servizio: 18°C.
- **Savuto Rosato**: si abbina a primi piatti con sughi di verdure e secondi di carne. Temperatura di servizio: 14° - 16°C.
- **Savuto Bianco**: si abbina ad antipasti, secondi di pesce e piatti a base di uova. Temperatura di servizio: 10° - 12 °C.

La zona vinicola

La zona di produzione del Savuto DOC è una vasta area tra il versante occidentale del Massiccio della Sila e la costa tirrenica. La Sila, è un acrocoro, ovvero un altopiano con versanti scoscesi sul quale si possono trovare, al centro o sui lati, alte montagne.

Il massiccio è formato essenzialmente da due gruppi di litologie: rocce magmatiche e rocce metamorfiche, che occupano l'area centrale granitica, intorno alla quale si estendono formazioni collinari calcarei formati da rocce sedimentarie terziarie e quaternarie. Le rocce metamorfiche sono rocce magmatiche di tipo granitico costituenti l'affioramento maggiore.

Il suolo è formato dalla degradazione delle rocce fatte di granito, diorite, scisti, micascisti, gneiss e porfidi, segni ante di un'intensa attività vulcanica preistorica.

Le rocce presenti fanno supporre anche che la zona sia stata, durante il periodo del Miocene medio, semi-sommersa. Sarebbe evidente dai processi di modellazione avvenuti fin dalla formazione dell'area.

Questo è dovuto ad una forma di erosione, del territorio dovuto a due forme erosive, una di tipo meccanico, con erosione, trasporto e messa sul posto delle rocce e di tutti i materiali geologici, ed un'altra forma di tipo chimico dovuto agli effetti climatici molto variabili durante le varie ere geologiche.

La vite viene coltivata su stretti terrazzi digradanti verso i fondo valle, costruiti e sostenuti con muretti in blocchi di pietra.

La geologia dei terreni è abbastanza omogenea, racchiusa tra i rilievi montuosi della Sila, della Catena Costiera e del Reventino. Il clima è variabile dipendente dalla zona specifica, con le zone collinari più piovose e umide e le zone a ridosso del mar Tirreno, più temperate.

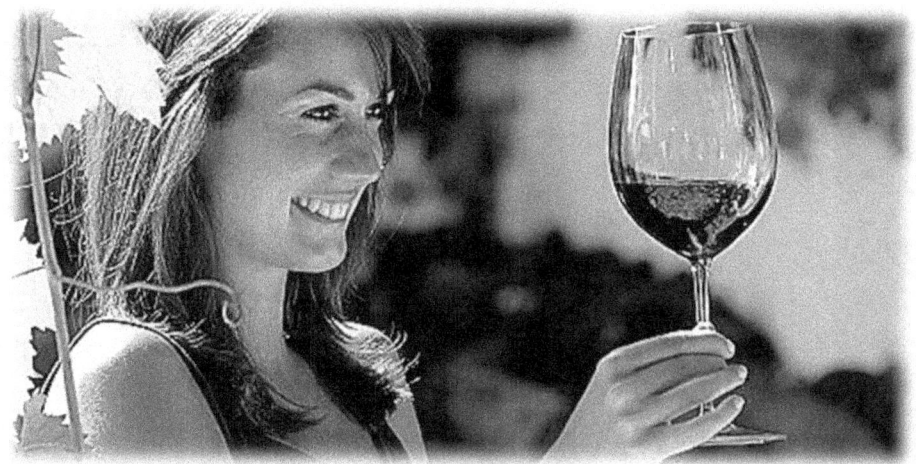

I vitigni rossi

Per la produzione del vino viene utilizzato un assemblaggio di Gaglioppo (*localmente noto come Magliocco e Arvino*), Greco Nero, Nerello Cappuccio, Magliocco Canino e Sangiovese, con l'aggiunta delle uve bianche del Malvasia Bianca e del Pecorino.

Il Magliocco Canino è un vitigno di antica coltivazione in Calabria, Marche e in parte della Sicilia, appartenente alla famiglia dei Magliocchi tipici della viticoltura calabrese.

Differisce dagli altri soprattutto per il grandissimo potenziale enologico. È coltivato ormai da pochissimi produttori sulla parte tirrenica delle coste della Calabria, nelle provincie di Cosenza e Catanzaro.

La Valle di Neto sembra essere la zona di provenienza di questo vitigno che fu valorizzato già nell'antichità dai Greci, che svilupparono ancor di più la viticoltura locale, già prospera, con nuove superfici vitate che iniziarono a colorare le colline intorno a Cremissa, antica Cirò, che divennero tra le più note dell'intera Magna Grecia.

LE AZIENDE

- Anche qui Odoardi è un protagonista, come per lo Scavigna, di questa denominazione. Il suo Savuto Superiore è attenuto dal 45% di Gaglioppo, il 25% di Nerello Cappuccio e Sangiovese, con ancora il 15% di Greco Nero e il 15% di Maiocco Canino. La gradazione alcolica di 14% vol, prelude il colore rubino con unghie porpora. Il naso è intenso, arcaico, con polpa di frutta matura su note speziate. Al palato è morbido, caldo, pieno, con un lungo finale. Passa 14 mesi in barrique per poi abbinarsi all'oca arrosto.

Il Savuto Rosso è attenuto con lo stesso assemblaggio del Riserva, con gli stessi intensi aromi di frutta matura, ma su note balsamiche. In bocca la struttura è compatta, ma morbida e fine. Si affina in acciaio per poi incontrare la tagliata con aceto balsamico.

- Le Antiche Vigne di Pirotti Gianfranco producono il Rosso Superiore tannico, sapido e un lungo finale e il Rosso Vigna Colle Barabba, con profumi intensi e fruttati.

SCARICA IL DISCIPLINARE:
http://www.informatoreagrario.it/euvite/DOP/DOP_Savuto.pdf

SCHEDE DEI VITIGNI AUTOCTONI DELLA ZONA

Gaglioppo: www.euvite.it/vitigni/12/gaglioppo.html
Greco Bianco: http://www.euvite.it/vitigni/15/greco_bianco.html
Malvasia Bianca: http://www.euvite.it/vitigni/24/malvasia_bianca.html
Territorio – Lamezia: http://www.euvite.it/territori/3/lamezia.html

"SCAVIGNA" - VINO DOC

Lo Scavigna è un vino di antichissime origini, il cui nome deriva dal greco ('scavare', 'zappare la vite') e sintetizza l'antica vocazione del territorio, una zona dove si scava il terreno per impiantare la vigna. E' un vino di grande qualità e di media vita, che sfodera la sua fragranza di vaniglia e miele nella sua prima giovinezza. La zona di produzione delle uve destinate alla produzione dei vini a Denominazione di Origine Controllata (DOC) ‹Scavigna› comprende in parte i comuni di Nocera Terinese e di Falerna, in provincia di Catanzaro.

Ancor prima dei Greci, a portare la vite in queste terre, furono i Fenici (o

Sidoni), un'antica popolazione semitica, collegata ai cananei della Palestina, che abitava la regione della Fenicia, sulla costa orientale del Mar Mediterraneo.

In seguito, sia gli uni che gli altri impiantarono nella regione calabra vitigni pregiati, e li coltivarono ottenendo ottimi prodotti da commerciare con altri popoli.

La viticoltura in Calabria continua ancora oggi a rivestire un ruolo fondamentale per l'economia della regione stessa, con un patrimonio di varietà locali e tradizionali dalle quali si producono vini di elevatissima qualità.

La storia millenaria sancita in numerosi documenti costituisce un esempio concreto della particolare influenza esistente tra l'ambiente e gli abitanti del luogo che hanno determinato la produzione di un vino assai particolare ed apprezzato quale è lo ‹Scavigna›.

L'intervento antropico, fondamentale in molti casi per il definitivo e solenne riconoscimento qualitativo del prodotto, ha permesso di introdurre alcune importanti e positive innovazioni, ciò ha perfezionato il vino ‹Scavigna› che ormai è apprezzatissimo da tantissimi consumatori.

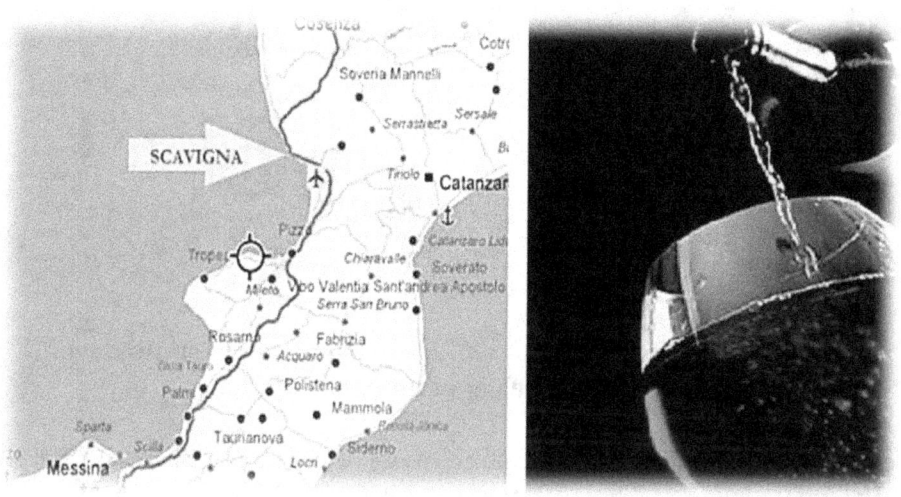

Vitigni utilizzati

- **Scavigna Rosso**: Gaglioppo. Nerello Cappuccio.
- **Scavigna Bianco**: Chardonnay. Greco Bianco. Malvasia bianca lunga. Trebbiano Toscano.
- **Scavigna Rosato**: Gaglioppo. Nerello Cappuccio.

I vini DOC "Scavigna" devono essere ottenuti dalle uve provenienti da vigneti aventi, nell'ambito aziendale, la seguente composizione ampelografica

- **Scavigna Bianco**: uva Traminer Aromatico fino ad un massimo del 50%; uva

89

Chardonnay fino ad un massimo del 30%; uva Pinot Bianco fino ad un massimo del 10%; uva Riesling Italico fino ad un massimo del 10%; possono concorrere altri vitigni a bacca bianca, se idonei alla coltivazione nella Regione Calabria, fino al massimo del 45%.

• **Scavigna Rosso e Scavigna rosato**: uva Aglianico fino ad un massimo del 60%; uva Magliocco fino ad un massimo del 20%; uva Marcigliana nera fino ad un massimo del 20%; possono concorrere altri vitigni a bacca nera, se idonei alla coltivazione nella Regione Calabria, fino al massimo del 45%.

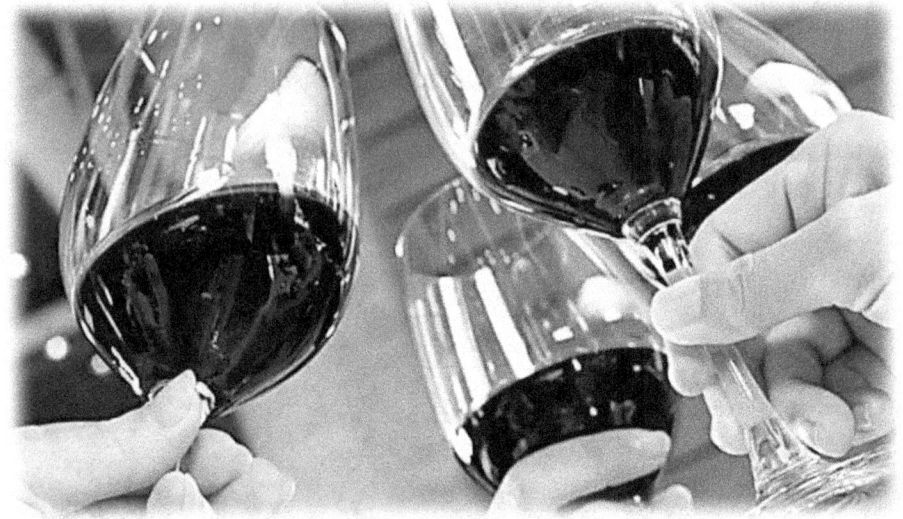

I vini DOC Scavigna all'atto dell'immissione al consumo devono rispondere alle seguenti caratteristiche

• **Scavigna Bianco**: titolo alcolometrico volumico totale minimo: 10,50% vol; **Acidità** totale minima: 4,5 g/l; **Estratto** non riduttore minimo: 15 g/l. **Colore** bianco con riflessi gialli tendenti al verdolino; **Odore** fresco, vinoso, gradevole e caratteristico; **Sapore** asciutto, pieno, armonico, piacevolmente e fruttato.

• **Scavigna Rosato**: titolo alcolometrico volumico totale minimo: 11% vol; **Acidità** totale minima: 5 g/l; **Estratto** non riduttore minimo: 15 g/l. **Colore** rosa con riflessi più o meno intensi; **Odore**: delicato e caratteristico; **Sapore**: sapido, fresco, asciutto, armonico ed elegante.

• **Scavigna Rosso**: titolo alcolometrico volumico totale minimo: 11,50% vol; **Acidità** totale minima: 5 g/l; **Estratto** non riduttore minimo: 22 g/l. **Colore** rosso rubino più o meno intenso; **Odore**: gradevole, intenso e caratteristico; **Sapore**: secco, robusto ed armonico.

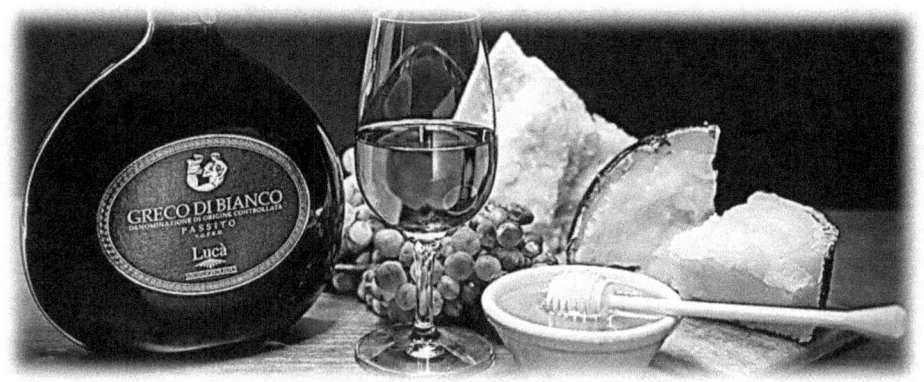

Abbinamenti e temperatura di servizio

- **Scavigna Rosso**: si abbina ad arrosti e selvaggina. Temperatura di servizio: 18°C.
- **Scavigna Rosato**: si abbina a primi piatti con sughi di verdure, secondi di carne. Temperatura di servizio: 14° - 16°C.
- **Scavigna Bianco**: si abbina ad antipasti e secondi di pesce, piatti a base di uova. Temperatura di servizio: 10° - 12 °C.

La zona vinicola

L'area di produzione del Scavigna DOC fa parte della zona pianeggiante della Piana di Sant'Eufemia, che si affaccia sul mar Tirreno tramite l'omonimo golfo, in provincia di Catanzaro. Questa zona ricade anche zona di produzione del Falerno DOC, nella Stretta omonima che rappresenta una porzione di territorio larga appena 30 chilometri tra il mar Tirreno e lo Ionio. È di origine alluvionale e a forma di anfiteatro.

La piana è posta tra massicci igneo-metamorfici, le rocce formatesi, come i graniti, dal raffreddamento in profondità, generalmente lento, di materiali allo stato fluido. Le rocce metamorfiche sono quelle che nel corso della propria evoluzione, trovandosi in condizioni di pressione e/o temperatura elevate, subiscono un cambiamento della composizione e/o struttura originaria.

La Stretta presenta al suo interno settori distinti dal punto di vista morfologico. La piana costiera di Sant'Eufemia è caratterizzata da depositi alluvionali e dalla presenza del Fiume Amato. La Piana è stata nei secoli caratterizzata da numerosi e vasti ristagni d'acqua, anche paludosi, e ha subito un ampia opera di bonifica durante il ventennio fascista conclusasi nel 1936.

Il clima è mediterraneo, in genere mite, con piccole differenze di fra inverno ed estate. Non manca qualche zona a clima continentale, in special modo nell'entroterra.

I valori più bassi registrati in inverno sono di pochi gradi sotto lo zero gradi, quando la zona è battuta da correnti di aria fredda, provenienti da nord-est, e di fenomeni moderati d'inversione termica. In estate i più elevati, di poco superiori ai 40° gradi, si verificano in presenza di ondate di calore provenienti dall'Africa.

I vitigni rossi

Le due uve principali utilizzate sono il Gaglioppo e il Nerello Cappuccio, con le secondarie classiche della zona come i due Cabernet e il Merlot. Il Nerello Cappuccio è un vitigno autoctono siciliano, diffuso soprattutto nell'area dell'Etna. L'origine è sconosciuta e la sua presenza nell'isola è nota da diverse centinaia di anni.

Ha rischiato l'estinzione prima di essere rivalutato e offerto sul mercato con buoni risultati. Ha una maturazione tardiva, verso la metà del mese di ottobre, a differenza del suo parente stretto Nerello Mascalese. Il Gaglioppo è il vitigno a bacca scura più coltivato in Calabria, di probabilmente origine greca, quando dalle Polis elleniche partirono, nel VII a.C., i coloni per il sud Italia.

La sua predilezione per i climi secchi sembra confermare questa ipotesi e le uve forniscono elevate concentrazioni zuccherine anche in situazioni di forte siccità, producendo vini alcolici e robusti, ma raramente riescono ad essere fini. Viene quindi spesso tagliato, con uve rosse e con uve bianche aromatiche come il Trebbiano Toscano.

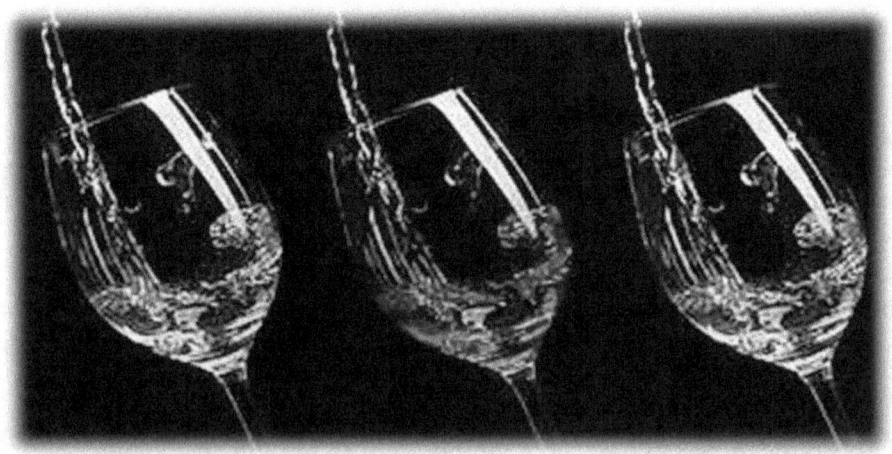

I vitigni bianchi

Contrariamente alle altre denominazioni della zona, per lo Scavigna bianco si utilizzano uve non calabresi, e nemmeno italiane, visto che il disciplinare autorizza il Traminer Aromatico, lo Chardonnay, il Pinot Bianco e il Riesling Italico. Di queste certamente lo Chardonnay è il più nobile, di origine francese anche se ormai presente in tutto il mondo tanto che lo Chardonnay è sinonimo di vino.

Lo Chardonnay è originario della Borgogna ed è forse il miglior vitigno bianco al modo, anche se è un pochino difficile trovarlo a latitudini cosi basse.

Dà il meglio di se, infatti, con il freddo ma oramai viene sperimentato con discreto successo anche con temperature e condizioni calde.

Fornisce vini di alta gradazione alcolica, dal naso floreale e sapori caldi e leggermente dolci quando affinato in botte.

Gli aromi sono tutti originari della sua buccia molto ricca di polifenoli che forniscono una gamma olfattiva unica, con sensazioni erbacee, di frutti rossi ai lamponi, di vaniglia ma anche di pomodori ed ananas, frutta tropicale e tè verde, foglie di tabacco e pesche fino alle rose.

Un uva incredibile che risulta di coltivazione molto semplice e rese alte, da tenere sotto controllo se non si vuole un decadimento della qualità. È inoltre precoce ma regala i migliori vini bianchi del pianeta.

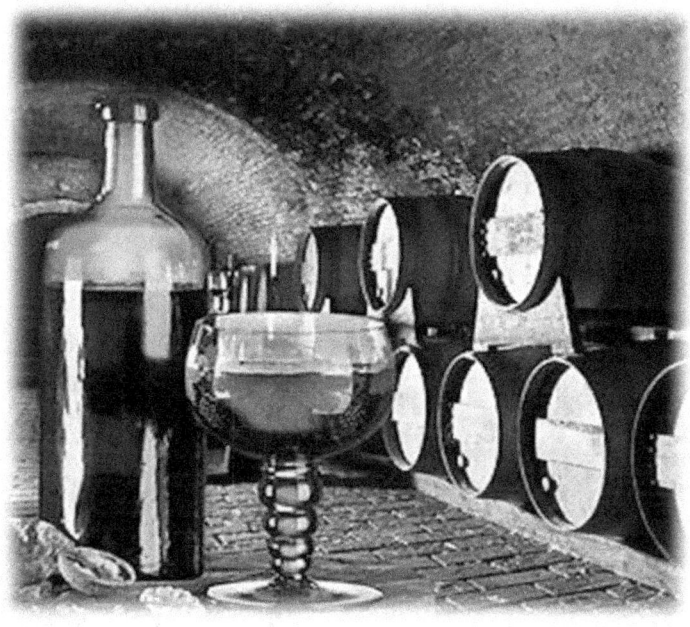

LE AZIENDE

• Questa piccolissima denominazione sembra essere ritagliata su misura per i grandi vini di Odoardi, che commercializza, con ottimi risultati e riconoscimenti, lo Scavigna DOC Vigna Garrone; un vino importante, con affinamento lungo in botti piccole. Dal colore concentrato, i sentori ricordano la frutta rossa e le spezie dolci.

La base ampelografica include il Gaglioppo al 80%, il Nerello cappuccio al 10%, il Cabernet Franc con il 5% e il Cabernet Sauvignon e Merlot insieme con il 5%. Il colore è rubino carico, molto particolare e definito antocianico, che sembra riflettersi nel proseguire della degustazione.

L'eleganza e la ricchezza ne fanno un vino da eleggere tra i migliori, conquistando anche i cinque grappoli dell'Associazione Italiana Sommelier. Il naso è complesso, intenso, con note di frutti maturi, spezie e tocchi balsamici. Al palato conferma la sua nobiltà con un equilibrio perfetto di persistenza e struttura. Ricca morbidezza di tannini fitti ben integrati.

Dopo la fermentazione in Allier, viene affinato per 14 mesi in barrique nuove. Da degustare con piatti importanti come l'anatra brasata. Odoardi vinifica anche lo Scavigna Rosso Polpicello, con il 40% di Gaglioppo, il 25% di Nocera, il 20% di Magliocco e poi il Nerello Cappuccio con il 10% finito con i due Cabernet e il Merlot per il 5%. Il rubino è concentrato, con naso complesso ed elegante di mora matura e note balsamiche. In bocca la complessità è equilibrata dai raffinati e morbidi tannini. Riposa 18 mesi in barrique, prima di accompagnare il pollame nobile. Suggerito con la faraona in carpione.

SCARICA IL DISCIPLINARE:
www.informatoreagrario.it/euvite/DOP/DOP_Scavigna.pdf

Territorio – Lamezia: www.euvite.it/territori/3/lamezia.html

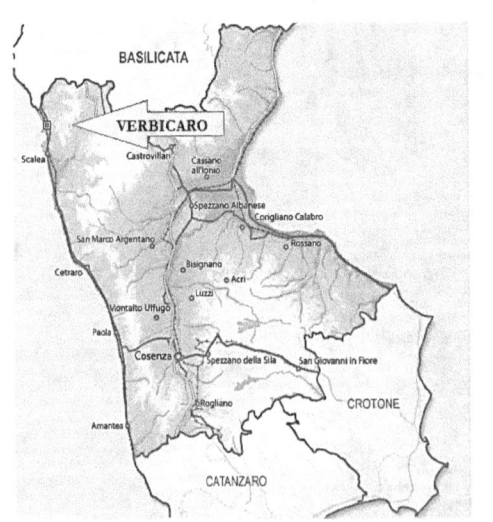
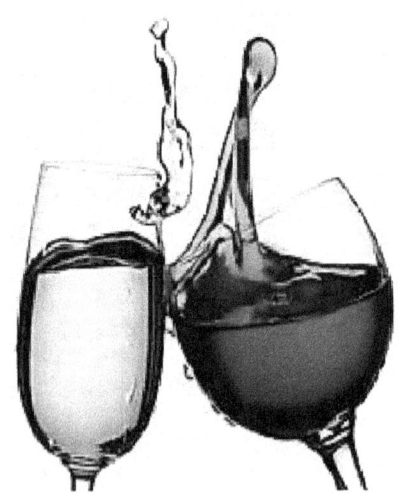

"VERBICARO" – VINO DOC

Coltivato e prodotto sulle falde occidentali del Massiccio del Pellegrino, il vino Verbicaro ha ottenuto dall'Unione Europea, nel 1995, il riconoscimento Denominazione di Origine Controllata (DOC). L'area di produzione ricade nella provincia di Cosenza, tra i comuni di Grisolia, Santa Maria del Cedro, Santa Domenica di Talao, Orsomarso e Verbicaro, da cui prende il nome.

I vitigni utilizzati per ottenere questo vino crescono sui terreni collinari calcarei e porosi del versante occidentale del Massiccio del Pellegrino, a ridosso della fascia costiera tirrenica che garantisce un clima sostanzialmente mite tutto l'anno, privo di escursioni termiche e ricco di piovaschi.

Nel 1998 è nata la Verbicaro Viti e Vini istituita per promuovere la valorizzazione commerciale del vino Verbicaro Doc con l'analisi delle qualità dei vini, nonché con lo studio delle caratteristiche agronomiche dei terreni per i nuovi innesti.

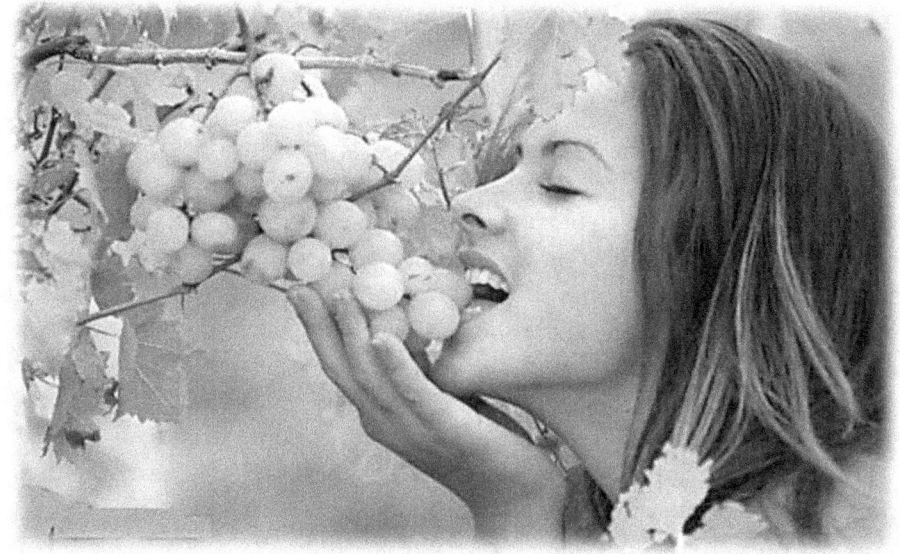

Vitigni utilizzati

• **Verbicaro Rosso e Verbicaro Rosato**: Gaglioppo. Greco Bianco. Greco Nero. Guarnaccia Bianca. Malvasia bianca lunga.
• **Verbicaro Bianco**: Greco Bianco. Guarnaccia Bianca. Malvasia bianca lunga.

Il vino Verbicaro Doc si produce con l'utilizzo di vitigni locali quali la Guarnaccia Nera, varietà autoctona del Gaglioppo, che cresce bene alle pendici del Massiccio del Pellegrino, mescolata con il Greco Nero fino al 60% massimo, a questi si aggiunge la Malvasia Bianca o Guarnaccia Bianca fino al 30% e per il restante 10% si aggiungono altri vitigni a bacca rossa della zona.

Come la gran parte dei vini prodotti da vitigni coltivati in terreni calcarei e porosi, con una forte permeabilità, il Verbicaro Doc ha un livello medio-basso di zuccheri che gli conferisce il classico colore rubino più o meno carico con sapore vinoso, asciutto e delicato.

• **Verbicaro Rosso** ha una gradazione minima totale pari al 13%.
• **Verbicaro Bianco** ha una gradazione minima totale di almeno il 12%; Colore

giallo paglierino ha un sapore più secco e aromatico. E' ottenuto invece da una mescolanza di vitigni di Greco Bianco al 40%, Malvasia Bianca al 30%, Guarnaccia Bianca al 20% e per il restante 10% s'impiegano altri vitigni a bacca bianca non aromatica della zona.

- **Verbicaro Rosato** ha una gradazione del 10,5%
- **Verbicaro Riserva**, invecchiata 2 anni in botte, ha una gradazione di 13,5%.
- **Tutte le tipologie del vino Verbicaro Doc** hanno un'acidità minima totale del 4,5 per mille come stabilito dal disciplinare.

La zona vinicola

L'area di produzione del Verbicaro è posta ai margini occidentali del Parco Nazionale del Pollino, su una zona di dolci colline che degradano verso il mare e in parte su un territorio pianeggiante caratteristico dell'altopiano del Pollino. Le rocce sono di tipo calcareo e calcareo dolomitico, soggette a fenomeni di erosione e carsismo che ne modificano continuamente l'aspetto, disseminando il territorio di grotte, doline, inghiottitoi e canyon scavati dai torrenti dopo il disgelo seguito all'ultima glaciazione.

Gli inghiottitoi sono dei raccoglitori-convogliatori di acque piovane che contribuiscono ad alimentare le copiose sorgenti presenti su tutto il territorio. I ghiacciai ritirandosi dopo l'ultima era glaciale, hanno lasciato numerosi depositi morenici e abbandonato massi erratici di notevoli dimensioni.

L'area è un complesso calcareo-dolomitico originatosi circa 200 milioni di anni fa quando la deriva dei continenti creò un ampio mare chiamato Tetide, che accumulò numerosi sedimenti costituiti soprattutto da scheletri calcarei di organismi marini trasformatisi in rocce sedimentarie e successivamente originando le rocce calcaree e calcareo-dolomitiche.

Quando i blocchi continentali africano ed europeo cominciarono a riavvicinarsi, lo schiacciamento dei fondali del Tetide iniziarono a sollevare gli enormi spessori di roccia formando le catene montuose alpine e appenniniche. L'attuale zona orientale è costituita dai sedimenti argillosi di flysch, un insieme di argille, marne, arenarie, originate dai sedimenti sottomarini.

Nel Pliocene superiore, con la distensione dell'area gli enormi blocchi si sarebbero spostati per sprofondare e formare fosse e rilievi tettonici. Le fosse si sono trasformate in vallate percorse da fiumi o in conche occupate da laghi.

Il lento movimento dei ghiacciai, erodendo le rocce e disgregandole, hanno formato le colline di materiale incoerente dette morene, che rivestono un ruolo di primaria importanza, soprattutto perché piuttosto rari in questo settore dell'Appennino.

Le numerose forme carsiche sono appunto originate dalla natura calcarea e dall'azione chimica delle acque e dell'azione morfogenetica dei ghiacciai. Si trovano qui strutture come lapies, doline, depressioni endoreiche e si trovano anche grandi depressioni carsiche. La zona ha una geologia molto differenziata, e i vigneti si estendono su terreni di origine calcarea, argillosa, marnosa o lavica. Il clima è mediterraneo, umido e piovoso d'inverno, caldo e secco d'estate, e si presenta temperato-oceanico, con frequenti acquazzoni estivi e inverni nevosi, alle alte altitudini.

I vitigni rossi

I vitigni rossi con cui si produce questa denominazione in rosso sono i classici autoctoni calabresi, il Gaglioppo (*localmente chiamato anche Guarnaccia nera*) e il Greco Nero, con alcune uve bianche secondarie come il Malvasia Bianca, la Guarnaccia Bianca e il Greco Bianco.

I vitigni bianchi

I vitigni bianchi coltivati per produrre il Verbicaro DOC sono il Greco Bianco, il Malvasia bianca e la Guarnaccia Bianca. Il Greco Bianco è l'uva bianca calabra per antonomasia, coltivata in tutta la regione e protagonista di quasi tutti i vini. Questo vitigno è tra i più antichi i portati dai greci durante la loro colonizzazione che diede vita alla Magna Grecia italiana forse proprio a partire dalla Calabria.

Il vitigno fornisce vini aromatici, di buona struttura, ottimi anche per la produzione dei vini dolci. Il Malvasia anche è un vitigno molto antico, sfruttato in molte produzioni per tutte e tre le tipologie principali del vino, con versioni ferme, spumanti e dolci. La Guarnaccia bianca è invece una rarità nel panorama sia italiano sia internazionale. Anche nella regione è rara, coltivata solo in provincia di Cosenza.

LE AZIENDE

▪ L'Azienda Verbicaro Vini e Viti produce il Verbicaro Rosso dal colore rubino, con aromi di leggeri di frutti rossi e aromaticità. La Verbicaro Viti e Vini è stata costituita nel 1998, per promuovere la produzione e la valorizzazione commerciale del vino della zona. Riunisce produttori e operatori assicurando la base produttiva nelle varie campagne viticole i rapporti con i numerosi piccoli produttori.

L'azienda mira a dotare il territorio di una struttura ad alta tecnologia per qualificare la produzione vinicola.

Scarica il disciplinare: www.vinofaidate.com/cercavini/disciplinari-doc-docg-igt/disciplinari-calabria/verbicaro-doc-2/

"TERRE DI COSENZA" – I VARI VINI DOC DELLA ZONA

Le uve destinate alla produzione dei vini atti a essere designati con la Denominazione di Origine Controllata (DOC) "Terre di Cosenza" devono provenire dai vigneti ubicati nell'intero territorio amministrativo della provincia di Cosenza. Di fondamentale rilievo sono i fattori umani legati al territorio di produzione, che per consolidata tradizione hanno contribuito ad ottenere il vino "Terre di Cosenza".

Tanto lavoro condotto nel tempo ha permesso di recuperare gli antichi vitigni de cosentino giacché, il territorio, aveva goduto nei tempi passati, di grande fama derivata dalle produzioni di grandi vini esclusivi delle mense dell'antica nobiltà locale. La selezione dei vitigni autoctoni ha permesso di ridare a questa grande zona l'antico splendore che da sempre aveva goduto. Accanto a quest'operazione di recupero, è stato possibile identificare, le zone dove l'esposizione e la particolarità dei terreni, potessero garantire vini di altissima qualità.

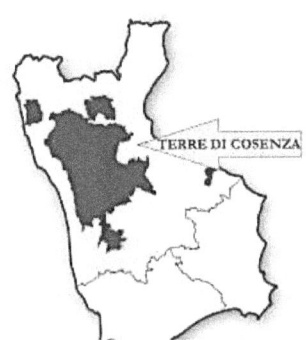 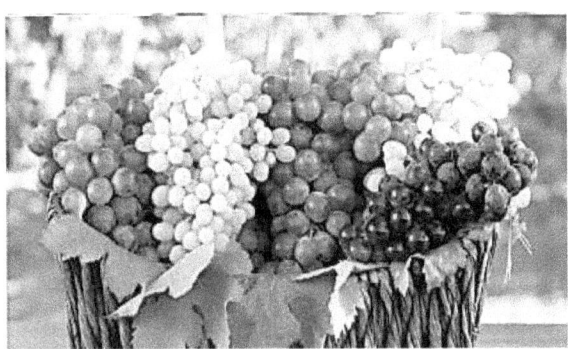

Dal IV secolo d.C. e per tutta l'epoca moderna fino ad oggi, il vino calabro viene descritto come uno degli elementi caratterizzanti un'agricoltura e un'economia propri di una *Calabria felix*, prospera, fertile e secondo immagini veritiere che vengono tramandate da padre in figlio.

Zona di produzione

Il vino Terre di Cosenza DOC è prodotto sul territorio dell'intera provincia di Cosenza. La totalità dell'area di produzione è la più vasta e la più assortita della Calabria ed è suddivisa in 7 sottozone: Colline del Crati, Condoleo, Donnici, Esaro, Pollino, San Vito di Luzzi, Verbicaro.

Vitigni

I vitigni da cui è ricavato Terre di Cosenza DOC sono: Magliocco, Greco

Nero, Gaglioppo, Aglianico, Calabrese, Greco Bianco, Guarnaccia Bianca, Pecorello, Montonico Bianco, Chardonnay, Cabernet Sauvignon, Merlot, Sangiovese, Malvasia Bianca.

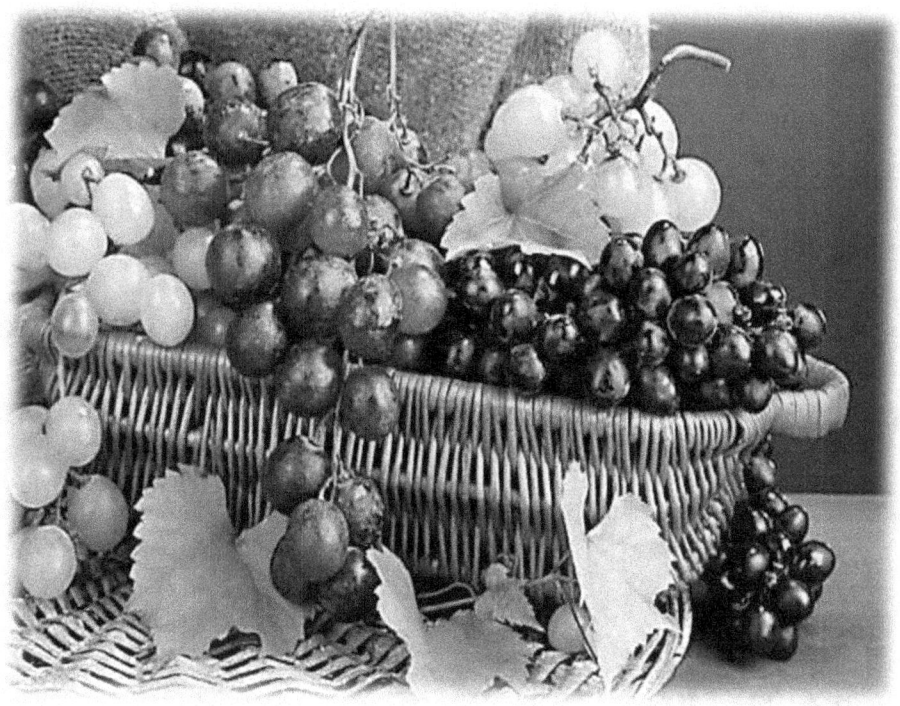

Tipologie

La Denominazione di Origine Controllata Terre di Cosenza è riservata alle seguenti tipologie: Rosso (*anche con la menzione:Riserva, Passito, Vendemmia tardiva e Novello*), Rosato, Bianco, Spumante Bianco, Spumante Rosè, Magliocco, Greco Bianco, Guarnaccia Bianca, Malvasia Bianca, Montonico Bianco, Pecorello, Chardonnay, Gaglioppo, Greco nero, Aglianico, Calabrese, Cabernet Sauvignon e/o Cabernet, Merlot, Sangiovese.

Basi ampelografiche

- **Terre di Cosenza Rosso** è ottenuto da uve provenienti dal vitigno Magliocco (min. 60%); possono concorrere altri vitigni a bacca nera, idonei alla coltivazione per la Regione Calabria, fino a un massimo del 40%.

- **Terre di Cosenza Rosato** è ottenuto da uve provenienti dai seguenti vitigni: Greco Nero, Magliocco, Gaglioppo, Calabrese e Aglianico, da soli o congiuntamente, nella percentuale minima del 60%; possono concorrere altri vitigni, idonei alla coltivazione per la Regione Calabria, fino ad un massimo del

40%.

▪ **Terre di Cosenza Bianco** è ottenuto da uve provenienti dai seguenti vitigni: Greco Bianco, Guarnaccia Bianca, Pecorello e Mantonico, da soli o congiuntamente, nella percentuale minima del 60%; possono concorrere altri vitigni a bacca bianca, idonei alla coltivazione per la Regione Calabria, fino ad un massimo del 40%.

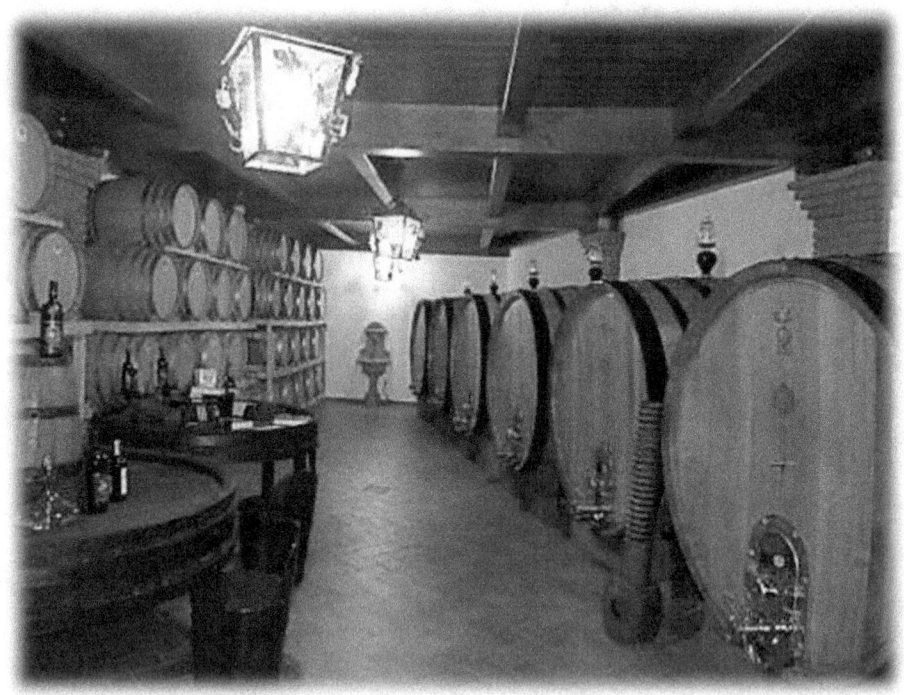

▪ **Terre di Cosenza Bianco Spumante** è ottenuto da uve provenienti dal vitigno Mantonico (min. 60%); possono concorrere altri vitigni a bacca bianca, idonei alla coltivazione per la Regione Calabria, fino ad un massimo del 40%.

▪ **Terre di Cosenza Spumante Rosé** è ottenuto da uve provenienti dal vitigno Mantonico (min. 60%); possono concorrere, da soli o congiuntamente, i seguenti vitigni a bacca nera: Greco Nero, Magliocco, Gaglioppo, Aglianico e Calabrese, fino ad un massimo del 40%.

▪ **Terre di Cosenza Magliocco** (localmente detto anche: "Magliocco Dolce", "Magliocco Arvino", "Magliocco Mantonico Nero", "Magliocco Lacrima" o "Magliocco Guarnaccia Nera"), è ottenuto da uve provenienti dal vitigno "Magliocco" (min. 85%); possono concorrere, da soli o congiuntamente, i seguenti vitigni: Greco Nero, Gaglioppo, Aglianico e Calabrese, fino ad un massimo del 15%.

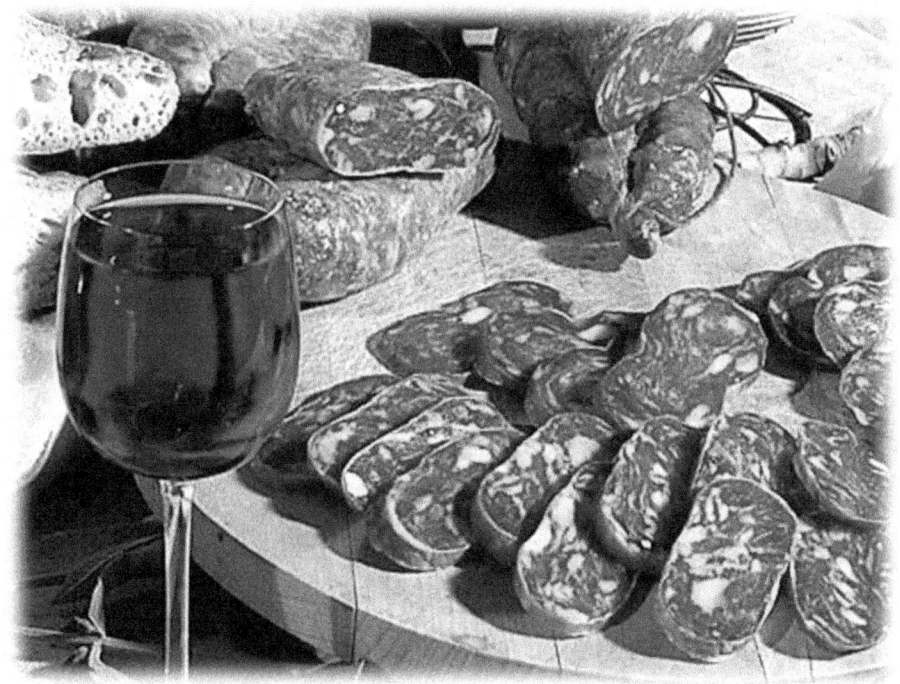

La denominazione ‹Terre di Cosenza› è riservata ai vini ottenuti da uve provenienti da vigneti composti nell'ambito aziendale per almeno l'85% dal corrispondente vitigno, con la specificazione di una delle seguenti indicazioni di uve: Greco bianco, Guarnaccia bianca, Malvasia bianca, Montonico bianco, Pecorello, Chardonnay, Gaglioppo, Greco nero, Aglianico, Calabrese, Cabernet sauvignon e/o Cabernet, Merlot e Sangiovese.

Possono concorrere alla produzione di detti vini anche le uve dei vitigni a bacca di colore analogo, idonei alla coltivazione per la Regione Calabria e presenti nei vigneti in misura non superiore al 15% del totale.

I vini DOC ‹Terre di Cosenza› all'atto dell'immissione al consumo devono rispondere alle seguenti caratteristiche

- **Terre di Cosenza Rosso, anche nella tipologia Riserva**: Titolo alcolometrico volumico totale minimo: 11,50% vol; **Acidità** totale minima: 4,5 g/l; **Estratto** non riduttore minimo: 20 g/l. **Colore**: rosso rubino più o meno carico (*fino a granato carico per la tipologia Riserva*); **Odore**: vinoso, gradevole, caratteristico; **Sapore**: pieno, asciutto e armonico.

- **Terre di Cosenza Rosso Novello**: Titolo alcolometrico volumico totale minimo: 11,50% vol; **Acidità** totale minima: 4,5 g/l.; **Estratto** non riduttore minimo: 20 g/l. **Colore**: rosso rubino; **Odore**: fruttato; **Sapore**: armonico fresco.

• **Terre di Cosenza Rosato**: Titolo alcolometrico volumico totale minimo:10,50% vol; **Acidità** totale minima: 5 g/l; **Estratto** non riduttore minimo: 18 g/l. **Colore**: rosa più o meno intenso; **Odore**: caratteristico e delicato; **Sapore**: fresco, asciutto, armonico, gradevole e talvolta fragrante.

• **Terre di Cosenza Bianco**: Titolo alcolometrico volumico totale minimo: 10,50% vol; **Acidità** totale minima: 5 g/l; **Estratto** non riduttore minimo: 16 g/l. **Colore**: giallo paglierino talvolta tendente al verdognolo; **Odore**: caratteristico, gradevole e fruttato; **Sapore**: fresco, delicato e fruttato.

• **Terre di Cosenza Spumante Bianco**: Titolo alcolometrico complessivo minimo al consumo:11% vol; **Acidità** totale minima: 5 g/l; **Estratto** non riduttore minimo:16 g/l. **Colore**: giallo paglierino con riflessi verdolini; **Odore**: fine, delicato e fragrante; **Sapore**: morbido, giustamente pieno, da extra brut a dry; **Spuma**: fine, regolare, persistente.

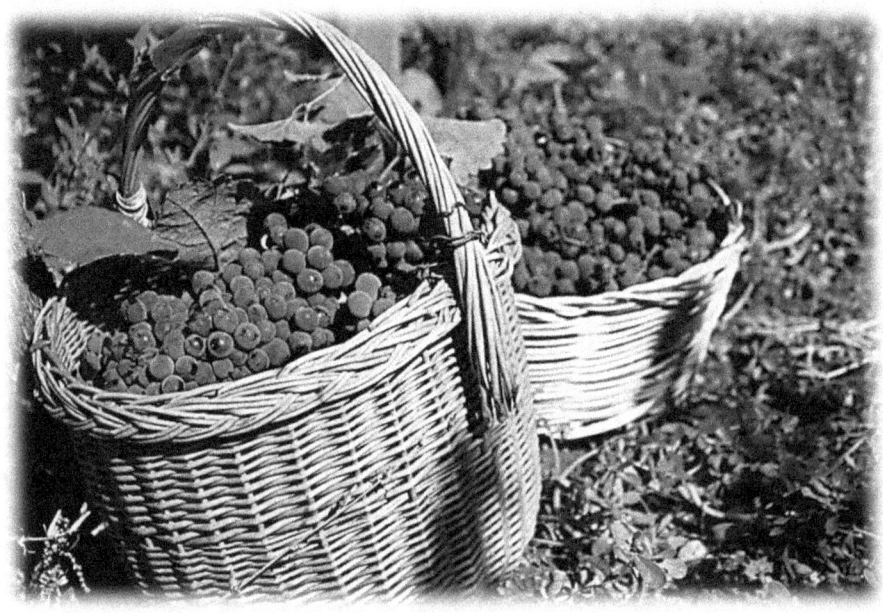

• **Terre di Cosenza Spumante Rosé**: Titolo alcolometrico complessivo minimo al consumo:11% vol; **Acidità** totale minima: 5 g/l; **Estratto** non riduttore minimo: 16 g/l. **Colore**: rosato più o meno intenso; **Odore**: gentile, fine, ampio e composito; **Sapore**: sapido, fresco, fine e armonico, da extra brut a dry; **Spuma**: fine, regolare e persistente.

• **Terre di Cosenza Rosso Passito**: Titolo alcolometrico volumico totale minimo: 16% vol di cui almeno 12% vol svolto; **Acidità** totale minima: 4,5 g/l; Estratto non riduttore minimo: 24,0 g/l. **Colore**: rosso rubino carico tendente al granato con l'invecchiamento; **Odore**: intenso, caratteristico del vitigno o dei vitigni di provenienza; **Sapore**: pieno, vellutato, caldo, delicato e dolce.

• **Terre di Cosenza Bianco Passito**: Titolo alcolometrico volumico totale minimo: 14% vol di cui almeno 12% vol svolto; **Acidità** totale minima: 4,5 g/l; **Estratto** non riduttore minimo: 24 g/l. **Colore**: giallo paglierino intenso o dorato e talvolta ambrato; **Odore**: intenso, caratteristico del vitigno o dei vitigni di provenienza; **Sapore**: dolce, fine e delicato.

• **Terre di Cosenza Rosso Vendemmia Tardiva**: Titolo alcolometrico volumico totale minimo: 13% vol di cui almeno 11% vol svolto; **Acidità** totale minima: 4,5 g/l; **Estratto** non riduttore minimo: 22 g/l. **Colore**: rosso rubino carico tendente al granato con l'invecchiamento; **Odore**: intenso, caratteristico del vitigno o dei vitigni di provenienza; **Sapore**: pieno, vellutato, caldo, delicato, da secco ad amabile.

• **Terre di Cosenza Bianco Vendemmia Tardiva**: Titolo alcolometrico volumico totale minimo: 13% vol di cui almeno 11% vol svolto; **Acidità** totale minima: 4,5 g/l; **Estratto** non riduttore minimo: 22 g/l. **Colore**: giallo paglierino intenso o dorato e talvolta ambrato; **Odore**: intenso, caratteristico del vitigno o dei vitigni di provenienza; **Sapore**: fine, delicato, da secco ad amabile.

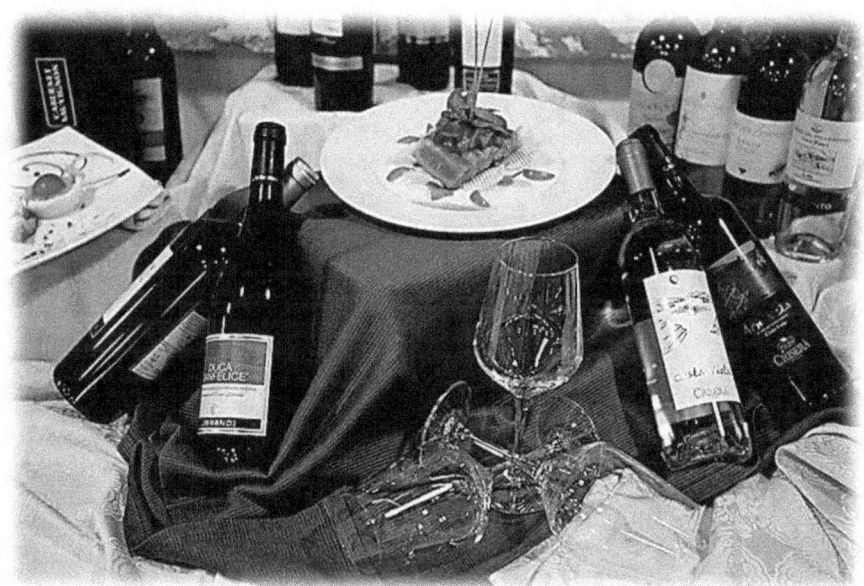

• **Terre di Cosenza Greco Bianco**: Titolo alcolometrico volumico totale minimo: 10,50% vol; **Acidità** totale minima: 5 g/l; **Estratto** non riduttore minimo:16 g/l. **Colore**: giallo paglierino con eventuali riflessi verdolini; **Odore**: fresco, delicato e fruttato; **Sapore**: secco, pieno, armonico e talvolta fruttato.

• **Terre di Cosenza Guarnaccia Bianca**: Titolo alcolometrico volumico totale minimo:10,50% vol; **Acidità** totale minima: 5 g/l; **Estratto** non riduttore minimo: 16 g/l. **Colore**: giallo paglierino con eventuali riflessi verdolini; **Odore**: delicato, gradevole e persistente; **Sapore**: fresco, secco e piacevole.

• **Terre di Cosenza Malvasia Bianca**: Titolo alcolometrico volumico totale minimo: 10,50% vol; **Acidità** totale minima: 5 g/l; **Estratto** non riduttore minimo: 16 g/l. **Colore**: giallo paglierino con eventuali riflessi dorati; **Odore**: aromatico, floreale e caratteristico; **Sapore**: fresco, morbido e piacevole.

• **Terre di Cosenza Montonico Bianco (*localmente: Mantonico*)**: Titolo alcolometrico volumico totale minimo: 10,50% vol; **Acidità** totale minima: 5 g/l; **Estratto** non riduttore minimo: 16 g/l. **Colore**: giallo paglierino più o meno carico; **Odore**: fresco, delicato e fruttato; **Sapore**: secco, pieno, armonico e talvolta fruttato.

• **Terre di Cosenza Pecorello**: Titolo alcolometrico volumico totale minimo: 10,50% vol; **Acidità** totale minima: 5 g/l; **Estratto** non riduttore minimo: 16 g/l. **Colore**: giallo paglierino più o meno carico; **Odore**: fresco, delicato e fruttato; **Sapore**: secco, pieno, armonico e talvolta fruttato.

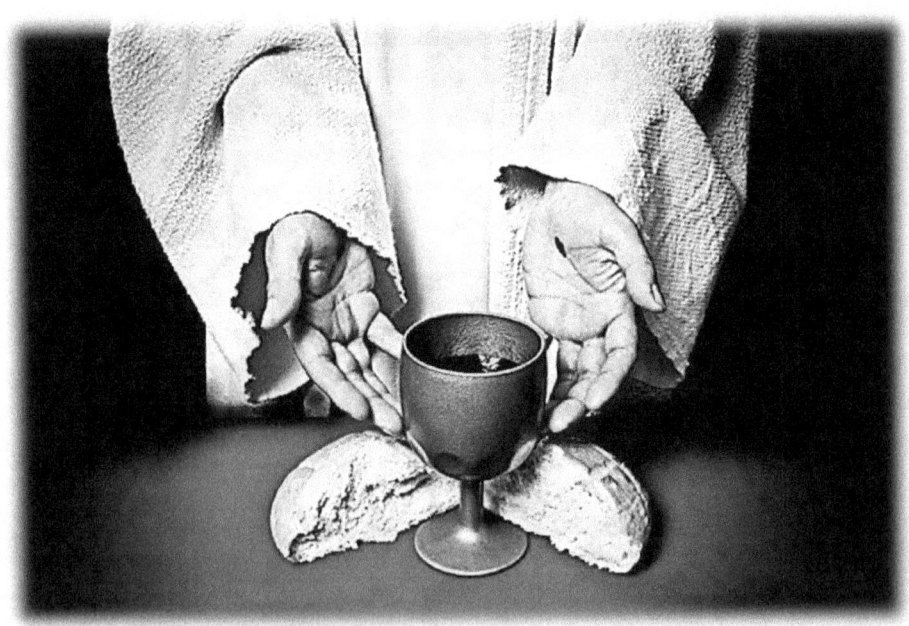

• **Terre di Cosenza Chardonnay**: Titolo alcolometrico volumico totale minimo: 10,50% vol; **Acidità** totale minima: 5 g/l; **Estratto** non riduttore minimo: 16 g/l. **Colore**: Giallo paglierino chiaro con sfumature verdognole; **Odore**: leggero e profumo caratteristico; **Sapore**: secco, vellutato, morbido e armonico.

• **Terre di Cosenza Gaglioppo**: Titolo alcolometrico volumico totale minimo: 11,50% vol; **Acidità** totale minima: 4,5 g/l; **Estratto** non riduttore minimo: 20 g/l. **Colore**: dal rosso rubino più o meno intenso; **Odore**: vinoso, gradevole e caratteristico; **Sapore**: secco, corposo, caldo e armonico.

• **Terre di Cosenza Greco Nero**: Titolo alcolometrico volumico totale minimo:11,50% vol; **Acidità** totale minima: 4,5 g/l; **Estratto** non riduttore minimo: 20 g/l. **Colore**: dal rosso rubino al granato; **Odore**: vinoso, caratteristico e delicato; **Sapore**: secco, armonico e gradevole.

• **Terre di Cosenza Aglianico**: Titolo alcolometrico volumico totale minimo: 11,50% vol; **Acidità** totale minima: 4,5 g/l; **Estratto** non riduttore minimo: 20 g/l. **Colore**: rosso rubino più o meno intenso o granato; **Odore**: vinoso, gradevole e caratteristico; **Sapore**: pieno, asciutto, sapido, armonico e giustamente tannico.

• **Terre di Cosenza Calabrese**: Titolo alcolometrico volumico totale minimo: 11,50% vol; **Acidità** totale minima: 4,5 g/l; **Estratto** non riduttore minimo: 20 g/l. **Colore**: rubino più o meno intenso; **Odore** speziato, fruttato e caratteristico; **Sapore**: pieno, asciutto e armonico.

• **Terre di Cosenza Cabernet Sauvignon e/o Cabernet**: Titolo alcolometrico volumico totale minimo: 11,50% vol; **Acidità** totale minima: 4,5 g/l; **Estratto** non riduttore minimo: 20 g/l. **Colore**: rosso rubino intenso; **Odore**: caratteristico, fruttato e intenso; **Sapore**: asciutto, rotondo e armonico.

• **Terre di Cosenza Merlot**: Titolo alcolometrico volumico totale minimo: 11,50% vol; **Acidità** totale minima: 4,5 g/l; **Estratto** non riduttore minimo: 20 g/l. **Colore**: rubino più o meno carico; **Odore**: fruttato e caratteristico; **Sapore**: secco, armonico e tipico.

• **Terre di Cosenza Sangiovese**: Titolo alcolometrico volumico totale minimo: 11,50% vol; **Acidità** totale minima: 4,5 g/l; **Estratto** non riduttore minimo: 20 g/l. **Colore**: rubino vivace tendente al granato; **Odore**: intensamente vinoso; **Sapore**: asciutto, armonico sapido e leggermente tannico.

• **Terre di Cosenza Magliocco**: Titolo alcolometrico volumico totale minimo: 12,50% vol; **Acidità** totale minima: 5 g/l; **Estratto** non riduttore minimo: 23 g/l. **Colore**: rosso rubino più o meno carico; **Odore**: caratteristico, gradevole e complesso; **Sapore**: pieno, asciutto e armonico.

• **Terre di Cosenza Magliocco Spumante Rosé**: Titolo alcolometrico complessivo minimo al consumo: 11% vol; **Acidità** totale minima: 5 g/l; **Estratto** secco netto minimo: 16 g/l. **Spuma**: fine, regolare e persistente;

Colore: rosato più o meno intenso; **Odore**: gentile, fine, ampio, composito, e caratteristico; **Sapore**: sapido, fresco, fine e armonico, da extra brut a dry.

- **Terre di Cosenza Greco Bianco Spumante**: Titolo alcolometrico complessivo minimo al consumo: 11% vol; **Acidità** totale minima: 5 g/l; **Estratto** non riduttore minimo: 16 g/l. **Spuma**: fine, regolare e persistente; **Colore**: giallo paglierino con riflessi verdolini; **Odore**: fine, delicato e fruttato; **Sapore**: morbido, giustamente pieno, talvolta fruttato, da extra brut a dry.

- **Terre di Cosenza Guarnaccia Bianca Spumante**: Titolo alcolometrico complessivo minimo al consumo: 11% vol; **Acidità** totale minima: 5 g/l; **Estratto** non riduttore minimo: 16 g/l. **Colore**: giallo paglierino con riflessi verdolini; **Odore**: fine, gradevole, persistente e fragrante; **Sapore**: morbido, giustamente pieno, da extra brut a dry; **Spuma**: fine, regolare e persistente.

- **Terre di Cosenza Malvasia Bianca Spumante**: Titolo alcolometrico complessivo minimo al consumo: 11% vol; **Acidità** totale minima: 5 g/l; **Estratto** non riduttore minimo: 16 g/l. **Colore**: giallo paglierino con eventuali riflessi dorati; **Odore**: aromatico, floreale e fine; **Sapore**: morbido, giustamente pieno, da brut a dry; **Spuma**: fine, regolare e persistente.

- **Terre di Cosenza Mantonico Bianco Spumante**: Titolo alcolometrico complessivo minimo al consumo: 11% vol; **Acidità** totale minima: 5 g/l; **Estratto** non riduttore minimo: 16 g/l. **Colore**: giallo paglierino con riflessi verdolini; **Odore**: fresco, fine, delicato e fragrante; **Sapore**: morbido, giustamente pieno, talvolta fruttato, da extra brut a dry; **Spuma**: fine, regolare e persistente.

- **Terre di Cosenza Pecorello Spumante**: Titolo alcolometrico complessivo minimo al consumo: 11% vol; **Acidità** totale minima: 5 g/l; **Estratto** non riduttore minimo: 16 g/l. **Colore**: giallo paglierino con riflessi verdolini; **Odore**: fresco, fruttato, fine, delicato e fragrante; **Sapore**: morbido, giustamente pieno, da extra brut a dry; **Spuma**: fine, regolare e persistente.

- **Terre di Cosenza Chardonnay Spumante Bianco**: Titolo alcolometrico complessivo minimo al consumo: 11% vol; **Acidità** totale minima: 5 g/l; **Estratto** non riduttore minimo: 16 g/l. **Colore**: giallo paglierino con riflessi verdolini; **Odore**: leggero, fine, delicato e fragrante; **Sapore**: morbido, giustamente pieno, da extra brut a dry; **Spuma**: fine, regolare e persistente.

- **Terre di Cosenza Magliocco Passito**: Titolo alcolometrico volumico totale minimo: 16% vol di cui almeno 12% vol svolto; **Acidità** totale minima: 4,5 g/l; **Estratto** non riduttore minimo: 24 g/l. **Colore**: rosso rubino carico tendente al granato con l'invecchiamento; **Odore**: fruttato, intenso e caratteristico; **Sapore**:

pieno, vellutato, caldo, delicato e dolce.

• **Terre di Cosenza Greco Bianco Passito**: Titolo alcolometrico volumico totale minimo: 14% vol di cui almeno 12% vol svolto; **Acidità** totale minima: 4,5 g/l; **Estratto** non riduttore minimo: 24 g/l. **Colore**: giallo paglierino intenso o dorato; **Odore**: fruttato, intenso e caratteristico; **Sapore**: dolce, fine e delicato.

• **Terre di Cosenza Guarnaccia Bianca Passito**: Titolo alcolometrico volumico totale minimo: 14% vol di cui almeno 12% vol svolto; **Acidità** totale minima: 4,5 g/l; **Estratto** non riduttore minimo: 24 g/l. **Colore**: giallo paglierino intenso o dorato e talvolta ambrato; **Odore**: gradevole, persistente e caratteristico; **Sapore**: dolce, fine e delicato.

• **Terre di Cosenza Malvasia Bianca Passito**: Titolo alcolometrico volumico totale minimo: 14% vol di cui almeno 12% vol svolto; **Acidità** totale minima: 4,5 g/l; **Estratto** non riduttore minimo: 24 g/l. **Colore**: giallo paglierino intenso o dorato e talvolta ambrato; **Odore**: aromatico, floreale, intenso e caratteristico; **Sapore**: dolce, fine e delicato.

• **Terre di Cosenza Mantonico Bianco Passito**: Titolo alcolometrico volumico totale minimo: 14% vol di cui almeno 12% vol svolto; **Acidità** totale minima: 4,5 g/l; **Estratto** non riduttore minimo: 24 g/l. **Colore**: giallo paglierino intenso o dorato e talvolta ambrato; **Odore**: intenso, fresco, fruttato e caratteristico; **Sapore**: dolce, pieno, fine e delicato.

• **Terre di Cosenza Pecorello Passito**: Titolo alcolometrico volumico totale minimo: 14% vol di cui almeno 12% vol svolto; **Acidità** totale minima: 4,5 g/l; **Estratto** non riduttore minimo: 24 g/l. **Colore**: giallo paglierino intenso o dorato e talvolta ambrato; **Odore**: fresco, fruttato e caratteristico; **Sapore**: dolce, fine e delicato.

• **Terre di Cosenza Chardonnay Passito**: Titolo alcolometrico volumico totale minimo: 14% vol di cui almeno 12% vol svolto; **Acidità** totale minima: 4,5 g/l; **Estratto** non riduttore minimo: 24,0 g/l. **Colore**: giallo paglierino intenso o dorato; **Odore**: fruttato, intenso e caratteristico; **Sapore**: dolce, fine e delicato.

Norme minime e massime per la viticoltura

É vietata ogni pratica di forzatura. È consentita l'irrigazione di soccorso. La produzione massima di uva per ettaro di vigneto in coltura specializzata per i vini DOC ‹Terre di Cosenza› non deve essere superiore a 9 t/ha per il Magliocco e a 11 t/ha per tutte le altre tipologie.

Il titolo alcolometrico volumico naturale minimo è di 10,50% vol. Per il tipo rosso e rosso riserva, novello, Gaglioppo, Greco nero, Aglianico, Calabrese, Cabernet sauvignon e/o Cabernet, Merlot e Sangiovese; 9,50% vol. Per rosato e rosato spumante, bianco e bianco spumante, Greco bianco, Guarnaccia bianca, Malvasia bianca, Montonico bianco, Pecorello e Chardonnay; 11,50% vol. Per il tipo vendemmia tardiva; 12,00% vol. per il Magliocco; 12,50% vol. Per il passito.

Nel caso di annate particolarmente sfavorevoli, i valori relativi al titolo alcolometrico volumico naturale minimo possono essere ridotti dello 0,5% vol. La resa massima dell'uva in vino finito non deve essere superiore al 70%.

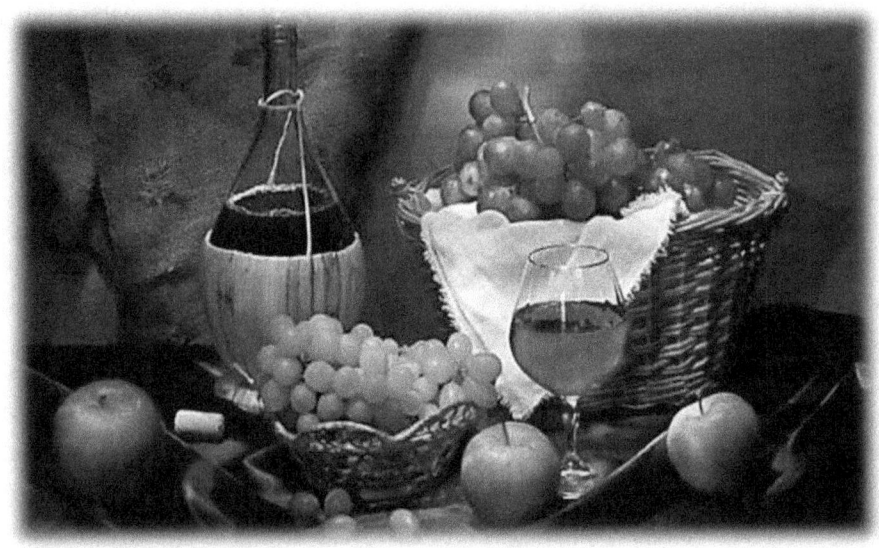

Norme per la vinificazione delle varie tipologie

Le operazioni di vinificazione dei vini ‹Terre di Cosenza› DOC, anche con l'indicazione della sottozona, devono essere effettuate solo nell'ambito della provincia di Cosenza.

• **Il vino DOC ‹Terre di Cosenza Rosso›**, con o senza indicazione della sottozona, a partire dal 1° novembre dell'anno della vendemmia e dopo 24 mesi di invecchiamento, può portare in etichetta la menzione ‹Riserva›.

• **Per la produzione delle tipologie ‹Passito›**, le uve, dopo un'accurata cernita, devono essere sottoposte ad appassimento all'aria o in locali idonei, con possibilità di una parziale disidratazione con aria ventilata e/o deumidificata.

• **Per le produzioni della tipologia ‹Vendemmia Tardiva›** l'appassimento delle uve deve avvenire sulla pianta. La resa massima dell'uva in vino finito, pronto per il consumo, non deve essere superiore al 70% per tutti i tipi di vino, ad eccezione della tipologia passito e/o vendemmia tardiva per la quale non deve essere superiore al 50%.

▪ **Il DOC ‹Terre di Cosenza Novello›** deve essere ottenuto con la macerazione carbonica di almeno il 40% delle uve.

▪ **La tipologia ‹Spumante›** deve essere ottenuta esclusivamente per rifermentazione naturale in bottiglia con permanenza sui lieviti per almeno 9 mesi, e la durata del procedimento di elaborazione non deve essere inferiore a 12 mesi.

Norme per l'etichettatura

Nell'etichettatura dei vini a DOC ‹Terre di Cosenza› deve inoltre figurare l'indicazione dell'annata di produzione delle uve, ad esclusione delle tipologie ‹Spumante›.

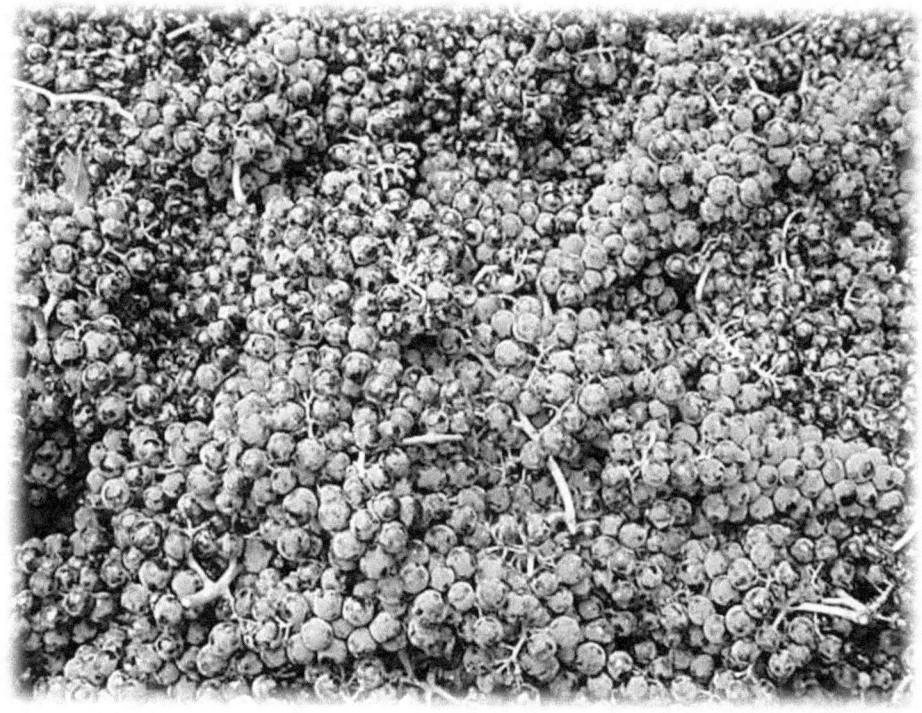

SCARICA IL DISCIPLINARE:
http://www.informatoreagrario.it/euvite/DOP/DOP_Terre_di_Cosenza.pdf

SCHEDE DEI VITIGNI AUTOCTONI DELLA ZONA

Gaglioppo: www.euvite.it/vitigni/12/gaglioppo.html
Greco Bianco: www.euvite.it/vitigni/15/greco_bianco.html

Magliocco Dolce: www.euvite.it/vitigni/23/magliocco_dolce.html
Malvasia Bianca: www.euvite.it/vitigni/24/malvasia_bianca.html
Mantonico Italico: www.euvite.it/vitigni/25/mantonico_italico.html
Pecorello: www.euvite.it/vitigni/17/pecorello.html

Territorio - Alto Cosentino: www.euvite.it/territori/1/alto_cosentino.html
Territorio - Valle del Crati: www.euvite.it/territori/2/valle_del_crati.html

CAPITOLO 4

TUTTI I 13 VINI IGT
(INDICAZIONE GEOGRAFICA TIPICA)

"ARGHILLA'" - VINO IGT

L'Indicazione Geografica Tipica (IGT) "Arghillà" è riservata ai mosti e ai vini che rispondono alle condizioni e ai requisiti stabiliti nel disciplinare per le seguenti tipologie: a) "Arghillà Rosso" (*anche nella tipologia "Arghillà novello"*); b) "Arghillà Rosato" (*anche nella tipologia "Arghillà novello"*).

La zona di produzione delle uve per l'ottenimento dei mosti e dei vini atti ad essere designati con la IGT "Arghillà" comprende l'intero territorio amministrativo dei seguenti comuni: Calanna, Campo Calabro, Fiumara, Villa San Giovanni, e parte del territorio amministrativo del comune di Reggio Calabria limitatamente alle frazioni: Archi, Arghillà di Catona, Arghillà di Salice Concessa, Arghillà di Villa San Giuseppe, Diminniti di Sambatello, Orti, Rosalì, Sambatello, San Giovanni di Sambatello, Terreti e Vito.

Il nome di quest'ottimo vino deriva da un quartiere a nord di Reggio Calabria, cioè Arghillà. È uno dei più rinomati vini rossi e rosati calabresi. È prodotto su colline molto soleggiate, dal terreno argilloso giallo-grigio scuro e di tessitura fine e scheletro abbondante.

La produzione è sapientemente gestita dai vignaioli del luogo che hanno tramandato nel corso dei secoli le tradizionali tecniche produttive che, oggi, pur mantenendo ogni legame con il passato, sono state perfezionate grazie anche al miglioramento tecnologico introdotto in queste piccole aree vinicole.

Base ampelografica

I vini Igt "Arghillà", rossi e rosati devono essere ottenuti da uve provenienti da vigneti composti, nell'ambito aziendale, da uno o più vitigni a bacca di colore analogo, idonei alla coltivazione nella regione Calabria, iscritti nel registro nazionale delle varietà di vite per uve da vino, riportati nel disciplinare.

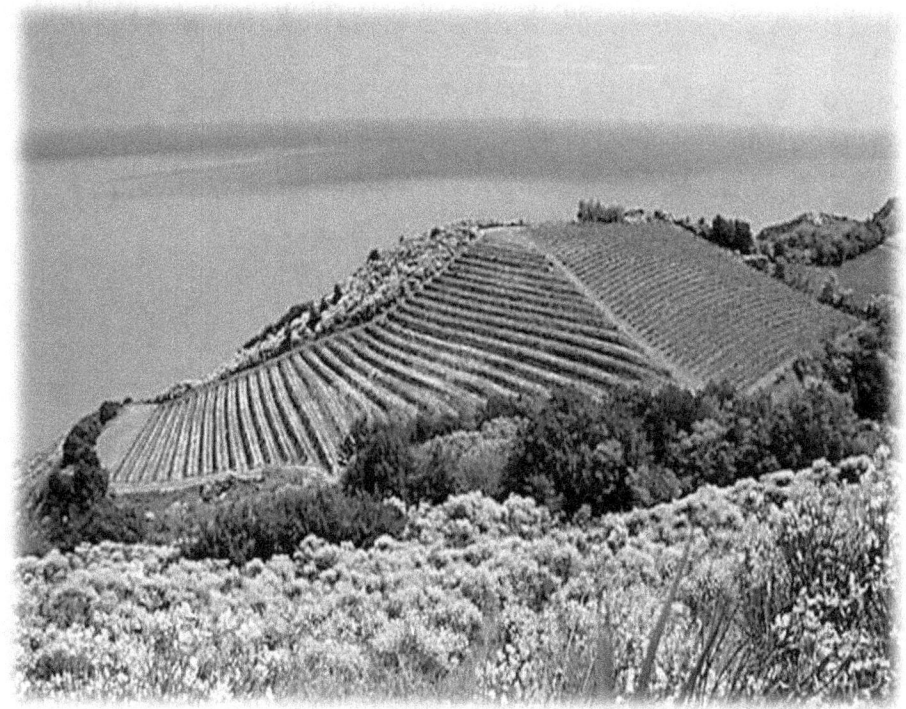

All'atto dell'immissione al consumo, devono avere le seguenti caratteristiche:

- **Arghillà Rosso**: Titolo alcolometrico volumico totale minimo: 12% vol; **Acidità** totale minima: 4,5 g/l; **Estratto** non riduttore minimo: 19 g/l. **Colore**: rosso rubino; **Odore**: vinoso e caratteristico; **Sapore**: intenso e armonico.

- **Arghillà Rosso novello**: Titolo alcolometrico volumico totale minimo: 11% vol; **Acidità** totale minima: 4,5 g/l; **Estratto** non riduttore minimo: 18 g/l. **Colore**: rosso carico; **Odore**: intenso e fruttato; **Sapore**: gradevole e armonico.

- **Arghillà Rosato**: Titolo alcolometrico volumico totale minimo: 12% vol; **Acidità** totale minima: 5 g/l; **Estratto** non riduttore minimo: 16 g/l. **Colore**: rosa più o meno intenso; **Odore**: fine e caratteristico; **Sapore**: fresco e armonico.

- **Arghillà Rosato novello**: Titolo alcolometrico volumico totale minimo: 11%

vol; **Acidità** totale minima: 4,5 g/l; **Estratto** non riduttore minimo: 16 g/l. **Colore**: rosa più o meno intenso; **Odore**: fruttato e caratteristico; **Sapore**: armonico e gradevole.

SCARICA IL DISCIPLINARE:
www.informatoreagrario.it/euvite/IGP/IGP_Arghilla.pdf

Territorio – Reggio Calabria: www.euvite.it/territori/5/reggio_calabria.html

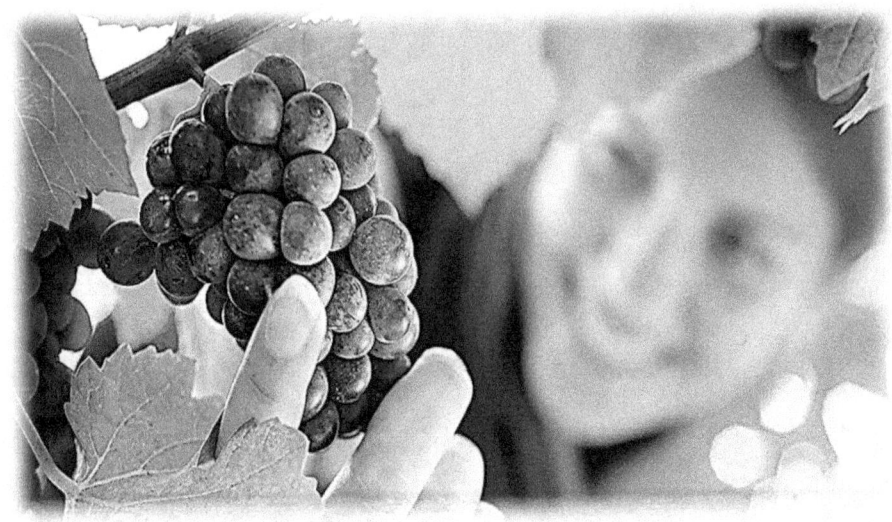

"CALABRIA" - VINO IGT

Oltre ai tanti vini di alta qualità, le zone di produzione delle uve per l'ottenimento dei Mosti e dei vini, Novelli, Passiti e Spumanti atti ad essere designati con l'Indicazione Geografica Tipica (IGT) "Calabria" comprendono l'intero territorio amministrativo delle province di: Catanzaro, Cosenza, Crotone, Reggio Calabria, Vibo Valentia e nel resto della regione Calabria.

Dal punto di vista territoriale, montagne, altopiani, colline, più o meno ripide ed elevate dominano la situazione, lasciando alle pianure ben poco spazio, inferiore al 10% del territorio regionale e con poche larghe estensioni di territorio in superficie piana (*Sant'Eufemia, Sibari, e Gioia*).

Dal punto di vista economico, quindi, l'agricoltura calabra non trova nell'andamento del suolo un alleato per la sua diffusione e produzione. Le migliori possibilità di sviluppo spettano alle produzioni specializzate che, non hanno bisogno di grandi e comodi spazi e che soprattutto sanno portare un valore aggiunto in grado di ricompensare in modo adeguato costi produttivi ed elevati, nonché forti impegni professionali e ben operatrici.

La produzione vitivinicola in particolare, vanta tradizioni solide, riconducibili addirittura ai contatti con il popolo greco durante millenni a.C.

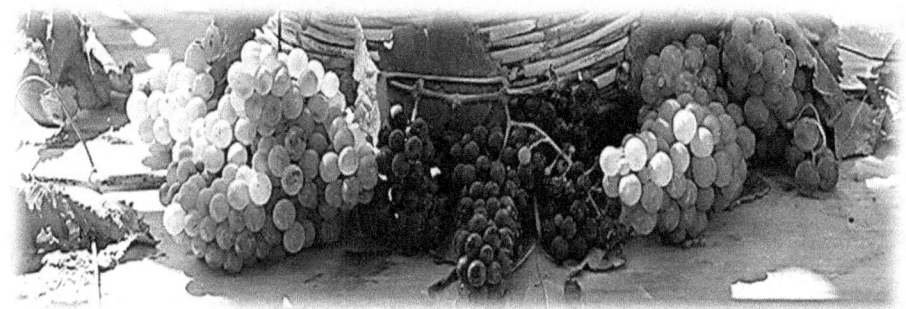

Vini previsti

Bianco (anche Frizzante e Passito),
Rosso (anche Frizzante, Passito e Novello),
Rosato, Aglianico (anche Frizzante),
Ansonica (anche Frizzante),
Barbera (anche Frizzante),
Cabernet Franc (anche Frizzante),
Cabernet Sauvignon (anche Frizzante),
Calabrese (anche Frizzante),
Castiglione (anche Frizzante),
Chardonnay (anche Frizzante),
Gaglioppo (anche Frizzante),
Greco Bianco (anche Frizzante),
Greco Nero (anche Frizzante),
Guardavalle (anche Frizzante),
Guarnaccia (anche Frizzante).
Incrocio Manzoni 6.0.13 (anche Frizzante),
Magliocco Canino (anche Frizzante),
Malvasia Bianca (anche Frizzante),
Malvasia Nera di Brindisi (anche Frizzante),
Marsigliana Nera (anche Frizzante),
Merlot (anche Frizzante),
Montonico Bianco (anche Frizzante),
Moscato Bianco (anche Frizzante).
Nerello Cappuccio (anche Frizzante),
Nerello Mascalese (anche Frizzante),
Nocera (anche Frizzante),
Pecorello (anche Frizzante),
Pinot Bianco (anche Frizzante),

Prunesta (anche Frizzante),
Riesling Italico (anche Frizzante),
Sangiovese (anche Frizzante),
Sauvignon (anche Frizzante),
Semillon (anche Frizzante),
Traminer Aromatico (anche Frizzante),
Trebbiano Toscano (anche Frizzante).

Base ampelografica

I vini a indicazione geografica tipica (IGT) "Calabria Bianchi", "Calabria Rossi" e "Calabria Rosati" devono essere ottenuti da uve provenienti da vigneti composti, nell'ambito aziendale, da uno o più vitigni idonei alla coltivazione nella Regione Calabria, a bacca di colore analogo ed iscritti nel Registro Nazionale delle varietà di vite per uve da vino, riportati nel disciplinare.

L'IGT "Calabria" con la specificazione di uno dei vitigni, è riservata ai vini ottenuti da uve provenienti da vigneti composti, nell'ambito aziendale, per almeno l'85% dal corrispondente vitigno. Possono concorrere, da sole o congiuntamente, altre uve dei vitigni di colore analogo, idonei alla coltivazione nella Regione Calabria fino ad un massimo del 15%.

I vini IGT "Calabria", all'atto dell'immissione al consumo devono rispondere alle seguenti caratteristiche

- **Calabria Bianco**: Titolo alcolometrico volumico totale minimo: 10,5% vol.; **Acidità** totale minima: 5 g/l; **Estratto** non riduttore minimo: 14 g/l. **Colore**: giallo paglierino scarico; **Odore**: gradevole e caratteristico; **Sapore**: fresco e armonico.

- **Calabria Bianco Passito**: Titolo alcolometrico volumico totale minimo: 14% vol; **Acidità** totale minima: 4,5 g/l; **Estratto** non riduttore minimo: 24 g/l. **Colore**: giallo paglierino intenso; **Odore**: intenso e caratteristico; **Sapore**: dolce e delicato.

- **Calabria Bianco Spumante**: Titolo alcolometrico complessivo minimo al consumo: 11 % vol; **Acidità** totale minima: 5 g/l; **Estratto** non riduttore minimo: 15 g/l. **Spuma**: regolare e persistente; **Colore**: giallo paglierino; **Odore**: fragrante e caratteristico; **Sapore** sapido, da extra brut a dry.

- **Calabria Rosso**: Titolo alcolometrico volumico totale minimo: 11% vol; **Acidità** totale minima: 4,5 g/l; **Estratto** non riduttore minimo: 18 g/l. **Colore**: rosso più o meno carico; **Odore**: vinoso e caratteristico; **Sapore**: armonico e tipico.

▪ **Calabria Rosso Passito**: Titolo alcolometrico volumico totale minimo: 14% vol; **Acidità** totale minima: 4,5 g/l; **Estratto** non riduttore minimo: 25 g/l. **Colore**: rosso carico; **Odore**: intenso e gradevole; **Sapore**: dolce e armonico.

▪ **Calabria Rosso Novello**: Titolo alcolometrico volumico totale minimo: 11% vol; **Acidità** totale minima: 4,5 g/l; **Estratto** non riduttore minimo: 18 g/l. **Colore**: rosso intenso; **Odore**: complesso e fruttato; **Sapore**: morbido e armonico.

▪ **Calabria Rosso Spumante**: Titolo alcolometrico complessivo minimo: 11% vol; **Acidità** totale minima: 4,5 g/l; **Estratto** non riduttore minimo: 16 g/l. **Spuma**: regolare e persistente; **Colore**: rosso più o meno intenso; **Odore**: delicato e fragrante; **Sapore**: pieno, da extra brut a dry.

▪ **Calabria Rosato**: Titolo alcolometrico volumico totale minimo:10,50% vol; **Acidità** totale minima: 5 g/l; **Estratto** non riduttore minimo: 16 g/l. **Colore**: rosa più o meno intenso; **Odore**: fine e caratteristico; **Sapore**: armonico e gradevole.

▪ **Calabria Rosato Spumante**: Titolo alcolometrico complessivo minimo: 11% vol; **Acidità** totale minima: 5 g/l; **Estratto** non riduttore minimo: 15 g/l. **Spuma**: regolare e persistente; **Colore**: rosato più o meno intenso; **Odore**: ampio e composito; **Sapore**: fresco e armonico, da extra brut a dry.

SCARICA IL DISCIPLINARE:
http://www.informatoreagrario.it/euvite/IGP/IGP_Calabria.pdf

SCHEDE DEI VITIGNI AUTOCTONI DELLA ZONA

Castiglione: www.euvite.it/vitigni/19/castiglione.html
Gaglioppo: www.euvite.it/vitigni/12/gaglioppo.html
Greco Bianco: www.euvite.it/vitigni/15/greco_bianco.html
Magliocco Canino: www.euvite.it/vitigni/13/magliocco_canino.html
Mantonico Italico: www.euvite.it/vitigni/25/mantonico_italico.html
Nzolia: www.euvite.it/vitigni/33/nzolia.html
Pecorello: www.euvite.it/vitigni/17/pecorello.html

Territorio - Alto Cosentino: www.euvite.it/territori/1/alto_cosentino.html
Territorio - Cirò: www.euvite.it/territori/4/cir%C3%92.html
Territorio - Lamezia: www.euvite.it/territori/3/lamezia.html

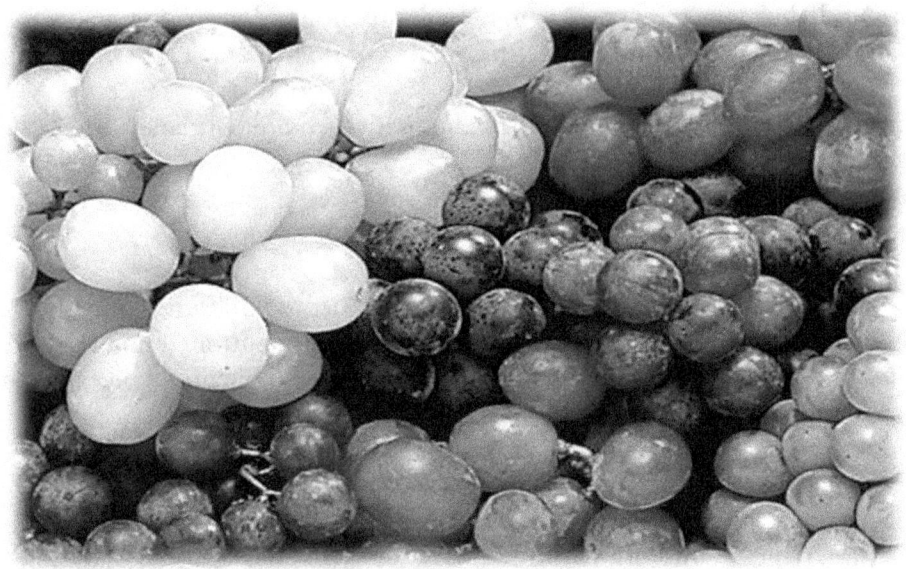

"CONDOLEO" – VINO IGT

L'Indicazione Geografica Tipica (IGT) "Condoleo", accompagnata o meno dalle specificazioni previste dal disciplinare di produzione, è riservata ai mosti ed ai vini che rispondono alle condizioni ed ai requisiti in appresso indicati. La IGT" Condoleo"è riservata ai seguenti vini: Rosso, Rosso Novello, Rosato e Rosato Novello.

I vini ad Igt "Condoleo", Rossi e Rosati devono essere ottenuti da uve provenienti da vigneti composti, nell'ambito aziendale, da uno o più vitigni a bacca di colore analogo, raccomandati e/o autorizzati per la provincia di Cosenza.

Possono concorrere, da sole o congiuntamente, alla produzione dei mosti e dei vini sopra indicati, le uve dei vitigni a bacca di colore bianco, non aromatici, raccomandati e/o autorizzati per la provincia di Cosenza, fino ad un massimo del 15%.

I vini ad Igt "Condoleo" con la specificazione di uno dei vitigni raccomandati e/o autorizzati per la provincia di Reggio Calabria, è riservata ai vini ottenuti da uve provenienti da vigneti composti, nell'ambito aziendale, per almeno l'85% dai corrispondenti vitigni.

Possono concorrere, da sole o congiuntamente, alla produzione dei mosti e dei vini sopra indicati, le uve dei vitigni, non aromatici, raccomandati e/o autorizzati per la provincia di Reggio Calabria, fino ad un massimo del 15%.

La zona di produzione delle uve per l'ottenimento dei mosti e dei vini atti ad essere designati con la Igt" Condoleo" comprende l'intero territorio amministrativo del comune di: Mandatoriccio in provincia di Cosenza.

Le condizioni ambientali e di coltivazione dei vigneti destinati alla produzione massima dei vini devono essere quelle tradizionali della zona. "Condoleo" Rosso e Rosato seguita o meno dal riferimento del vitigno che non deve essere superiore a: 10 tonnellate/ettaro.

Le uve destinate alla produzione dei vini ad Igt "Condoleo", devono assicurare ai vini un titolo alcolometrico volumico naturale minimo di: 10,5% vol. Nel caso di annate particolarmente sfavorevoli, detti valori possono essere ridotti.

La resa massima dell'uva in vino finito, pronto per il consumo, non deve essere superiore al 70% per tutti i tipi di vino, ad eccezione della tipologia passito e/o vendemmia tardiva per la quale non deve essere superiore al 50%.

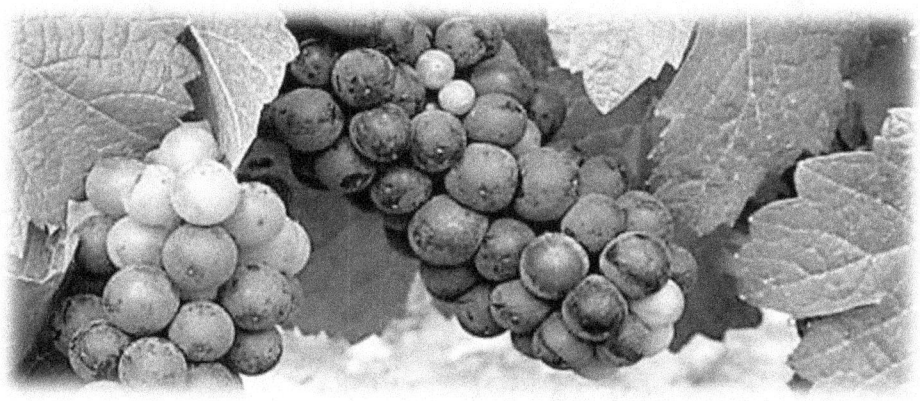

I vini ad Igt "Condoleo", all'atto dell'immissione al consumo devono avere un titolo alcolometrico volumico totale minimo di:

- Condoleo Rosso: 11% vol.;
- Condoleo Rosato: 11% vol.;
- Condoleo Rosso Novello: 11% vol.;
- Condoleo Rosato Novello: 11% vol.

E' tuttavia consentito l'uso d'indicazioni che facciano riferimento a nomi, ragioni sociali e marchi privati purché non abbiano significato laudativo e non siano tali da trarre in inganno l'acquirente. Alla Igt" Condoleo" è vietata l'aggiunta di qualsiasi qualificazione diversa da quelle previste nel disciplinare di produzione, ivi compresi gli aggettivi: extra, fine, scelto, superiore, riserva, selezionato e similari.

"Condoleo" può essere utilizzata come ricaduta per i vini ottenuti da uve prodotte da vigneti, coltivati nell'ambito del territorio delimitato ed iscritti negli

Albi dei vigneti dei vini a DOC, a condizione che i vini per i quali si intende utilizzare la IGT di cui trattasi, abbiano i requisiti previsti per una o più delle tipologie di cui disciplinare.

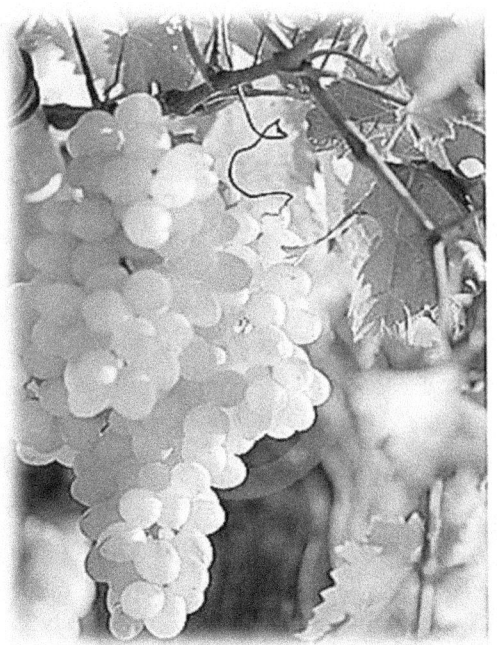
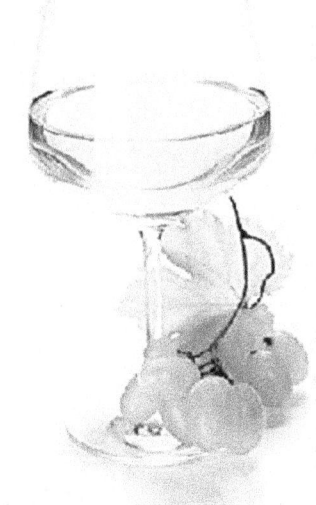

"COSTA VIOLA" - VINO IGT

Pare sia stato Omero, l'autore dell'Iliade e dell'Odissea, ad attribuire il nome "Costa Viola" a tale territorio costiero che si esprime con bruschi innalzamenti, che portano il livello territoriale a superare in fretta i 500 metri s.l.m.

Dire Scilla significa far tornare alla mente la leggenda omerica che descriveva il mitico mostro dalle sei teste e dai dodici piedi riparato nella rupe sotto il castello di Scilla, da dove scatenava il terrore tra i navigatori.

Storicamente, l'origine della città si fa risalire al IV o III secolo a.C. con la costruzione del primo castello. Al 1085 d.C. risale, invece, Bagnara Calabra, fondata dal combattente Ruggiero il Normanno, che ne avviò una storia importante grazie all'interesse che suscitò nei Normanni.

In Calabria il culto della vite ha origini antichissime, antecedenti al 744 a.C. quando sulle sue coste orientali vi approdarono i greci che la battezzarono col nome di Enotria, il cui significato deriva dalla radice greca "Oinos" (*Vino*) "Terra del vino". I vini calabresi vantano un illustre passato di grande celebrità che raggiunse l'apice quando furono offerti come dono agli atleti vittoriosi alle gare olimpiadi mondiali.

Vini robusti di alta gradazione e resistenti ai viaggi, i vini calabresi erano avviati al mercato Mediterraneo dai porti di Sibari, Crotone e Locri. Particolare rilievo per la coltura della vite riveste la Costa Viola caratterizzata da costoni rocciosi a strapiombo su un mare che si dipinge di viola. Si tratta di un paesaggio segnato da innumerevoli terrazzamenti o armacìe (*muretti di pietra a secco*) che sostengono i terrapieni strappati alla natura selvaggia.

L'Indicazione Geografica Tipica (IGT) "Costa Viola" è riservata ai mosti ed ai vini che rispondono alle condizioni ed ai requisiti stabiliti nel disciplinare per le seguenti tipologie: a) "Costa Viola Bianco"; b) "Costa Viola Rosso" (*anche nella tipologia: Novello*);c) "Costa Viola Rosato" (*anche nella tipologia: Novello*);d) Con la specificazione del nome di un vitigno.

La zona di produzione delle uve per l'ottenimento dei mosti e dei vini atti ad essere designati con la IGT "Costa Viola" comprende l'intero territorio amministrativo dei seguenti comuni: Bagnara Calabra, Palmi, Scilla e Seminara in provincia di Reggio Calabria.

Questo territorio costituisce la parte terminale dello stivale calabrese, è il tratto di Costa appena fuori dallo stretto di Messina, che va da Scilla a Palmi ed è da tempo immemorabile che è definito Costa Viola.

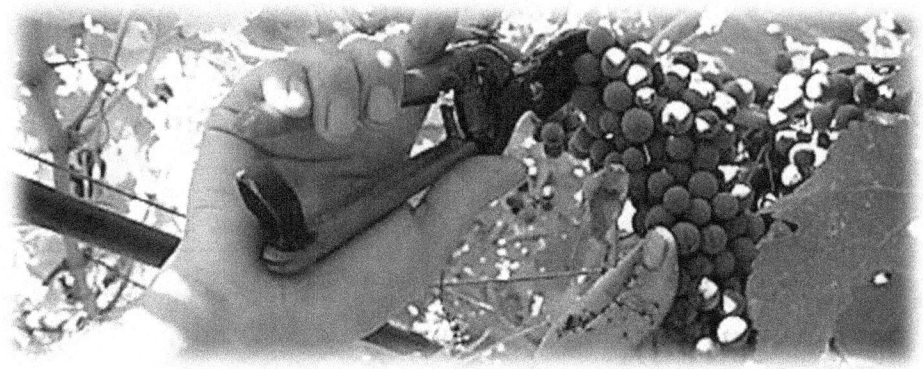

Vitigni utilizzati

Ansonica, Cabernet Franc, Cabernet Sauvignon, Calabrese, Castiglione, Chardonnay, Gaglioppo, Greco Bianco, Greco Nero, Guardavalle, Malvasia Bianca, Malvasia Nera di Brindisi, Merlot, Montonico Bianco, Nerello Cappuccio, Nocera, Pinot Bianco, Prunesta, Riesling Italico, Sauvignon, Semillon, Traminer Aromatico.

Base ampelografica

I vini a Indicazione Geografica Tipica (IGT) "Costa Viola": Bianchi, Rossi, Rosati e Novelli, devono essere ottenuti da uve provenienti da vigneti composti, nell'ambito aziendale, da uno o più vitigni idonei alla coltivazione nella Regione

Calabria, a bacca di colore analogo, iscritti nel Registro Nazionale delle varietà di vite per uve da vino, riportati nel disciplinare.

I vini Igt di "Costa Viola" con la specificazione di uno dei vitigni idonei alla coltivazione nella Regione Calabria, così come identificati nel disciplinare, è riservata ai vini ottenuti da uve provenienti da vigneti composti, nell'ambito aziendale, per almeno l'85% dal corrispondente vitigno.

Possono concorrere, da sole o congiuntamente, alla produzione di tali vini le uve dei vitigni a bacca di colore analogo, non aromatici, idonei alla coltivazione nella Regione Calabria, fino a un massimo del 15%.

I vini IGT di "Costa Viola", all'atto dell'immissione al consumo devono avere le seguenti caratteristiche

- **Costa Viola Bianco**: Titolo alcolometrico volumico totale minimo: 11% vol; **Acidità** totale minima: 5 g/l; **Estratto** non riduttore minimo: 14 g/l. **Colore**: giallo paglierino più o meno intenso; **Odore**: intenso e caratteristico; **Sapore**: asciutto e armonico.

- **Costa Viola Rosso**: Titolo alcolometrico volumico totale minimo: 12% vol; **Acidità** totale minima: 4,5 g/l; **Estratto** non riduttore minimo: 19 g/l. **Colore**: rosso rubino; **Odore**: vinoso e caratteristico; **Sapore**: caldo e armonico.

- **Costa Viola Rosso novello**: Titolo alcolometrico volumico totale minimo: 12% vol; **Acidità** totale minima: 4,5 g/l; **Estratto** non riduttore minimo: 18 g/l. **Colore**: rosso carico; **Odore**: intenso e fruttato; **Sapore**: gradevole e armonico.

- **Costa Viola Rosato**: Titolo alcolometrico volumico totale minimo:11% vol; **Acidità** totale minima: 5 g/l; **Estratto** non riduttore minimo: 16 g/l. **Colore**: rosa più o meno intenso; **Odore**: fine e caratteristico; **Sapore**: fresco e gradevole.

- **Costa Viola Rosato novello**: Titolo alcolometrico volumico totale minimo:11,50% vol; **Acidità** totale minima: 4,5 g/l; **Estratto** non riduttore minimo: 16 g/l. **Colore**: rosa intenso; **Odore**: fruttato e caratteristico; **Sapore**: armonico e gradevole.

SCARICA IL DISCIPLINARE:
www.informatoreagrario.it/euvite/IGP/IGP_Costa_Viola.pdf

Territorio – Reggio Calabria: www.euvite.it/territori/5/reggio_calabria.html

"ESARO" – VINO IGT

L'Indicazione Geografica Tipica (IGT) "Esaro", accompagnata o meno dalle specificazioni previste dal disciplinare di produzione, è riservata ai mosti ed ai vini che rispondono alle condizioni ed ai requisiti in appresso indicati.

La IGT "Esaro" è riservata ai seguenti vini: Bianco, Rosso, Rosso Novello, Rosato, Rosato Novello. I vini ad Igt "Esaro" Bianchi, Rossi e Rosati devono essere ottenuti da uve provenienti da vigneti composti, nell'ambito aziendale, da uno o più vitigni a bacca di colore analogo, raccomandati e/o autorizzati per la provincia di Cosenza.

I vini ad Igt "Esaro" con la specificazione di uno dei vitigni raccomandati e/o autorizzati per la provincia di Cosenza, è riservata ai vini ottenuti da uve provenienti da vigneti composti, nell'ambito aziendale, per almeno l'85% dai corrispondenti vitigni.

Possono concorrere, da sole o congiuntamente, alla produzione dei mosti e dei vini sopra indicati, le uve dei vitigni a bacca di colore analogo, non aromatici, raccomandati e/o autorizzati per la provincia di Cosenza, fino ad un massimo del 15%. Per i vini ad Igt "Esaro" con la specificazione di uno dei vitigni di cui al presente articolo, non è prevista la tipologia Novello.

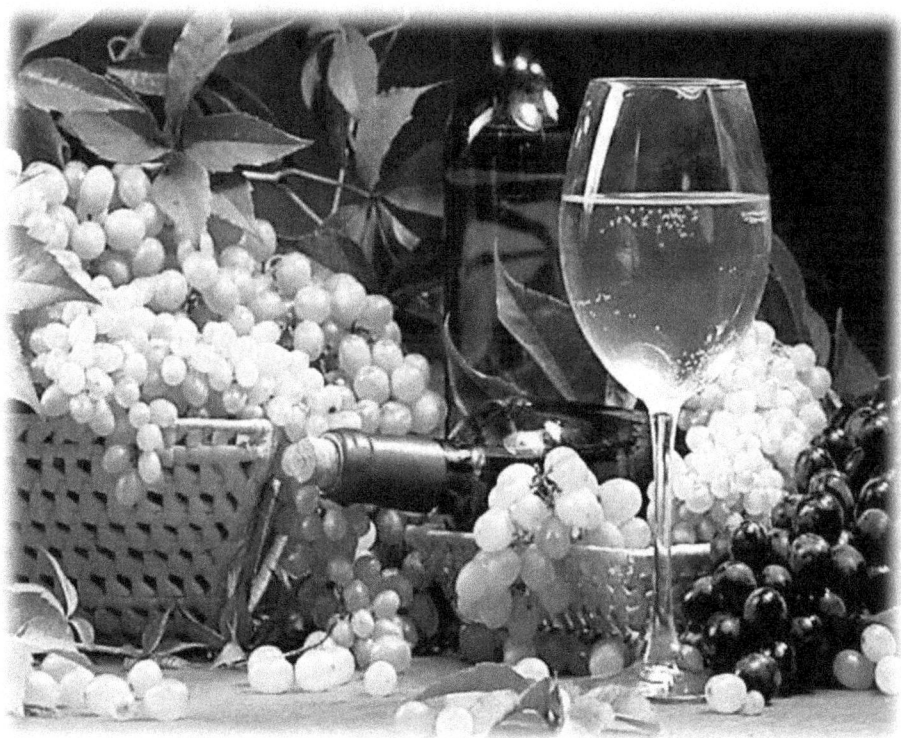

La zona di produzione delle uve per l'ottenimento dei mosti e dei vini atti ad essere designati con la Igt "Esaro" comprende l'intero territorio amministrativo dei comuni di: Acquaformosa, Altomonte, Fagnano Castello, Firmo, Lungro, Malvito, Mottafollone, Roggiano Gravina, San Donato di Ninea, San Lorenzo del Vallo, San Marco Argentano, San Sosti, Santa Caterina Albanese, Sant'Agata d'Esaro, Spezzano Albanese, Tarsia, e Terranova di Sibari in provincia di Cosenza.

Le condizioni ambientali e di coltivazione dei vigneti destinati alla produzione dei vini devono essere quelle tradizionali della zona. La produzione massima di uva per ettaro di vigneto in coltura specializzata, nell'ambito aziendale, per i vini ad Igt "Esaro" Bianco, Rosso e Rosato seguita o meno dal riferimento del vitigno, non deve essere superiore a: Esaro Bianco 15 tonnellate/ettaro Esaro Rosso e Rosato 13 tonnellate/ettaro.

Vini previsti

• Bianco, Rosso (anche Novello), Rosato (anche Novello), Barbera, Cabernet Franc, Cabernet Sauvignon, Chardonnay, Gaglioppo, Greco Bianco, Greco Nero, Guarnaccia, Incrocio Manzoni 6.0.13, Magliocco, Canino, Malvasia Bianca, Malvasia Nera di Brindisi, Merlot, Montonico Bianco, Moscato Bianco, Nerello, Cappuccio, Pecorello, Pinot Bianco, Riesling Italico, Sangiovese, Sauvignon, Semillon, Traminer, Aromatico, Trebbiano Toscano.

Le uve destinate alla produzione dei vini ad Igt "Esaro", seguita o meno dal nome del vitigno, devono assicurare ai vini un titolo alcolometrico volumico naturale minimo di:
• Esaro Bianco: 10% vol.;
• Esaro Rosso: 11% vol.;
• Esaro Rosato. 10% vol.

Nel caso di annate particolarmente sfavorevoli, detti valori possono essere ridotti dello 0,5% vol. Nella vinificazione sono ammesse soltanto le pratiche enologiche atte a conferire ai vini le proprie peculiari caratteristiche. La resa massima dell'uva in vino finito, pronto per il consumo, non deve essere superiore al 75% per tutti i tipi di vino. I vini ad Igt "Esaro" anche con la specificazione del vitigno, all'atto dell'immissione al consumo devono avere un titolo alcolometrico volumico totale minimo di:
• Esaro Bianco: 10,5% vol.;
• Esaro Rosso: 11,5% vol.;
• Esaro Rosato: 10,5% vol.;
• Esaro Rosso Novello: 11,5% vol.;
• Esaro Rosato Novello: 11% vol.

all'Igt "Esaro" è vietata l'aggiunta di qualsiasi qualificazione diversa da quelle previste nel disciplinare di produzione, ivi compresi gli aggettivi: extra, fine, scelto, superiore, riserva, selezionato e similari. E' tuttavia consentito l'uso di indicazioni che facciano riferimento a nomi, ragioni sociali e marchi privati purché non abbiano significato laudativo e non siano tali da trarre in inganno l'acquirente.

Ai sensi dell'art 7, punto 5 della legge 10/02/1992, n. 164, l'Igt "Esaro" può essere utilizzata come ricaduta per i vini ottenuti da uve prodotte da vigneti, coltivati nell'ambito del territorio delimitato nel precedente articolo ed iscritti negli Albi dei vigneti dei vini a DOC, a condizione che i vini per i quali si intende utilizzare la IGT di cui trattasi, abbiano i requisiti previsti per una o più delle tipologie di cui al presente disciplinare.

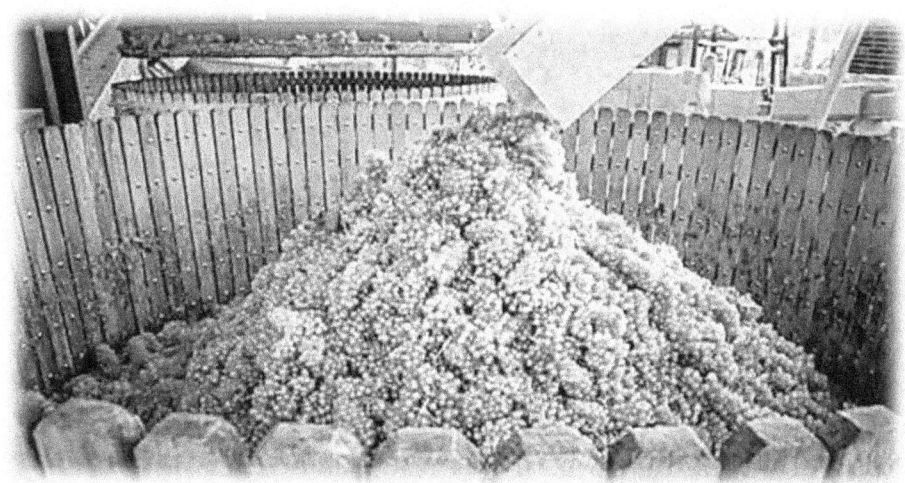

"LIPUDA" - VINO IGT

Millenni orsono a.C., al tempo dei primi sbarchi dei coloni greci sulle coste calabresi, la coltura della vite fu una delle più importanti attività che venne per prima trasmessa alle popolazioni originarie del territorio calabro.

Nello specifico sulla fascia Jonica, i centri di Sibari e Crotone si fecero presto apprezzare per la qualità dei vini che produssero, in particolare di quel "Kremisa" che è considerato l'antenato dell'attuale Cirò.

Questo era il vino ufficiale delle Olimpiadi e si dice che lo stesso Milone di Crotone, atleta greco del V secolo a.C. trionfatore nella lotta in vari giochi olimpici e vittorioso in sei edizioni, lo apprezzasse con entusiasmo.

L'indicazione geografica tipica (IGT) "Lipuda" è riservata ai mosti ed ai vini che rispondono alle condizioni ed ai requisiti stabiliti nel disciplinare per le seguenti tipologie:
- **Lipuda Bianco** (anche nella tipologia: Frizzante);

- **Lipuda Rosso** (anche nella tipologia: Frizzante e Novello);
- **Lipuda Rosato** (anche nella tipologia: Frizzante).

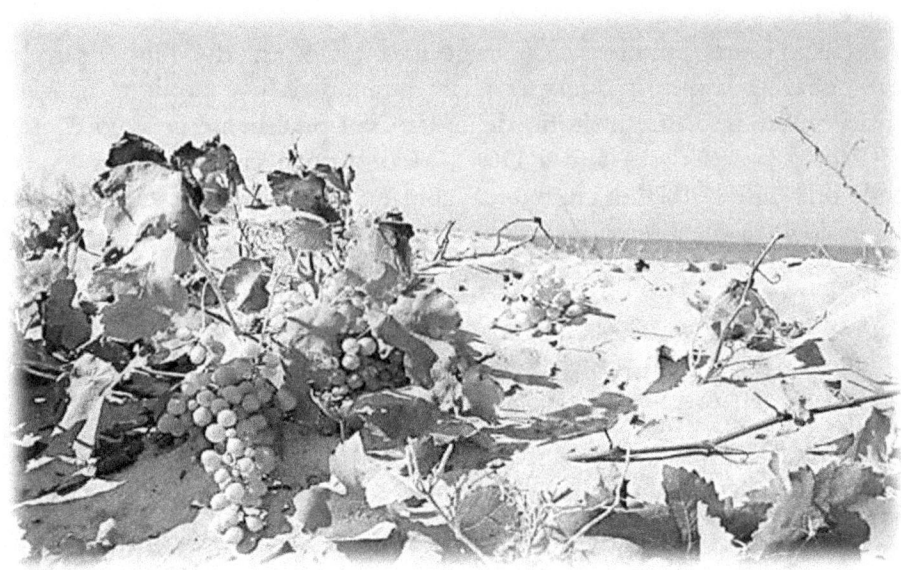

La zona di produzione delle uve per l'ottenimento dei mosti e dei vini atti ad essere designati con l'Igt "Lipuda" comprende, in provincia di Crotone, l'intero territorio amministrativo dei comuni di: Carfizzi, Casabona, Cirò, Cirò Marina, Crucoli, Melissa, Strongoli, Umbriatico. Carfizzi è un piccolo paese dell'entroterra Crotonese, domina dalla sua collina il paesaggio circostante e vanta tradizioni e dialetto di origine albanese.

Cirò Marina si apre sulla costa ionica non lontano dalla confluenza in mare del fiume Lipuda e i mestieri della pesca e del turismo si mescolano con quello del vino. Cirò, invece, guarda le colline, i vigneti, e l'azzurro del mare dall'alto dei suoi 324 metri. Strongoli, dominato da un castello medioevale, sorge sul sito dell'antica "Petelia" di origine Greca.

Infine, Umbriatico: le mura lo cingono ancora parzialmente a testimonianza che anche nel passato qui c'era qualcosa di prezioso che valeva la pena difendere e salvaguardare.

Base ampelografica

I vini a Indicazione Geografica Tipica (IGT) bianchi, rossi e rosati devono essere ottenuti da uve provenienti da vigneti composti, nell'ambito aziendale, da uno o più vitigni idonei alla coltivazione nella Regione Calabria, a bacca di colore analogo, iscritti nel registro nazionale delle varietà di vite per uve da vino, riportati nel disciplinare.

Vini previsti

- Bianco (anche Frizzante), Rosso (anche Frizzante e Novello), Rosato (anche Frizzante).

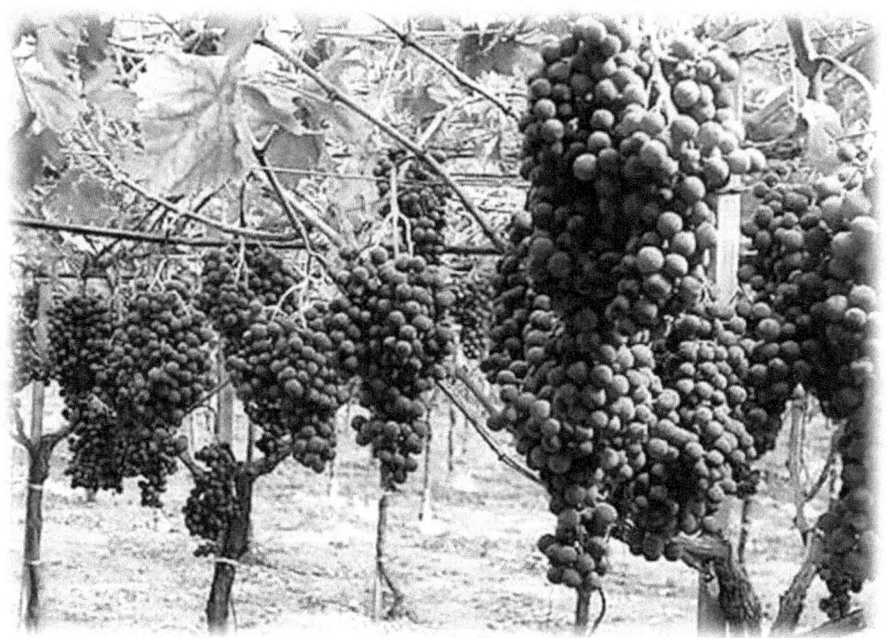

I vini IGT di "Lipuda", all'atto dell'immissione al consumo devono avere le seguenti caratteristiche

- **Lipuda Bianco**: Titolo alcolometrico volumico totale minimo: 10,50% vol; **Acidità** totale minima: 5 g/l; **Estratto** non riduttore minimo: 14 g/l. **Colore**: giallo paglierino; **Odore**: intenso e caratteristico; **Sapore**: fresco e sapido.

- **Lipuda Rosso**: Titolo alcolometrico volumico totale minimo: 11% vol; **Acidità** totale minima: 5 g/l; **Estratto** non riduttore minimo: 18 g/l. **Colore**: rosso intenso; **Odore**: complesso e caratteristico; **Sapore**: armonico e tipico.

- **Lipuda Rosso Novello**: Titolo alcolometrico volumico totale minimo: 11% vol; **Acidità** totale minima: 4,5 g/l; **Estratto** non riduttore minimo: 18 g/l. **Colore**: rosso più o meno intenso; **Odore**: complesso e fruttato; **Sapore**: armonico e tipico.

- **Lipuda Rosato**: Titolo alcolometrico volumico totale minimo:11% vol; **Acidità** totale minima: 5 g/l; **Estratto** non riduttore minimo: 18 g/l. **Colore**: rosa più o meno intenso; **Odore**: caratteristico e delicato; **Sapore**: armonico e gradevole.

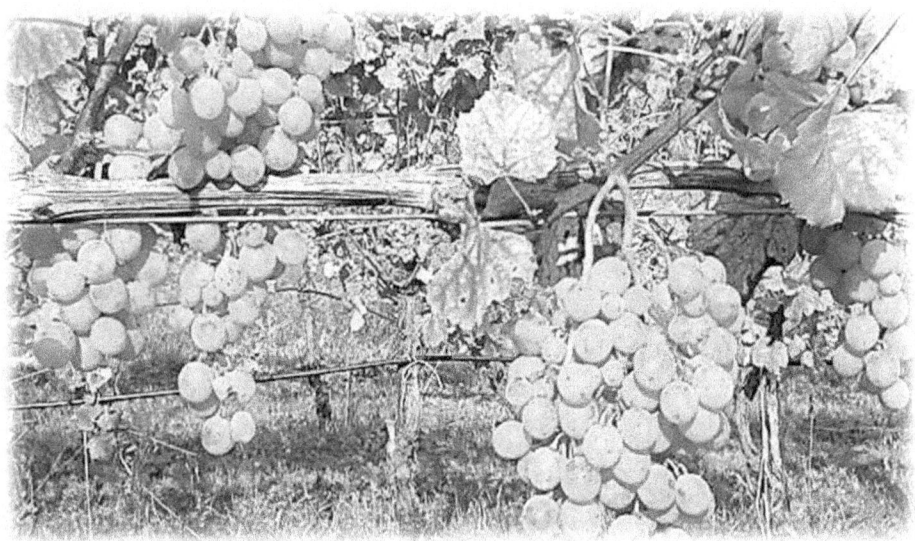

"LOCRIDE" - VINO IGT

La zona di produzione delle uve per l'ottenimento dei mosti e dei vini atti ad essere designati a Indicazione Geografica Tipica (IGT "Locride" comprende l'intero territorio amministrativo dei comuni di: Agnana, Ardore, Bianco, Bovalino, Bruzzano, Camini, Canolo, Caraffa del Bianco, Casignana, Caulonia, Ferruzzano, Gerace, Gioiosa Jonica, Grotteria, Locri, Mammola, Marina di Gioiosa Jonica, Monasterace, Placanica, Riace, Roccella Jonica, Sant'Agata del Bianco, Sant'Ilario, Siderno e Stignano in provincia di Reggio Calabria.

Nella coltivazione della vite sono preferiti i terreni più favorevoli al vitigno Montonico e ad altri particolari vitigni.

Numerose sono le testimonianze che hanno permesso di accertare che nel corso della storia si è contribuito a mantenere questi presidi calabresi produttivi, ciò, grazie anche all'intervento di tecnici e studiosi della materia e ad una profonda revisione per ciò che concerne il rinnovamento dei sistemi produttivi.

Negli ultimi tempi per la coltivazione, sono privilegiati porzioni di territorio ritenute idonee all'introduzione di tecniche innovative per ottenere una produzione con una maggiore qualità.

L'Igt "Locride" è riservata ai mosti e ai vini che rispondono alle condizioni ed ai requisiti stabiliti nel disciplinare per le seguenti tipologie:

- **Locride Bianco**;
- **Locride Montonico Bianco Passito**;
- **Locride Rosso** (anche nella tipologia: "Locride Novello");
- **Locride Rosato**".

Base ampelografica

I vini ad IGT "Locride", Bianchi, Rossi e Rosati devono essere ottenuti da uve provenienti da vigneti composti, nell'ambito aziendale, da uno o più vitigni a bacca di colore analogo, idonei alla coltivazione nella regione Calabria ed iscritti nel Registro Nazionale delle varietà di vite per uve da vino, riportati nel disciplinare. La Igt "Locride", con la specificazione del vitigno Montonico è riservata al vino passito ottenuto da uve provenienti da vigneti composti, nell'ambito aziendale, per almeno l'85% dal predetto vitigno. Possono concorrere, da sole o congiuntamente, alla produzione dei mosti e dei vini sopra indicati, le uve dei vitigni a bacca bianca, non aromatici, idonei alla coltivazione nella regione Calabria, fino a un massimo del 15%.

I vini IGT di "Locride", all'atto dell'immissione al consumo devono avere le seguenti caratteristiche

- **Locride Bianco**: Titolo alcolometrico volumico totale minimo: 10,50% vol; **Acidità** totale minima: 5 g/l; **Estratto** non riduttore minimo: 14 g/l. **Colore**: giallo paglierino; **Odore**: intenso e caratteristico; **Sapore**: fresco e sapido.

- **Locride Montonico Passito**: Titolo alcolometrico volumico totale minimo: 15% vol; **Acidità** totale minima: 4,5 g/l; **Estratto** non riduttore minimo: 24 g/l. **Colore**: giallo paglierino intenso e talvolta ambrato; **Odore**: intenso e caratteristico del vitigno; **Sapore**: dolce, fine e delicato.

- **Locride Rosso**: Titolo alcolometrico volumico totale minimo: 11,50% vol; **Acidità** totale minima: 4,5 g/l; **Estratto** non riduttore minimo: 19 g/l. **Colore**: rosso rubino; **Odore**: vinoso e caratteristico; **Sapore**: intenso e armonico.

- **Locride Rosso Novello**: Titolo alcolometrico volumico totale minimo: 11% vol; **Acidità** totale minima: 4,5 g/l; **Estratto** non riduttore minimo: 18 g/l. **Colore**: rosso carico; **Odore**: intenso e fruttato; **Sapore**: gradevole e armonico.

- **Locride Rosato**: Titolo alcolometrico volumico totale minimo:11% vol; **Acidità** totale minima: 5 g/l; **Estratto** non riduttore minimo: 16 g/l. **Colore**: rosa più o meno intenso; **Odore**: fine e caratteristico; **Sapore**: fresco e armonico.

SCARICA IL DISCIPLINARE:
www.informatoreagrario.it/euvite/IGP/IGP_Locride.pdf

Territorio – Reggio Calabria: www.euvite.it/territori/5/reggio_calabria.html

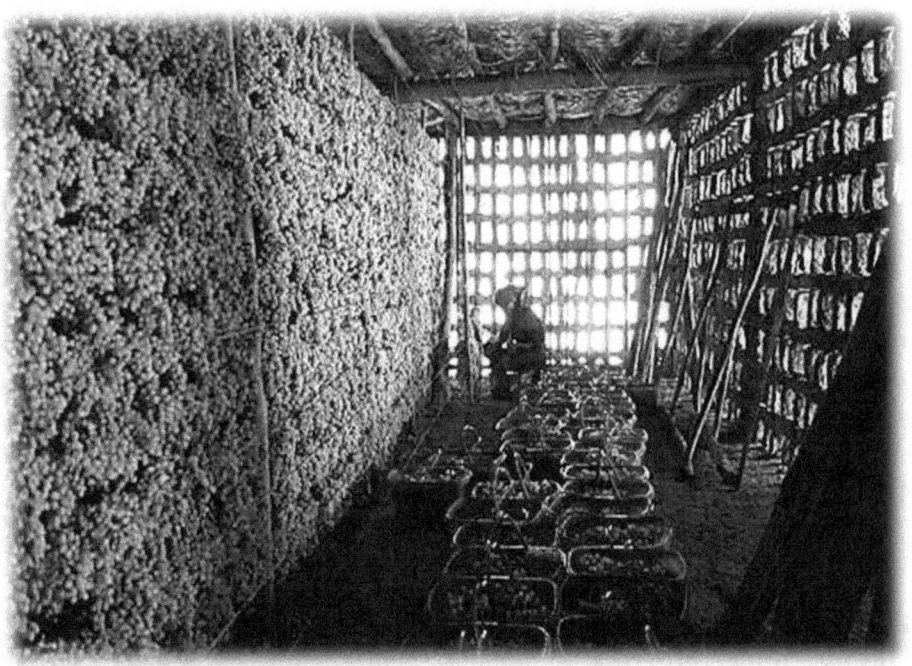

"PALIZZI" - VINO IGT

L'agricoltura ha ancora forte influenza sull'economia di questa zona di produzione, soprattutto con l'olio, gli agrumi, e il vino, anche se la risorsa del turismo sta accrescendo anno dopo anno il suo apporto.

Il paese Brancaleone, a quanto pare, deriva il suo nome dall'antico centro di Sperlinga, che era situato proprio in quella zona. Infine Boca, il paese situato alla maggiore altitudine, 960 metri, è il centro più significativo per l'etnia greca in terra calabrese.

La sua fondazione risale con tutta probabilità al periodo neolitico (VII-VIII secolo a.C.). Situata sulla sinistra del torrente Amendola, posizionata su di una struttura rocciosa dell'Aspromonte orientale, Bova è insediamento della Magna Grecia fin dal VI secolo a.C.

Oggi è un importante comune agricolo, soprattutto per olive, vino e frutta, che spesso sono sottoposti in loco a lavorazione.

In tutt'altra situazione territoriale è Bova Marina, situata lungo la costa dello

Stretto di Messina, praticamente tra i primi punti di confluenza in mare dei torrenti Sideroni e Vena. Nel settore vitivinicolo, prima della IGT "Palizzi", nessun riconoscimento qualitativo era stato attribuito a questa zona. È uno del più rinomati vini rossi della viticoltura calabrese.

Si vendemmia nella seconda decade di settembre; dopo pigiate, le uve fermentano in vasche di acciaio per 48/60 ore, poi vanno pressate e il mosto messo in serbatoi di acciaio a temperatura controllata, dove resterà fino al primo travaso di novembre.

Seguono altri due travasi e dopo una permanenza di circa due mesi in botti di legno castagno, va messo in bottiglia dopo circa 18 mesi dalla vendemmia per affinare ancora tre mesi prima della vendita.

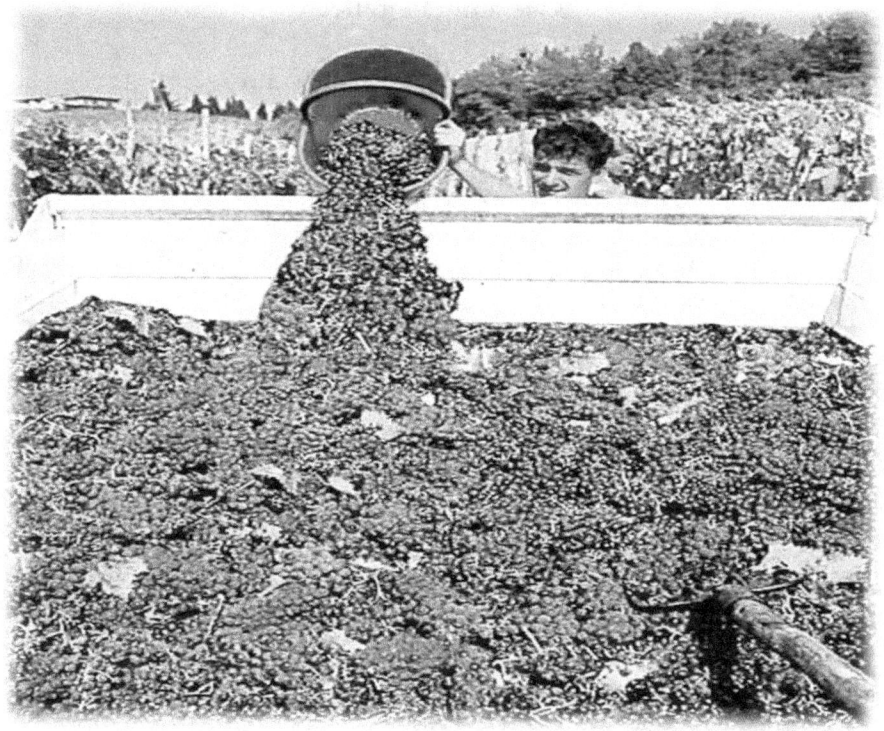

La gradazione alcolica è di 14 C°. Questa zona è ritenuta un'area di eccellenza per la produzione vinicola dell'intera Calabria. In questa territorio viene prodotto un rosso di alta gradazione alcolica, capace di soddisfare i gusti degli estimatori più esigenti. Le aree di produzione più vocate sono intorno al borgo di Palizzi Superiore e a quote più elevate, a Pietrapennata.

I vitigni utilizzati non sono numerosi, segno che erano stati conservati per la vinificazione quelli che erano ritenuti migliori, mentre non venivano prodotti ne vini bianchi, né vini particolari. Tra i vini neri fondamentali vi sono il Nerello di Palizzi, il Castiglione la Negrazza.

Qualche cultore di storia locale afferma che fino all'800 dalle imbarcazioni francesi venivano a rilevare il vino di Palizzi che serviva per tagliare il vino d'oltralpe. Dopo la vendemmia le uve, prevalenti nere, vengono premute e lasciate a fermentare 24 ore, prima della torchiatura.

L'Indicazione Geografica Tipica (IGT) "Palizzi" è riservata ai mosti e ai vini che rispondono alle condizioni e ai requisiti stabiliti nel disciplinare per le seguenti tipologie: a) "Palizzi Rosso" (anche nella tipologia: "Palizzi Novello"); b) "Palizzi Rosato".

La zona di produzione delle uve per l'ottenimento dei mosti e dei vini atti ad essere designati con la IGT "Palizzi" comprende l'intero territorio dei comuni di: Bova, Bova Marina, Brancaleone, Condofuri, Palizzi, Staiti in provincia di Reggio Calabria.

Base ampelografica

I vini IGT "Palizzi" Bianchi, Rossi e Rosati devono essere ottenuti da uve provenienti da vigneti composti, nell'ambito aziendale, da uno o più vitigni idonei alla coltivazione nella Regione Calabria, iscritti nel Registro Nazionale delle varietà di vite per uve da vino, riportati nel disciplinare a bacca di colore analogo.

Possono concorrere, da sole o congiuntamente, alla produzione dei mosti e dei vini sopra indicati, le uve dei vitigni a bacca bianca idonei alla coltivazione nella Regione Calabria, fino ad un massimo del 15%.

I vini IGT di "Palizzi", all'atto dell'immissione al consumo devono avere le seguenti caratteristiche

- **Palizzi Rosso**: Titolo alcolometrico volumico totale minimo: 13% vol; **Acidità** totale minima: 5 g/l; **Estratto** non riduttore minimo: 18 g/l. **Colore**: rosso carico; **Odore**: intenso e caratteristico; **Sapore**: armonico e tipico.

- **Palizzi Rosso Novello**: Titolo alcolometrico volumico totale minimo: 11% vol; **Acidità** totale minima: 4,5 g/l; **Estratto** non riduttore minimo: 18 g/l. **Colore**: rosso più o meno intenso; **Odore**: complesso e fruttato; **Sapore**: gradevole e armonico.

- **Palizzi Rosato**: Titolo alcolometrico volumico totale minimo:13% vol; **Acidità** totale minima: 5 g/l; **Estratto** non riduttore minimo: 15 g/l. **Colore**: rosa più o meno intenso; **Odore**: fine, delicato e caratteristico; **Sapore**: fresco, armonico e gradevole.

SCARICA IL DISCIPLINARE:
www.informatoreagrario.it/euvite/IGP/IGP_Palizzi.pdf

Nero d'Avola (calabrese):
www.euvite.it/vitigni/31/nero_d_avola_(calabrese).html

Territorio – Reggio Calabria: www.euvite.it/territori/5/reggio_calabria.html

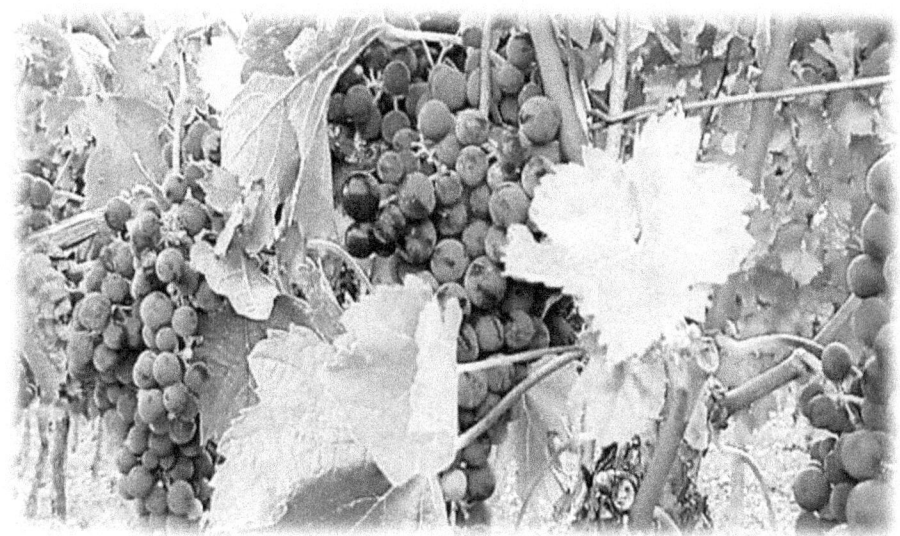

"PELLARO" - VINO IGT

I vini di Pellaro sono apprezzati da tempo, grazie al binomio suolo e clima che arricchisce con vigore i grappoli della vite. Motta San Giovanni – Motta significa "Terra fortificata" ed è collocata nelle alture così che può sorvegliare gli spazi circostanti. Le viti in zona sono allevate ad alberello, alte 50 centimetri.

La zona di produzione delle uve per l'ottenimento dei mosti e dei vini atti ad essere designati con la IGT "Pellaro" comprende l'intero territorio del comune di: Motta San Giovanni e parte del territorio amministrativo del comune di Reggio Calabria limitatamente alle frazioni di: Bocale, Lume di Pellaro, Macellari, Occhio di Pellaro, Oliveto, Paterriti, Pellaro, San Filippo, Valanidi in provincia di Reggio Calabria.

L'indicazione Geografica Tipica (IGT) "Pellaro" è riservata ai mosti e ai vini che rispondono alle condizioni ed ai requisiti stabiliti nel disciplinare per le seguenti tipologie: a) "Pellaro Rosso" (anche nella tipologia: Novello); b) "Pellaro Rosato".

Base ampelografica

I vini ad IGT "Pellaro" Rossi e Rosati devono essere ottenuti da uve provenienti da vigneti composti, nell'ambito aziendale, da uno o più vitigni a bacca nera, idonei alla coltivazione nella Regione Calabria, iscritti nel Registro Nazionale delle varietà di vite per uve da vino, riportati nel disciplinare. Possono concorrere, da sole o congiuntamente, alla produzione dei mosti e dei vini sopra indicati, le uve dei vitigni a bacca bianca idonei alla coltivazione nella Regione Calabria fino ad un massimo del 15%.

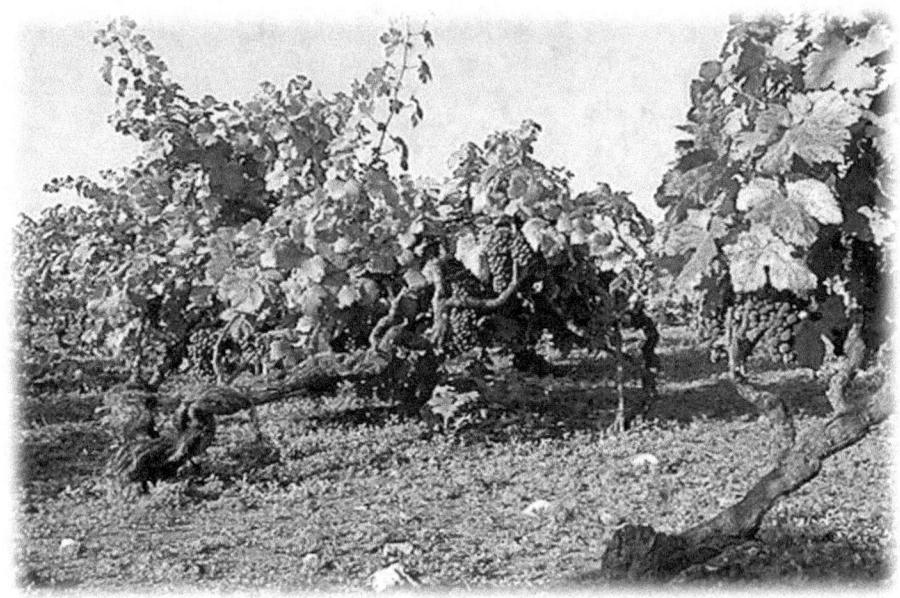

I vini IGT di "Pellaro", all'atto dell'immissione al consumo devono avere le seguenti caratteristiche

- **Pellaro Rosso**: Titolo alcolometrico volumico totale minimo: 13% vol; **Acidità** totale minima: 5 g/l; **Estratto** non riduttore minimo: 18 g/l. **Colore**: rosso rubino; **Odore**: vinoso e caratteristico; **Sapore**: pieno e armonico.

- **Pellaro Rosso Novello**: Titolo alcolometrico volumico totale minimo: 11% vol; **Acidità** totale minima: 4,5 g/l; **Estratto** non riduttore minimo: 18 g/l. **Colore**: rosso intenso; **Odore**: gradevolmente fruttato; **Sapore**: piacevole e armonico.

- **Pellaro Rosato**: Titolo alcolometrico volumico totale minimo: 13,0% vol; **Acidità** totale minima: 5 g/l; **Estratto** non riduttore minimo: 15 g/l. **Colore**: rosa più o meno intenso; **Odore**: fine e caratteristico; Sapore: fresco e gradevole.

SCARICA IL DISCIPLINARE:
www.informatoreagrario.it/euvite/IGP/IGP_Pellaro.pdf

Territorio – Reggio Calabria: www.euvite.it/territori/5/reggio_calabria.html

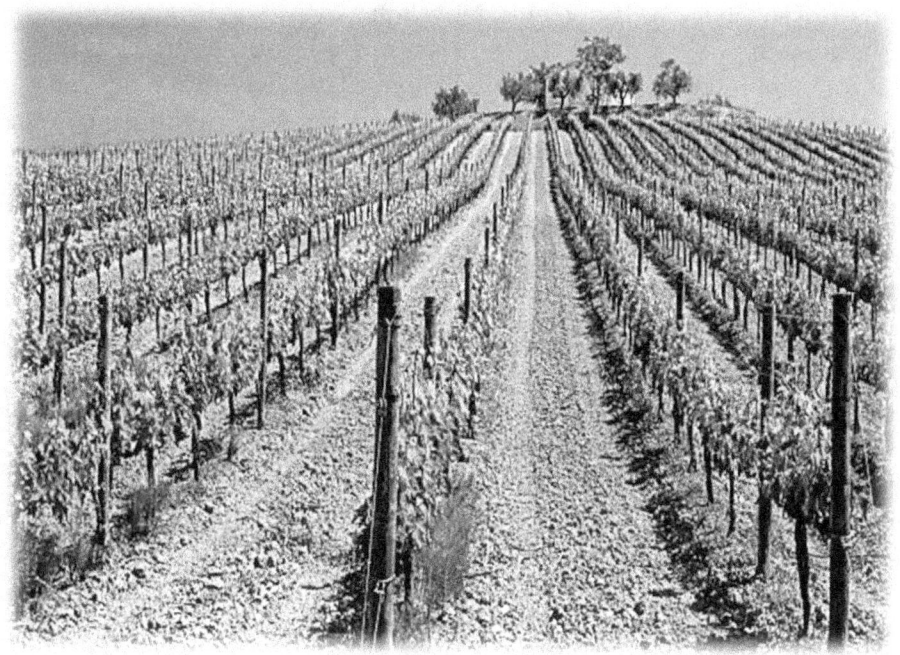

"SCILLA" - VINO IGT

Scilla, così pittoresca e suggestiva, porta scritto nel suo patrimonio genetico una profonda vocazione vinicola. Per coloro che giungono dalla Sicilia e oltrepassano lo stretto di Messina entrando in Calabria, notano subito il tratto rivierasco che di qui a Palmi è denominato Costa Viola. Qui si trova la cittadina di Scilla, che discende verso le due baie, quella di Chianalea a levante e quella di Marina Grande sul lato opposto.

Fin dai tempi antichi, attraverso il paziente e appassionato lavoro dei vignaioli, le vigne terrazzate delle diverse contrade hanno donato un vino rosso dalle delicate tonalità cerasuolo, semplice e di carattere, con un gusto gradevolmente fruttato e caratterizzato da una piacevole nota sapida, donata dal vicino mare.

L'orografia particolarmente accidentata del luogo con terrazze colme di vigneti che finiscono a strapiombo sul mare hanno permesso la genesi di questo meraviglioso prodotto vinicolo, grazie anche all'impegno profuso e costante degli abitanti di queste difficilissime zone. In questa terra la cui storia millenaria è affascinante, diventa una fondamentale prova la stretta connessione ed interazione esistente tra il fattore umano e le peculiari positività del vino "Scilla".

L'Indicazione Geografica Tipica (IGT) "Scilla" è riservata ai mosti e ai vini che rispondono alle condizioni e ai requisiti stabiliti nel disciplinare per le seguenti tipologie:
- **Scilla Rosso** (anche nella tipologia: Novello);
- **Scilla Rosato**.

La zona di produzione delle uve per l'ottenimento dei mosti e dei vini atti ad essere designati con la IGT "Scilla" comprende l'intero territorio del comune di Scilla in provincia di Reggio Calabria.

Base ampelografica

I vini ad IGT "Scilla" Rossi e Rosati devono essere ottenuti da uve provenienti da vigneti composti, nell'ambito aziendale, da uno o più vitigni a bacca nera, idonei alla coltivazione nella Regione Calabria, iscritti nel Registro Nazionale delle varietà di vite per uve da vino approvato, riportati nel disciplinare.

Possono concorrere, da sole o congiuntamente, alla produzione dei mosti e dei vini sopra indicati, le uve dei vitigni a bacca bianca, idonei alla coltivazione nella Regione Calabria fino ad un massimo del 15%.

I vini IGT di "Scilla", all'atto dell'immissione al consumo devono avere le seguenti caratteristiche

- **Scilla Rosso**: Titolo alcolometrico volumico totale minimo: 12% vol; **Acidità** totale minima: 5 g/l; **Estratto** non riduttore minimo: 18 g/l. **Colore**: rosso carico; **Odore**: intenso e caratteristico; **Sapore**: armonico e tipico.

- **Scilla Rosso novello**: Titolo alcolometrico volumico totale minimo: 11% vol; **Acidità** totale minima: 4,5 g/l; **Estratto** non riduttore minimo: 18 g/l. **Colore**: rosso più o meno intenso; **Odore**: complesso e fruttato; **Sapore**: gradevole e armonico.

- **Scilla Rosato**: Titolo alcolometrico volumico totale minimo:12% vol; **Acidità** totale minima: 5 g/l; **Estratto** non riduttore minimo: 15 g/l. **Colore**: rosa più o meno intenso; **Odore**: fine, delicato e caratteristico; **Sapore**: fresco, armonico e gradevole.

Scarica il disciplinare: www.informatoreagrario.it/euvite/IGP/IGP_Scilla.pdf
Territorio – Reggio Calabria: www.euvite.it/territori/5/reggio_calabria.html

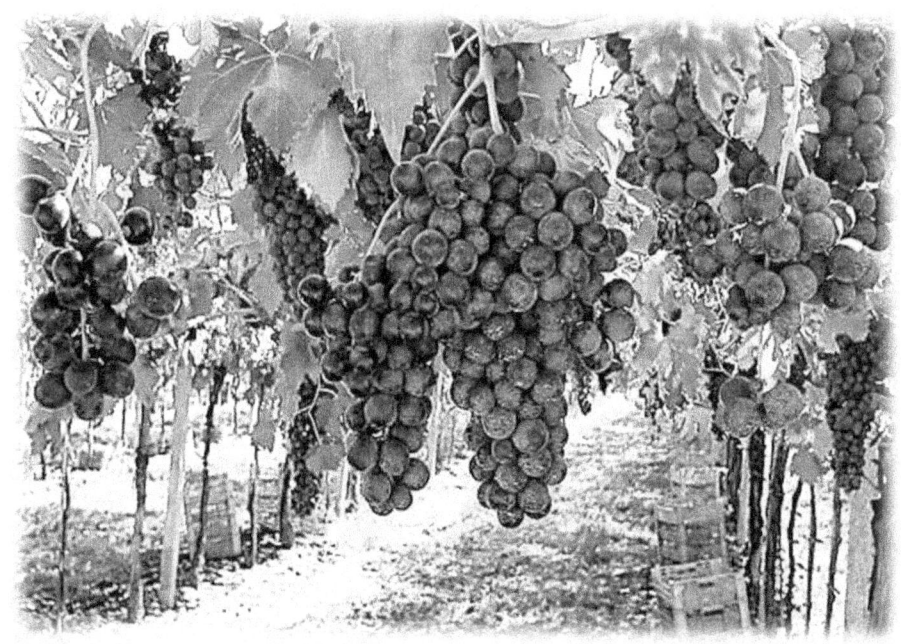

"VAL DI NETO" - VINO IGT

Da qualche tempo Val di Neto è riconosciuta come territorio a vocazione viticola ed enologica, si trova nella parte centro e sud-orientale della provincia di Crotone, quella che, per gran parte della costa, si affaccia sul Mar Ionio.

Confermando questa innata vocazione, il territorio con qualche aggiunta o correttivo, è divenuto la zona di origine delle uve per la produzione dei vini a Indicazione Geografica Tipica (IGT) "Val di Neto".

Il nome deriva dal fiume che nasce dalla Sila Grande, e dopo aver attraversato parte della provincia di Cosenza e quella di Crotone, si tuffa nel mar Ionio. Crotone discende dalla "Kroton" della Magna Grecia, fondata dagli Achei, con uno splendido circolo di mura possenti su entrambi i lati del fiume Esaro.

Cutro, più in basso (220 metri) rivela un paesaggio più spoglio, arso dal sole.

Santa Severina è posta su di una rupe scoscesa, con l'atmosfera che ricorda il passato bizantino e normanno, ai margini del Marchesato di Crotone, l'accorpamento territoriale che si concretizzò nelle mani dei nobili Ruffo tra il 1390 e il 1444 e al quale pose fine un paio di decenni dopo il re di Napoli.

Nonostante la sua ripartizione in tanti feudi, il territorio conservò nel tempo l'appellativo di Marchesato a ricordo di un'esperienza rimasta ben viva nel ricordo delle persone.

La zona di produzione delle uve per l'ottenimento dei mosti e dei vini atti ad essere designati con l'Indicazione Geografica Tipica (IGT) "Val di Neto" comprende l'intero territorio amministrativo dei comuni di: Andali, Belcastro, Belvedere, Spinello, Botricello, Caccuri, Carfizzi, Casabona, Cerenzia, Crotone, Cutro, Mesoraca, Pallagorio, Petilia Policastro, Roccabernarda, Rocca di Neto, San Mauro Marchesato, San Nicola dell'Alto, Santa Severina, Scandale, Umbriatico e Strongoli tutti in provincia di Crotone.

L'Igt "Val di Neto" è riservato ai mosti e ai vini che rispondono alle condizioni ed ai requisiti stabiliti nel disciplinare per le seguenti tipologie:
- **Val di Neto Bianco** (anche nella tipologia: Frizzante e Passito);
- **Val di Neto Rosso** (anche nella tipologia: Frizzante, Passito e Novello);
- **Val di Neto Rosato** (anche nella tipologia: Frizzante);
- **Con la specificazione del nome di un vitigno.**

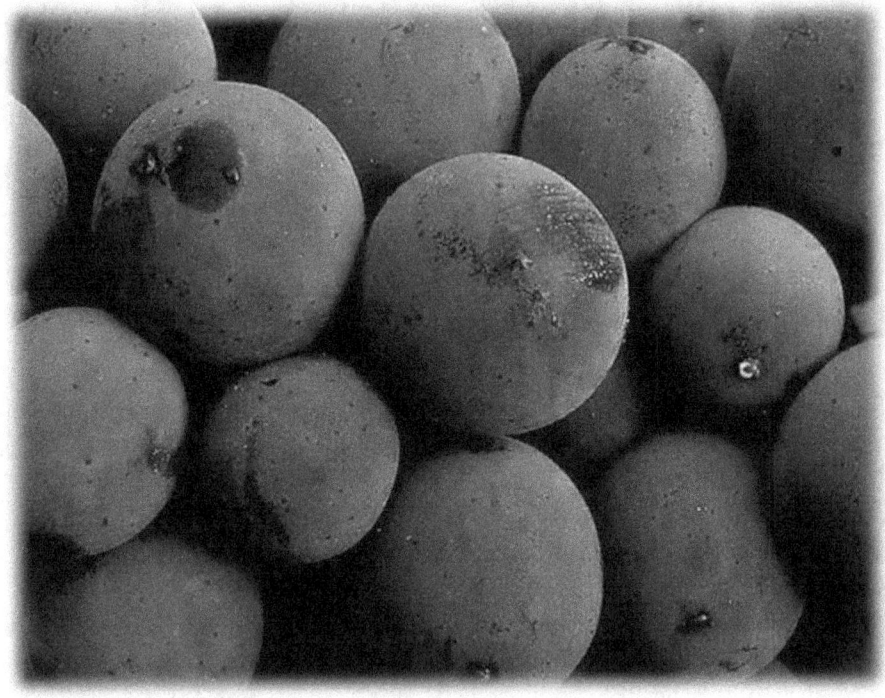

Vini previsti

Bianco (anche Frizzante e Passito), Rosso (anche Frizzante e Passito), Rosato (anche Frizzante), Aglianico (anche Frizzante), Barbera (anche Frizzante), Cabernet Franc (anche Frizzante), Cabernet Sauvignon (anche Frizzante), Chardonnay (anche Frizzante), Gaglioppo (anche Frizzante), Greco Bianco (anche Frizzante), Greco Nero (anche Frizzante), Incrocio Manzoni 6.0.13 (anche Frizzante).

Magliocco Canino (anche Frizzante), Malvasia Bianca (anche Frizzante), Malvasia Nera di Brindisi (anche Frizzante), Marsigliana Nera (anche Frizzante), Merlot (anche Frizzante), Moscato Bianco (anche Frizzante), Nerello Cappuccio (anche Frizzante), Nerello Mascalese (anche Frizzante), Nocera (anche Frizzante), Pecorello (anche Frizzante), Pinot Bianco (anche Frizzante), Prunesta (anche Frizzante).

Riesling Italico (anche Frizzante), Sangiovese (anche Frizzante), Sauvignon (anche Frizzante), Semillon (anche Frizzante), Traminer Aromatico (anche Frizzante), Trebbiano Toscano (anche Frizzante).

Base ampelografica

I vini IGT "Val di Neto" Bianchi, Bianchi Frizzanti, Rossi, Rossi Frizzanti, Rosati e Novelli, devono essere ottenuti da uve provenienti da vigneti composti, nell'ambito aziendale, da uno o più vitigni idonei alla coltivazione nella Regione Calabria, a bacca di colore analogo, iscritti nel registro nazionale delle varietà di vite per uve da vino approvato, riportati nel disciplinare.

L'indicazione geografica tipica "Val di Neto" con la specificazione di uno dei vitigni idonei alla coltivazione, è riservata ai vini ottenuti da uve provenienti da vigneti composti, per almeno l'85% dal corrispondente vitigno. Possono concorrere, da sole o congiuntamente, alla produzione di tali vini le uve dei vitigni a bacca di colore analogo, non aromatici, fino a un massimo del 15%.

I vini IGT di "Val di Neto", all'atto dell'immissione al consumo devono avere le seguenti caratteristiche

• **Val di Neto Bianco**: Titolo alcolometrico volumico totale minimo: 10,50% vol; **Acidità** totale minima: 5 g/l; **Estratto** non riduttore minimo: 14 g/l. **Colore**: giallo paglierino scarico; **Odore**: gradevole e caratteristico; **Sapore**: fresco e armonico.

• **Val di Neto Bianco Passito**: Titolo alcolometrico volumico totale minimo: 15% vol; **Acidità** totale minima: 4,5 g/l; **Estratto** non riduttore minimo: 24 g/l. **Colore**: giallo paglierino intenso; **Odore**: intenso e caratteristico; **Sapore**: dolce e delicato.

• **Val di Neto Rosso**: Titolo alcolometrico volumico totale minimo: 11,50% vol; **Acidità** totale minima: 4,5 g/l; **Estratto** non riduttore minimo: 18 g/l. **Colore**: rosso più o meno carico; **Odore**: vinoso e caratteristico; **Sapore**: armonico e tipico.

• **Val di Neto Rosso Passito**: Titolo alcolometrico volumico totale minimo: 15% vol; **Acidità** totale minima: 4,5 g/l; **Estratto** non riduttore minimo: 25 g/l. **Colore**: rosso carico; **Odore**: intenso e gradevole; **Sapore**: dolce, caldo e armonico.

• **Val di Neto Rosso Novello**: Titolo alcolometrico volumico totale minimo: 11% vol; **Acidità** totale minima: 4,5 g/l; **Estratto** non riduttore minimo: 18 g/l. **Colore**: rosso intenso; **Odore**: complesso e fruttato; **Sapore**: morbido e armonico.

• **Val di Neto Rosato**: Titolo alcolometrico volumico totale minimo:10,50% vol; **Acidità** totale minima: 5 g/l; **Estratto** non riduttore minimo: 16 g/l. **Colore**: rosa più o meno intenso; **Odore**: fine e caratteristico; **Sapore**: armonico e gradevole.

SCARICA IL DISCIPLINARE:
www.informatoreagrario.it/euvite/IGP/IGP_Val_di_Neto.pdf

Territorio – Cirò: www.euvite.it/territori/4/cir%C3%92.html

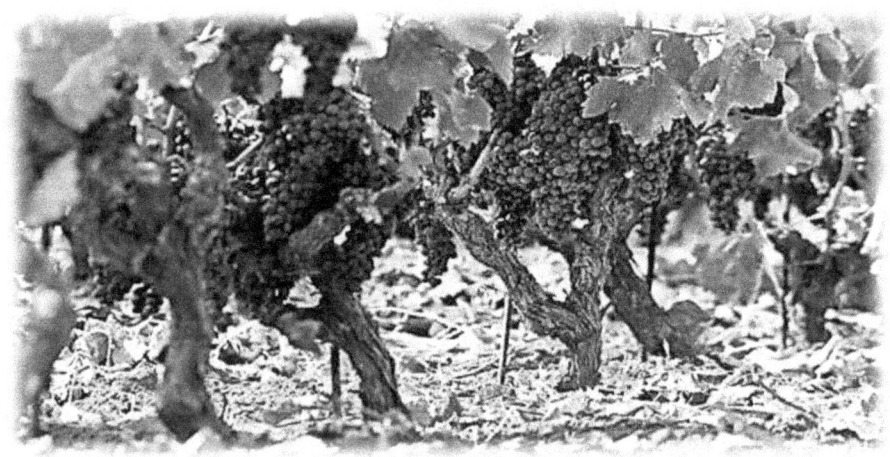

"VALDAMATO" - VINO IGT

Il Valdamato è testimone di una tradizione vitivinicola antica. Il termine Valdamato deriva probabilmente dall'antico nome del fiume Amato: (Lametos), che a valle nell'attuale Piana di Sant'Eufemia (formazione alluvionale molto estesa, situata ai bordi del mar Tirreno tra Capo Suvero e Capo Pizzo). Il fiume lasciava i suoi depositi, incrementando la fertilità dei suoli, un tempo stagnanti, oggi completamente bonificati.

Lamezia mette il suo nome a disposizione dell'omonima DOC che nasce, sempre in questa zona, ma su di un territorio un po' più ampio dell'IGT "Valdamato" (una decina di comuni anziché sette).I vini bianchi di Valdamato sono prodotti da uve Greco Bianco e Trebbiano Toscano e i rossi e i rosati dalle uve Nerello Mascalese e Cappuccio, Gaglioppo, Magliocco, Greco Nero e Marsigliana. La particolare conformazione del territorio, ha fatto sviluppare nel corso degli anni una viticoltura all'avanguardia attenta alle innovazioni e sollecitazioni che provenivano dall'esterno.

L'intervento dell'uomo ha di fatto migliorato l'esistente proiettando la vitivinicoltura dell'area in un indiscusso progresso scientifico migliorativo.

Le forme di allevamento delle viti, i sesti d'impianto e i sistemi di potatura che, anche per i nuovi impianti, sono quelli tradizionali e tali da perseguire la migliore e razionale disposizione sulla superficie delle viti, sia per agevolare l'esecuzione delle operazioni colturali, sia per consentire la razionale gestione della chioma.

Le pratiche relative all'elaborazione dei vini sono quelle tradizionalmente consolidate in zona per la vinificazione in rosso di vini tranquilli ma strutturati.

La zona di produzione delle uve per l'ottenimento dei mosti e dei vini atti ad essere designati con l'Indicazione Geografica Tipica (IGT) "Valdamato" comprende l'intero territorio amministrativo dei comuni di: Curinga, Feroleto, Gizzeria, Lamezia Terme, Maida, Pianopoli, San Pietro a Maida, in provincia di Catanzaro.

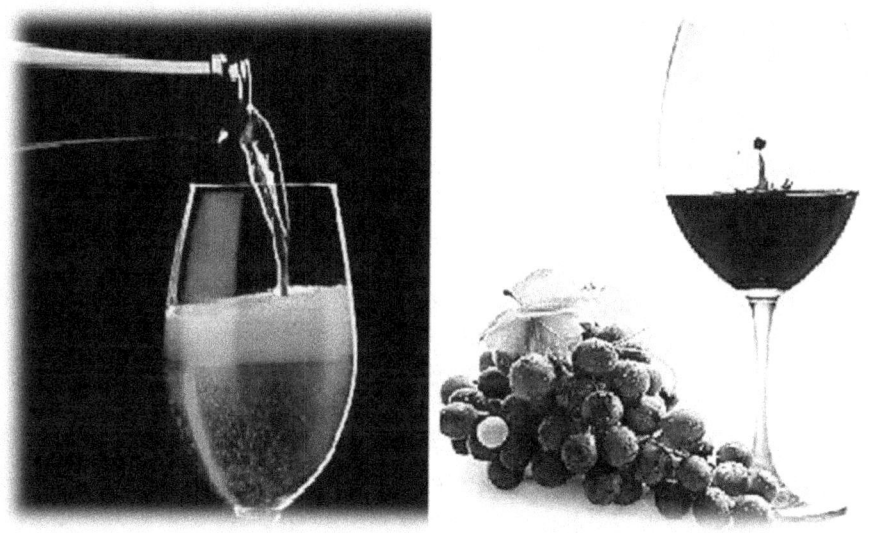

Vini previsti

Bianco (anche Frizzante e Passito), Rosso (anche Frizzante, Passito e Novello), Rosato (anche Frizzante), Aglianico (anche Frizzante), Barbera (anche Frizzante), Cabernet Franc (anche Frizzante), Cabernet Sauvignon (anche Frizzante), Chardonnay (anche Frizzante).

Gaglioppo (anche Frizzante), Greco Bianco (anche Frizzante), Greco Nero (anche Frizzante), Incrocio Manzoni 6.0.13 (anche Frizzante), Magliocco Canino (anche Frizzante), Malvasia Bianca (anche Frizzante), Malvasia Nera di Brindisi (anche Frizzante), Marsigliana Nera (anche Frizzante), Merlot (anche Frizzante), Moscato Bianco (anche Frizzante), Nerello Cappuccio (anche Frizzante), Nerello Mascalese (anche Frizzante), Nocera (anche Frizzante).

Pecorello (anche Frizzante), Pinot Bianco (anche Frizzante), Prunesta (anche Frizzante), Riesling Italico (anche Frizzante), Sauvignon (anche Frizzante), Semillon (anche Frizzante), Traminer Aromatico (anche Frizzante), Trebbiano Toscano (anche Frizzante).

Base ampelografica

I vini a IGT "Valdamato Bianco", "Valdamato Rosso" e "Valdamato Rosato" devono essere ottenuti da uve provenienti da vigneti composti, nell'ambito aziendale, da uno o più vitigni a bacca di colore analogo idonei alla coltivazione nella Regione Calabria, iscritti nel Registro Nazionale delle varietà di vite per uve da vino, riportati nel disciplinare.

L'IGT "Valdamato" con la specificazione di uno dei vitigni indicati nel disciplinare, è riservato ai vini ottenuti da uve provenienti da vigneti composti, nell'ambito aziendale, per almeno l'85% dal corrispondente vitigno.

Possono concorrere, da sole o congiuntamente, altre uve dei vitigni di colore analogo, idonei alla coltivazione nella Regione Calabria fino ad un massimo del 15%.

I vini IGT di "Valdamato", all'atto dell'immissione al consumo devono avere le seguenti caratteristiche

• **Valdamato Bianco**: Titolo alcolometrico volumico totale minimo: 10,50% vol; **Acidità** totale minima: 5 g/l; **Estratto** non riduttore minimo: 14 g/l. **Colore**: giallo paglierino; **Odore**: intenso e caratteristico; **Sapore**: fresco e sapido.

• **Valdamato Bianco Passito**: Titolo alcolometrico volumico totale minimo: 10,50% vol; **Acidità** totale minima: 4,5 g/l; **Estratto** non riduttore minimo: 24 g/l. **Colore**: giallo paglierino intenso, talvolta ambrato; **Odore**: intenso e caratteristico del vitigno di provenienza; **Sapore**: dolce, fine e delicato.

• **Valdamato Bianco Spumante**: Titolo alcolometrico complessivo minimo al consumo: 12% vol; **Acidità** totale minima: 5 g/l; **Estratto** non riduttore minimo: 15 g/l. **Spuma**: regolare e persistente; **Colore**: giallo paglierino; **Odore**: fine, delicato e fragrante; **Sapore**: giustamente pieno, da extra brut a dry.

• **Valdamato Rosso**: Titolo alcolometrico volumico totale minimo: 11% vol; **Acidità** totale minima: 4,5 g/l; **Estratto** non riduttore minimo: 18 g/l. **Colore**:

rosso intenso; **Odore**: complesso e caratteristico; **Sapore**: armonico e tipico.

▪ **Valdamato Rosso Passito**: Titolo alcolometrico volumico totale minimo: 10,5% vol; **Acidità** totale minima: 4 g/l; **Estratto** non riduttore minimo: 25 g/l. **Colore**: rosso più o meno carico; **Odore**: caratteristico e intenso; **Sapore**: dolce, armonico e vellutato.

▪ **Valdamato Rosso Novello**: Titolo alcolometrico volumico totale minimo: 11% vol; **Acidità** totale minima: 4,5 g/l; **Estratto** non riduttore minimo: 18 g/l. **Colore**: rosso più o meno intenso; **Odore**: complesso e fruttato; Sapore: armonico e tipico.

▪ **Valdamato Rosato**: Titolo alcolometrico volumico totale minimo: 10,5% vol; **Acidità** totale minima: 5 g/l; **Estratto** non riduttore minimo: 18 g/l. **Colore**: rosa più o meno intenso; **Odore**: caratteristico e delicato; **Sapore**: armonico e gradevole.

▪ **Valdamato Rosato Spumante**: Titolo alcolometrico complessivo minimo al consumo: 12% vol; **Acidità** totale minima: 5 g/l; **Estratto** non riduttore minimo: 16 g/l. **Spuma**: regolare e persistente; **Colore**: rosato più o meno intenso; **Odore**: fine, ampio e composito; **Sapore**: sapido, fresco e armonico, da extra brut a dry.

▪ **Valdamato Bianco Frizzante**: I vini a indicazione geografica tipica "Valdamato", anche con la specificazione del nome del vitigno, prodotti nelle tipologie "Valdamato Bianco Frizzante", all'atto dell'immissione al consumo, devono avere il seguente titolo alcolometrico volumico totale minimo: 10% vol.

SCARICA IL DISCIPLINARE:
www.informatoreagrario.it/euvite/IGP/IGP_Valdamato.pdf

SCHEDE DEI VITIGNI AUTOCTONI DELLA ZONA

Castiglione: www.euvite.it/vitigni/19/castiglione.html
Gaglioppo: www.euvite.it/vitigni/12/gaglioppo.html
Greco Bianco: www.euvite.it/vitigni/15/greco_bianco.html
Magliocco Canino: www.euvite.it/vitigni/13/magliocco_canino.html
Nzolia: www.euvite.it/vitigni/33/nzolia.html
Pecorello: www.euvite.it/vitigni/17/pecorello.html
Territorio – Lamezia: www.euvite.it/territori/3/lamezia.html

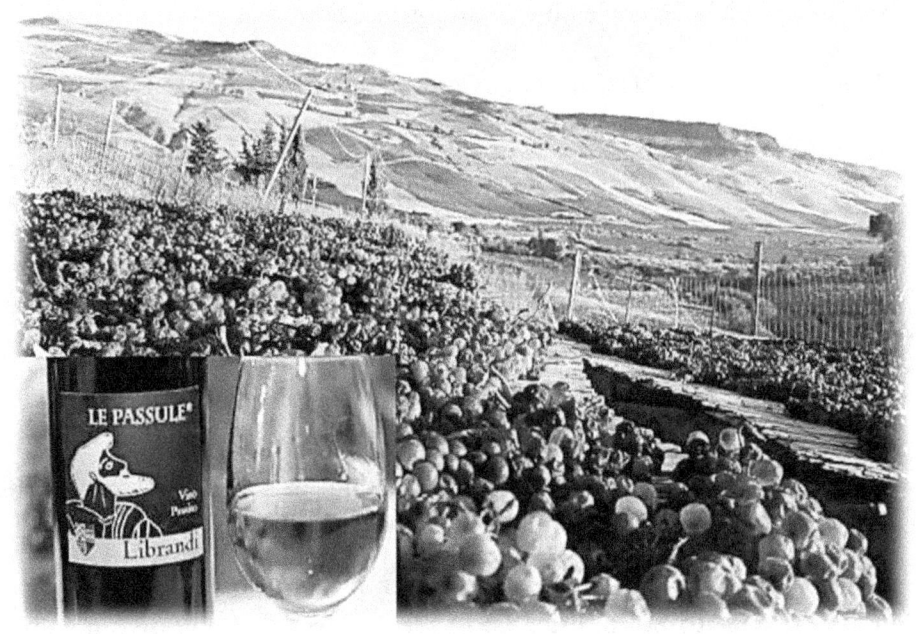

"VALLE DEI CRATI" - VINO IGT

L'Indicazione Geografica Tipica (IGT) "Valle dei Crati", accompagnata o meno dalle specificazioni previste dal disciplinare di produzione, è riservata ai mosti ed ai vini che rispondono alle condizioni ed ai requisiti in appresso indicati.

La Igt "Valle dei Crati" è riservata ai seguenti vini:
- Valle dei Crati Bianco;
- Valle dei Crati Bianco Passito;
- Valle dei Crati Rosso;
- Valle dei Crati Rosso Passito;
- Valle dei Crati Rosso Novello;
- Valle dei Crati Rosato.

I vini ad IGT "Valle dei Crati" Bianchi, Rossi e Rosati devono essere ottenuti da uve provenienti da vigneti composti, nell'ambito aziendale, da uno o più vitigni a bacca di colore analogo, raccomandati e/o autorizzati per la provincia di Cosenza.

I vini ad Igt "Valle dei Crati" con la specificazione di uno dei vitigni raccomandati e/o autorizzati per la provincia di Cosenza, è riservata ai vini ottenuti da uve provenienti da vigneti composti, nell'ambito aziendale, per almeno l'85% dai corrispondenti vitigni.

Possono concorrere, da sole o congiuntamente, alla produzione dei mosti e dei vini sopra indicati, le uve dei vitigni a bacca di colore analogo, non aromatici, raccomandati e/o autorizzati per la provincia di Cosenza, fino ad un massimo del 15%.

La zona di produzione delle uve per l'ottenimento dei mosti e dei vini atti ad essere designati con la Igt "Valle dei Crati" comprende l'intero territorio amministrativo dei comuni di: Acri, Bisignano, Castiglione Cosentino, Cervicati, Cerzeto, Lattarico, Luzzi, Marano Marchesato, Marano Principato, Mongrassano, Montaldo, Rende, Rose, Rota Greca, San Benedetto Ullano, San Fili, San Martino di Finita, Santa Sofia d'Epiro, San Vincenzo, La Costa e Torano Castello, tutti in provincia di Cosenza.

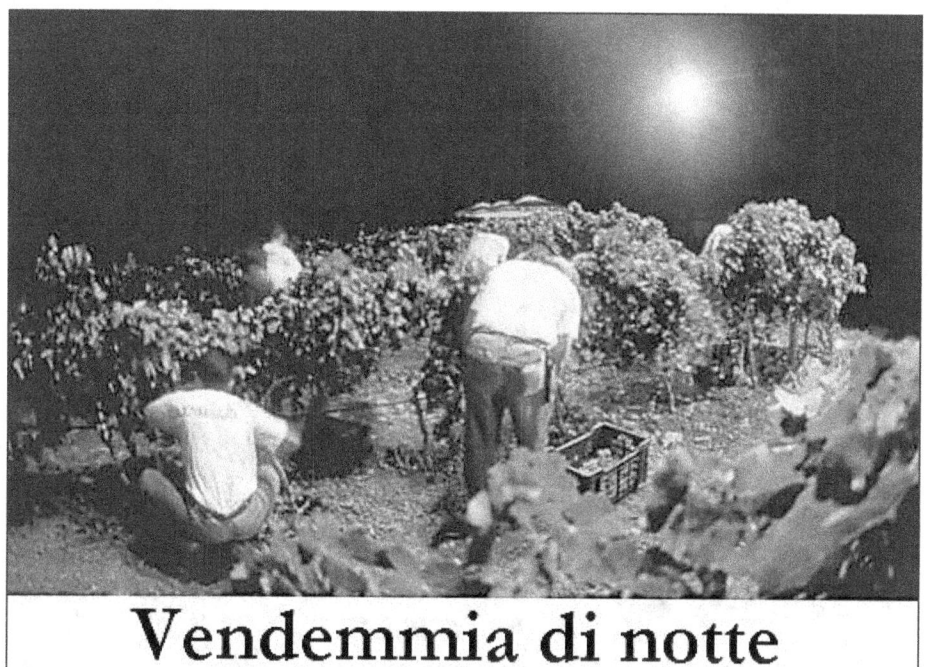

Vendemmia di notte

Vini previsti

Bianco (anche Passito), Rosso (anche Passito e Novello), Rosato, Barbera, Cabernet Franc, Cabernet Sauvignon, Chardonnay, Gaglioppo, Greco Bianco, Greco Nero, Guarnaccia, Incrocio Manzoni 6.0.13, Magliocco Canino, Malvasia Bianca, Malvasia Nera di Brindisi, Merlot, Montonico Bianco, Moscato Bianco, Nerello Cappuccio, Pecorello, Pinot Bianco, Riesling Italico, Sangiovese, Sauvignon, Semillon, Traminer Aromatico, Trebbiano Toscano.

Le condizioni ambientali e di coltivazione dei vigneti destinati alla produzione dei vini devono essere quelle tradizionali della zona.

La produzione massima di uva per ettaro di vigneto in coltura specializzata, nell'ambito aziendale, per i vini ad Igt "Valle dei Crati" seguita o meno dal riferimento del vitigno, non deve essere superiore a "Valle dei Crati Bianco": 15

tonnellate/ettaro; "Valle dei Crati Rosso e Rosato": 13 tonnellate/ettaro.

Le uve destinate alla produzione dei vini ad Igt "Valle dei Crati", seguita o meno dal nome del vitigno, devono assicurare ai vini un titolo alcolometrico volumico naturale minimo di:

- Valle dei Crati Bianco: 10% vol.;
- Valle dei Crati Rosso: 11% vol.;
- Valle dei Crati rosato: 10% vol.

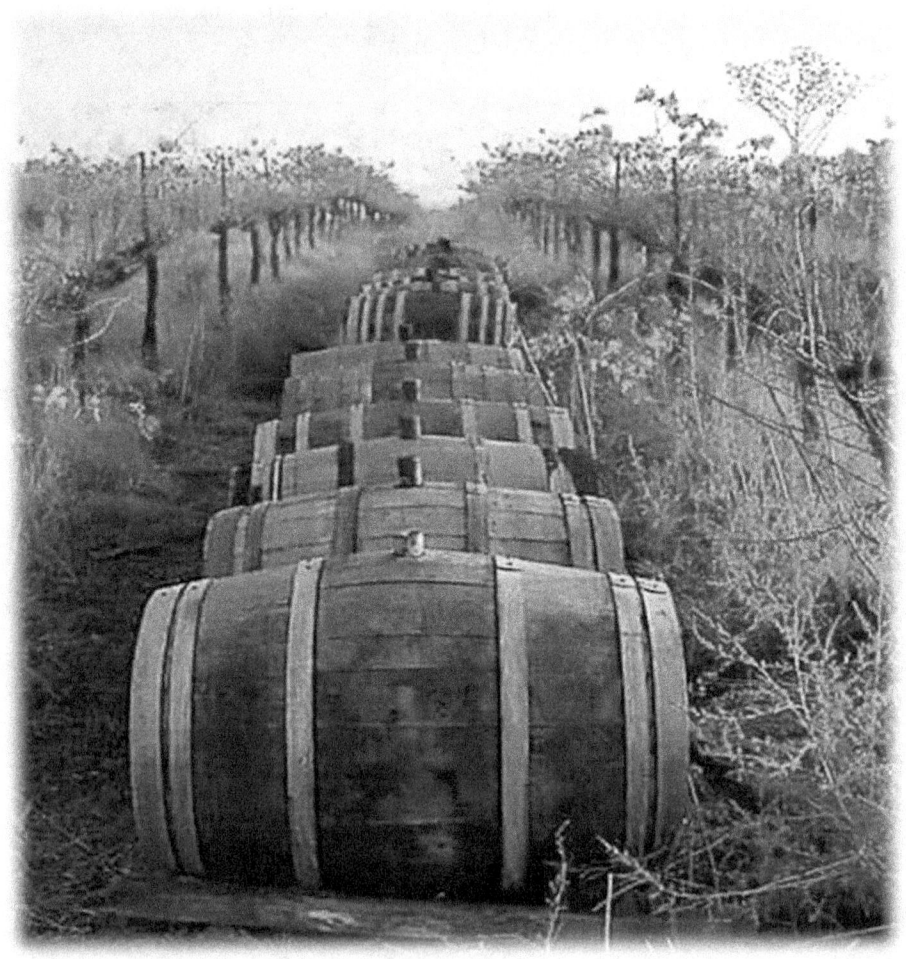

Nel caso di annate particolarmente sfavorevoli, detti valori possono essere ridotti dello 0,5% vol. Nella vinificazione sono ammesse soltanto le pratiche enologiche atte a conferire ai vini le proprie peculiari caratteristiche.

Per la produzione della tipologia: "Passito", le uve devono essere sottoposte all'appassimento in pianta o dopo la raccolta, fino ad assicurare al vino ottenuto un titolo alcolometrico volumico naturale minimo di: 14% vol.

La resa massima dell'uva in vino finito, pronto per il consumo, non deve essere superiore al 75% per tutti i tipi di vino, ad eccezione della tipologia

"Passito" per la quale non può superare il 50%.

I vini ad Igt "Valle dei Crati" anche con la specificazione del vitigno, all'atto dell'immissione al consumo devono avere un titolo alcolometrico volumico totale minimo di:

- Valle dei Crati Bianco: 10,5% vol.;
- Valle dei Crati Rosso: 11,5% vol.;
- Valle dei Crati Rosato: 10,5% vol.;
- Valle dei Crati Novello: 11% vol.;
- Valle dei Crati Passito: 15% vol.

Alla IGT "Valle dei Crati" è vietata l'aggiunta di qualsiasi qualificazione diversa da quelle previste nel disciplinare di produzione, ivi compresi gli aggettivi: extra, fine, scelto, superiore, riserva, selezionato e similari.

E' tuttavia consentito l'uso di indicazioni che facciano riferimento a nomi, ragioni sociali e marchi privati purché non abbiano significato laudativo e non siano tali da trarre in inganno l'acquirente.

Ai sensi dell'art 7, punto 5 della legge 10/02/1992, n. 164, l'Igt "Valle dei Crati" può essere utilizzata come ricaduta per i vini ottenuti da uve prodotte da vigneti, coltivati nell'ambito del territorio delimitato nel precedente articolo, ed iscritti negli Albi dei vigneti dei vini a DOC, a condizione che i vini per i quali si intende utilizzare la IGT di cui trattasi, abbiano i requisiti previsti per una o più delle tipologie di cui al presente disciplinare.

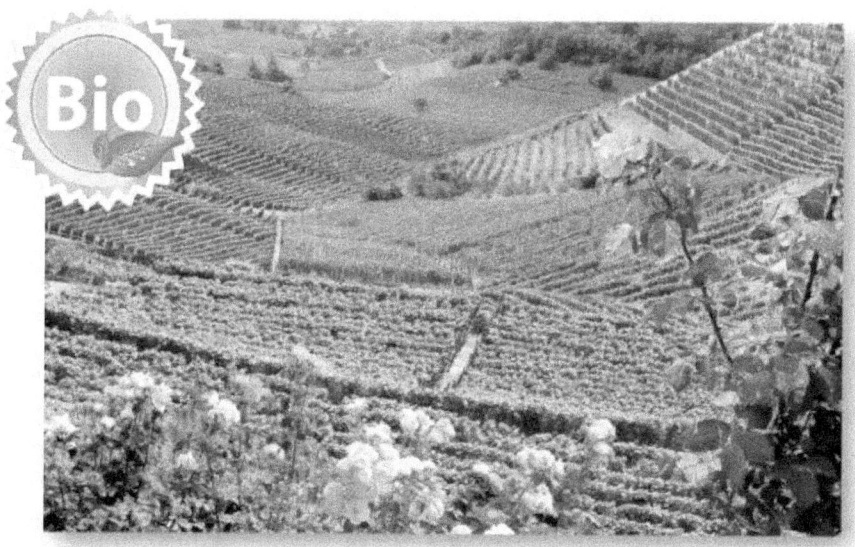

CAPITOLO 5

VINO BIOLOGICO E VINO NATURALE DI CALABRIA

Esiste una sostanziale differenza tra il cosiddetto "vino biologico" e il "vino naturale", il primo è codificato secondo una normativa precisa di riferimento, mentre per la produzione del "vino naturale", non è previsto l'utilizzo di diserbanti e fertilizzanti chimici di sintesi, tuttavia, spesso si ricorre, a insetticidi la cui quantità, per frequenza di trattamenti, impatto ambientale e residui sul vino è di gran lunga più rilevante dei diserbanti e fertilizzanti.

L'agricoltura biologica, invece, non usa OGM (*Organismi Geneticamente Modificati*), non usa fertilizzanti e diserbanti chimici di sintesi e nemmeno gli insetticidi. Ed è minuziosamente codificata da norme comunitarie e nazionali.

Il Vino Biologico: il nuovo cammino verso la qualità e la sostenibilità

Dal 1 Agosto 2012, il vino biologico può finalmente riportare il termine "biologico" in etichetta, con il logo UE (*Unione Europea*) e il numero di codice del competente organismo di certificazione. Questo significa che il vino può ora essere legittimamente identificato come prodotto biologico.

In passato, i vini potevano essere etichettati solo come ottenuti "da uve biologiche". Il nuovo quadro legislativo, stabilisce norme dettagliate sulla vinificazione biologica aprendo così la porta al vino biologico in Europa.

In pratica il nuovo regolamento stabilisce un sottoinsieme di pratiche enologiche e di sostanze autorizzate per il vino biologico. Ad esempio non sono consentiti l'acido sorbico e la desolforazione, inoltre il tenore dei solfiti nel vino biologico deve essere inferiore a quello del vino tradizionale.

Proprio questi ultimi rappresentavano uno dei motivi per cui ancora non c'era stato accordo degli Stati membri della UE: il livello massimo di solfiti per il vino Rosso è di 100 mg per litro (150 mg/l per il vino tradizionale) e per il vino Rosé di 150 mg/l (200 mg/l per il vino tradizionale).

In primis, anche in Calabria, già da molto tempo, la viticoltura biologica pone particolare attenzione alla tutela dell'equilibrio naturale del vigneto e dell'ambiente circostante. Ciò significa che il mantenimento della fertilità del suolo è un prerequisito essenziale. Sono promossi i processi naturali biologici e i sistemi prevalentemente chiusi. In altre parole, l'obiettivo è di sviluppare la monocultura del vigneto all'interno di una policoltura attraverso la promozione della biodiversità.

Lasciati travolgere dall'inebriante sapore del Vino Biologico di Calabria, vi sorprenderanno le tante varietà di vini d'eccellenza prodotti in una terra conosciuta fin dall'antichità dai Greci, è apprezzata ancor di più dai romani per la pregiata qualità delle uve. Vino unico per lavorazione, selezione dei vitigni e metodo, che ne esaltano il gusto restituendo al palato una fragranza corposa e composita mista di fiori, frutta, legno e miele!

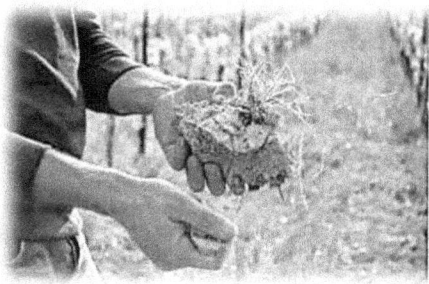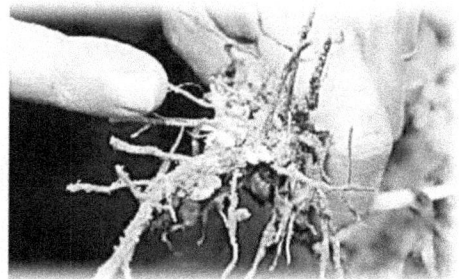

COME PRODURRE VINO BIOLOGICO

Tra i prodotti da tavola il vino rappresenta, sia per i consumatori che per i produttori, l'alimento di spicco della tradizione alimentare mediterranea, e italiana. La definizione "Biologico" si riferisce in realtà alla produzione dell'uva così come viene sancito nel regolamento europeo 2092/91, compreso nella più ampia definizione di "Agricoltura Biologica".

Ma quali sono le caratteristiche che differenziano il vino biologico da quello non biologico? La risposta più corta e semplice è la seguente: Sono la particolare coltivazione dei vigneti è i solfiti che si trovano nel vino.

Per produrre il vino biologico necessita saper fare un buon trattamento antiparassitario al vigneto.

I vignaioli calabresi sanno molto bene che i buoni vini non si fanno in cantina, ma l'inizio che ne deciderà la sua qualità viene fatto, a priori, nella vigna. Siccome questo concetto è valido per tutti i vini, è ancora più importante per la coltivazione biologica della vite.

Mentre per le coltivazioni che non si adeguano ai dettami biologici vengono utilizzate sostanze sintetizzate chimicamente, quali pesticidi e fitofarmaci, nei vigneti a bioagricoltura si adoperano esclusivamente fitoterapici e prodotti naturali quali zolfo e rame.

L'agricoltura prevede la fertilizzazione del terreno con materiale organico e ottenuto dalla macerazione di erbe officinali, i quali si trasformano in humus. Tale pratica è definita "biodinamica" e affonda le sue radici in una interpretazione della natura in cui la terra e la vita vegetale e animale sono inscindibilmente legati in un unico e complesso ecosistema.

È importante anche la potatura (*specialmente quella verde*) che deve favorire al massimo l'arieggiamento dei grappoli. Inoltre, è necessario che la lotta contro l'oidio e la tignoletta siano gestiti in modo corretto, ciò per ridurre al minimo le lesioni dell'epidermide attraverso cui il patogeno penetra facilmente nell'acino.

È da segnalare inoltre l'uso del silicato di sodio, ammesso nel biologico (*non è considerato un antiparassitario*) e usato anche contro l'oidio: questo prodotto innalza il pH della superficie fogliare e, in questo modo, ostacola la proliferazione dei funghi patogeni

Riguardo al sale o estere dell'acido solforico, nel vino biologico è necessario l'assenza di solfiti e di lieviti della fermentazione. I solfiti, seppur tossici, sono tollerati per legge in minime quantità e vengono aggiunti al mosto per le loro proprietà antisettiche e antiossidanti che mantengono inalterato l'aroma inconfondibile del vino.

Nella procedura biologica i solfiti sono sostituibili con elementi ricavati dalle bucce dell'uva e dalla vitamina C. Il vino biologico conserva così tutte le sue qualità gusto-olfattive: conserva tutte quelle caratteristiche proprie del territorio in cui l'uva nasce e matura.

In Calabria, un dato interessante è l'aumento della lista dei vini biologici recensiti rispetto agli anni precedenti, il che testimonia la diffusa e crescente tendenza ad abbandonare le coltivazioni chimiche a favore del rispetto dell'ambiente e della qualità superlativa che ne ottiene il vino stesso. In base a queste indicazioni il vino biologico acquista un tratto tipico, unico, che lo sottrae dall'anonimato della grande produzione industriale.

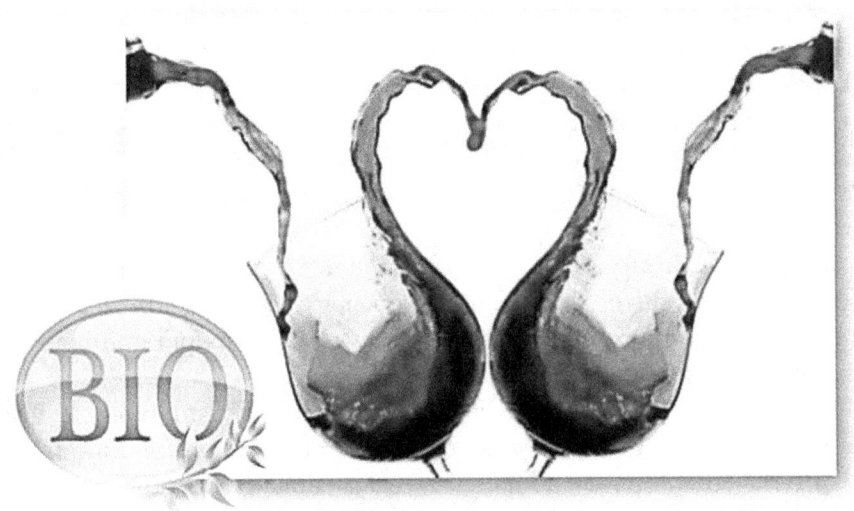

IL SUCCESSO DEI VINI BIOLOGICI CALABRESI

Un vero successo quello ottenuto dai vini biologici calabresi, nell'ambito del progetto "Vino BIO Calabria: Qualità sensoriale ed ambientale tramite la coltivazione e la trasformazione biologica di uve autoctone", promosso da AIAB Calabria in collaborazione con la FIRAB e il Dipartimento di Agraria dell'Università Mediterranea di Reggio Calabria.

La realizzazione, finanziata dalla Regione Calabria - fondi PSR Misura 124 - si è concentrata su quella che si potrebbe definire la filiera produttiva calabrese che meglio rappresenta l'export regionale in tutto il mondo.

L'obiettivo del progetto è, infatti, quello di inserire le realtà vitivinicole calabresi sui mercati internazionali, presentando, nelle migliori vetrine mondiali del settore, come ad esempio: il Vinitaly, le competenze acquisite negli ultimi anni dai viticoltori calabresi.

Non è un caso che le attività progettuali si siano concentrate sulle più recenti e innovative tecniche vitivinicole ottenute da agricoltura biologica, settore in forte crescita e oramai particolarmente apprezzato in tutto il mondo, anche in virtù dei concetti di sostenibilità che veicola nell'ambito dello sviluppo virtuoso delle risorse rurali mondiali.

Redatto in linea con il Reg. CE n° 203/2012 in tema di vinificazione biologica, il progetto: "Vino Bio Calabria" è stato strutturato per unire azioni di sperimentazioni e di tecniche produttive che conducano ad un miglioramento dei processi di attività, potenziando la valorizzazione delle produzioni vitivinicole calabresi, e di conseguenza la commercializzazione, a livello nazionale e internazionale, dei vini biologici di questa Regione

Già nel 2015, al Salone Internazionale dei Vini e dei Distillati di Verona sono state illustrate le fasi e gli obbiettivi del progetto, nonché i primi dati raccolti dalle azioni avviate nelle seguenti 8 aziende vitivinicole coinvolte: Società Agricola Ceraudo Roberto s.r.l.; Azienda Agricola Cosimo Murace; Società Agricola Santa Venere Federico Scala; Azienda Agricola Troiano Giovanni; A Vita; Casa Ponziana Azienda Agricola di Caterina Salerno; Società Agricola 'A Lanterna e Azienda Agricola Cantine De Luca.

Queste otto realtà vitivinicole calabresi, produttrici di vini IGT, IGP e DOC, hanno quindi avuto modo di promuovere le loro aziende e far degustare i propri vini, illustrando allo stesso tempo le proprie tecniche produttive, le peculiarità dei prodotti e i singoli territori d'appartenenza. Il tutto, all'interno della vetrina scientifica del progetto: "Vino BIO Calabria.

Questa alta e pregiata qualità sensoriale e ambientale ottenuta tramite la coltivazione e la trasformazione biologica di uve autoctone" ha visto coinvolti nel convegno di Verona diversi esperti del settore vinicolo, tra cui: il prof. Rocco Zappia del "Dipartimento di Agraria dell'Università Mediterranea di Reggio Calabria", che ha relazionato sulle tecniche agricole biologiche applicate dalle 8 aziende vitivinicole; il prof. Roberto Zironi, dell'Università degli Studi di Udine, il quale si è soffermato sui processi di vinificazione e la dott.ssa Alba Pietromarchi, ricercatrice presso FIRAB, che ha invece tracciato una panoramica sulla situazione attuale del mercato dei vini biologici e sui possibili sbocchi delle produzioni vitivinicole calabresi.

A moderare il convegno, Antonino Modaffari dell'AIAB Calabria, il quale ha affermato l'importanza dell'impiego di metodi innovativi nelle produzioni vitivinicole calabresi, mediante il metodo agricolo biologico, garante della tutela dell'ambiente e della salute dell'uomo nonché occasione di sviluppo economico per la regione Calabria, nel rispetto della biodiversità agroalimentare regionale.

Puntare sul metodo di agricoltura biologica è dunque oggi considerato un approccio imprenditoriale d'eccellenza, in grado di contraddistinguere tanto i prodotti agroalimentari quanto i territori di produzione, incentivando la multifunzionalità delle filiere, il cui valore aggiunto risiede proprio nel contesto storico e culturale che le ha selezionate nel tempo.

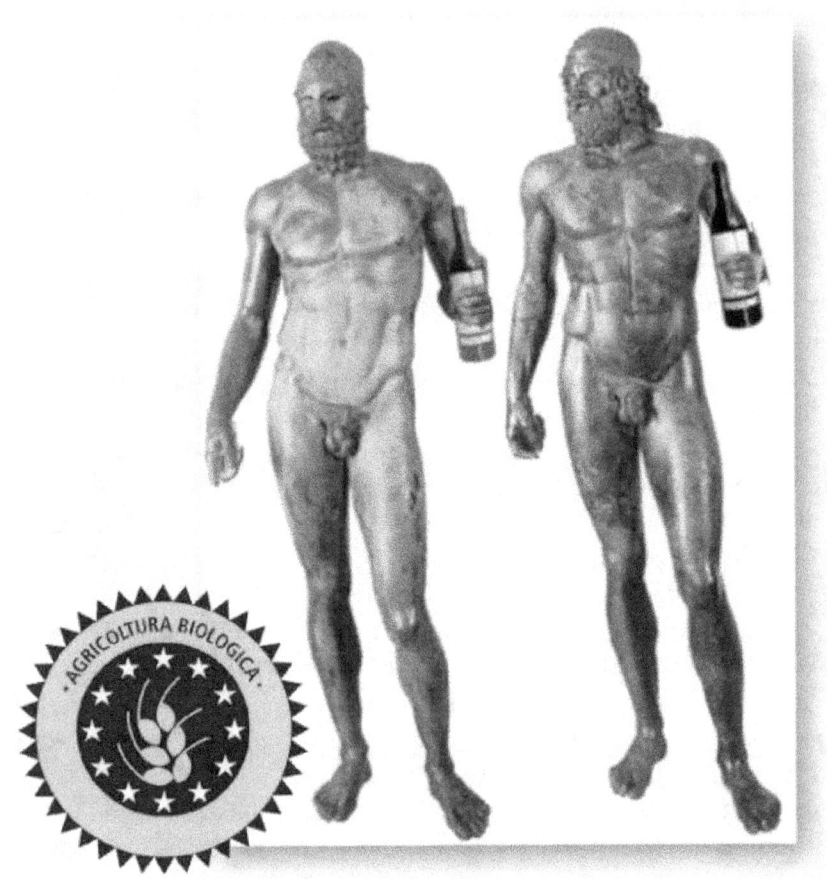

ENOGASTRONOMIA – ABBINAMENTO: VINO CIBO

REGOLE GENERALI DI ABBINAMENTO

Abbinamento per tradizione

Un piatto gastronomico tipicamente regionale o locale va generalmente abbinato ad uno dei vini della stessa zona per creare un'affinità di profumi e di sapori.

Abbinamento per contrapposizione e concordanza di sapori

L'abbinamento più piacevole si ha quando il vino esprime caratteristiche opposte a quelle del cibo. Quando un piatto é particolarmente grasso (lo zampone ad esempio) sarà bene abbinarlo ad un vino rosso fresco (inteso come acidità del vino), sapido che contrastando l'untuosità del cibo ripulisca la bocca e alleggerisca la pesantezza del piatto.

Il sapore dolce di un cibo tende a prevalere, soprattutto nel caso dei dessert. Poiché non esistono vini secchi che possano reggere il confronto con il carattere dolce di un dessert é decisamente meglio assecondare il contenuto zuccherino del piatto e abbinare un vino dolce (concordanza piatto dolce vino dolce).

Tendenzialmente il corpo del vino deve essere proporzionale alla struttura del piatto e quindi un piatto piuttosto complesso che necessita di una preparazione elaborata dovuta al tipo di cottura, alla quantità o preziosità degli ingredienti, va abbinato ad un vino altrettanto complesso e robusto, di buon invecchiamento, che possa cioè non essere sovrastato dalla personalità del cibo.

Un piatto leggero e delicato di conseguenza non dovrà essere " coperto " da vini troppo importanti o dotati di una pronunciata componente aromatica, ma si sposerà ad un vino schietto, leggero e giovane.

Ogni piatto dovrebbe essere accompagnato idealmente da un vino diverso, e quindi al variare delle portate andrebbe variato il vino, perché ogni piatto presenta proprie caratteristiche gustative.

L'abbinamento legato alle stagioni si basa sul principio logico che in estate difficilmente prepareremo piatti tipicamente invernali e viceversa. In inverno avremo piatti grassi ed in estate piatti leggeri, da qui si capisce che in estate non berremo un Barolo perché adatto a piatti complessi!

ALCUNI ESEMPI

AD OGNI PIETANZA	IL VINO PIU' ADATTO
Stuzzichini	Spumante secco di ogni metodo (1-4 anni, 7°C)
Antipasti magri a base di pesce, insalata di pollo	Bianco secco a vena acida, anche leggermente frizzante (1-2 anni, 10°C)
Galantine	Bianco secco e morbido (1-2 anni, 10°C)
Paté	Bianco leggermente abboccato (1-3 anni, 10-12°C)
Cocktail di gamberi o di scampi	Bianco aromatico (1-2 anni, 10°C)
Prosciutto crudo	Rosato leggero e sapido (1 anno, 12°C)
Antipasti all'italiana di salumi crudi (senza sottaceti)	Rosato fresco o rosso giovane brioso (1-2 anni, 12-14°C)
Verdure crude in pinzimonio	Bianco morbido leggermente profumato (1 anno, 10°C)
Uova al burro	Bianco secco morbido e giovane (1 anno, 10°C)
Uova al prosciutto e formaggio	Bianco di carattere o rosato leggero (1-2 anni, 10°C)
Frittate e omelette	Rosato di buon corpo (2 anni, 12-14°C)
Consommé e minestre in brodo	Continuare con il vino servito durante l'antipasto
Minestrone di verdure e pasta e fagioli	Rosato leggero e sapido (1 anno, 13°C)
Risotto con i funghi	Rosso leggero e brioso (1-2 anni, 14°C)
Risotto al Barolo	Rosso giovane (1-3 anni, 14-16°C)
Risotto allo spumante	Stesso vino utilizzato nella preparazione (1-2 anni, 7-8°C)

Risotto alle verdure	Bianco secco morbido (1-2 anni, 10°C)
Risotto al pesce	Bianco secco strutturato (1-2 anni, 12°C)
Risotto con salsiccia	Rosso giovane frizzante (1-2 anni, 10-C)
Pasta asciutta a base di pescato	Bianco morbido, secco o leggermente abboccato (1-2 anni, 10-12°C)
Pastasciutta a base di verdure	Bianco secco morbido (1-2 anni, 12°C)
Pastasciutta con il pomodoro	Bianco secco fresco di acidità (1-2 anni, 10°C)
Pastasciutta a base di carne	Rosato o rosso giovane e vivace (1-2 anni, 12-16°C)
Sformati e tortini	Bianco secco di carattere o rosato leggero (1-2 anni,10-14°C)
Torte vegetali	Bianco di buona struttura o rosso giovanissimo e vinoso (1-2 anni,12-16°C)

AD OGNI PIETANZA	IL VINO PIU' ADATTO
Frutti di mare crudi	Bianchi aromatici (1-2 anni, 8-10°C)
Frutti di mare cotti	Bianchi non troppo secchi e fruttati (2-3 anni, 10°C)
Pesci alla griglia e fritture	Bianco secco di carattere o rosato leggero (1-3 anni, 10-14°C)
Pesci al cartoccio e in umido	Rosato di medio corpo (1-2 anni, 12-14°C)
Zuppe di pesce e brodetti	Rosato di buon corpo o rosso giovane e beverino (1-2 anni, 14-16°C)
Pesce bollito con maionese	Bianco secco morbido (1 anno, 10°C)
Carni bianche di pollo	Bianco secco di carattere o rosato (1-2 anni, 10-14°C)
Carni di coniglio	Rosso moderatamente giovane, leggero di corpo e fresco
Carne di vitello	Rosso giovane leggero (1-2 anni, 14°C)
Carne di agnello	Rosso secco di medio corpo (2 anni, 16°C)
Carne di maiale	Rosso secco di medio corpo (2 anni, temperatura 16°C gradi)
Fegato e rognone	Rosso di buon corpo o rosso giovane (1-3 anni, 12-16°C)
Carni rosse alla griglia	Rosso vigoroso a medio invecchiamento (2-5 anni, 18°C)
Carni rosse in umido	Rosso a medio invecchiamento anche vivace (1-3 anni, 16°C)
Stracotti di carni rosse	Rosso di buona stoffa e invecchiamento (2-5 anni, 18°C)
Bolliti misti e salumi cotti	Rosso giovane e generoso anche vivace (1-3 anni, 16-18°C)
Piccola cacciagione	Rosso di buon invecchiamento e corpo (3-5 anni, 18°C)
Cacciagione a piuma	Rosso di buon invecchiamento e struttura (4-8 anni, 18°C)
Cacciagione a pelo	Grande rosso di eccellente armonia (5 anni in poi, 18-20°C)
Formaggi a pasta fresca	Bianco, morbido (1-2 anni, 10°C)
Formaggi erborinati	Bianco elegante o rosato giovane (1-2 anni, 10-12°C)
Formaggi fermentati	Rosso di medio corpo e buon invecchiamento (2-5 anni, 18° C)
Formaggi a pasta dura	Rosso di buon corpo e invecchiamento (3-8 anni, 18-20°C)
Formaggi piccanti	Rosso di gran corpo o liquoroso (8 anni in poi, 18-20°C)
Panettoni e altri prodotti similari	Spumante semisecco o bianco aromatico (1-2 anni, 7°C)
Torta paradiso	Bianco dolce leggermente aromatico (1 anno, 7-8°C)
Crostata di frutta	Bianco o rosso semisecco o dolce, aromatico o fruttato; spumante (1-2 anni, 7-8°C)
Prodotti da forno	Passito e liquoroso abboccato o dolce (2 anni in poi, 7-10°C)
Dolci al cucchiaio	Bianco dolce e spumante (1-2 anni, 7-10°C)
Creme Crude o cotte	Bianco o liquoroso d'invecchiamento (2 anni in poi, 7-8°C)
Gelati	Nessun vino
Frutta fresca	Bianco abboccato aromatico e fruttato (1-2 anni, 7-8°C)
Frutta secca	Rosso abboccato aromatico o passito liquoroso (da 2 anni in poi, 7-8°C)
Frutta fresca o macedonia con presenza di agrumi	Nessun vino

L'arte dell'abbinamento vino cibo è stata affrontata in maniera differente dalle varie scuole europee, ma in maniera molto più approfondita e completa dalla scuola Italiana.

<u>Scuola Francese:</u> Si basa sempre sul gusto personale e ha elaborato delle regole che rappresentano una guida che non permette di compiere degli errori grossolani.

<u>Scuola Inglese:</u> Sostiene l'assoluta indipendenza da ogni scelta. Ciascuno dovrebbe lasciarsi guidare dal proprio gusto e dalle proprie preferenze, senza seguire regole prestabilite. Solo il proprio gusto dovrebbe dirci come assaporare e gustare ogni cibo e ogni vino.

<u>La scuola Italiana:</u> Approfondisce il tema dell'abbinamento cibo-vino considerando tutte le caratteristiche olfattive e gustative sia del cibo sia del vino.

Per ottenere il miglior abbinamento cibo-vino, la scuola italiana consiglia di seguire le seguenti 10 regole:

Regola 1 - Nessun grande vino liquoroso bianco va servito con carni rosse e selvaggina.

Regola 2 - Un grande vino rosso non deve essere servito con pesci crostacei o molluschi.

Regola 3 - I vini bianchi vanno serviti prima dei rossi; qui abbiamo molte eccezioni come un vino passito con un dessert, un moscato con il panettone ecc.

Regola 4 - I vini leggeri vanno serviti prima di quelli robusti.

Regola 5 - Vanno serviti prima i vini che necessitano di una bassa temperatura di servizio (spumante prima, rossi quasi a temperatura ambiente dopo).

Regola 6 - I vini vanno serviti secondo una crescente gradazione alcolica.

Regola 7 - Abbinare ad ogni piatto il proprio vino, se si hanno pochi vini servire pochi piatti.

Regola 8 - Servire i vini nella loro migliore stagione (novelli a fine anno, rossi in inverno, bianchi in estate).

Regola 9 - Separare ogni vino bevendo un sorso d'acqua.

Regola 10 - Non servire un solo grande vino durante un pasto, né la bottiglia né l'uomo devono essere da soli a tavola.

SERVIRE IL VINO A TAVOLA

Il vino è uno dei punti fermi in cui si rispecchia la nostra civiltà mediterranea e di altri popoli che l'hanno adottato. Il vino non solo soddisfa delle nostre esigenze fisiologiche ma dà anche nutrimento al nostro spirito, difatti lo utilizziamo in tutte le occasioni più importanti della vita.

Un passo biblico recita: "Che sarebbe la vita, senza il vino? Il vino bevuto in tempi e quantità giuste è gaiezza del cuore, gioia dell'anima".

La bottiglia a tavola deve essere sempre servita mantenendo l'etichetta in modo che il nostro ospite possa sempre leggerla (i sommelier presentano la bottiglia in questo modo). L'apertura della bottiglia, per il bianco e lo spumante, deve essere fatta nel momento in cui il vino viene consumato, mentre per il rosso, soprattutto se invecchiato, potrebbe essere eseguita una stappatura anticipata; tale operazione è resa necessaria per far allontanare l'odore di chiuso dal vino (imbottigliato da molto tempo) e per migliorarne le sue caratteristiche organolettiche.

Vi domanderete: Quanto tempo prima? Dipende dal vino e dalla sua "vecchiaia", in generale va detto che più il vino è vecchio più necessita di tempo per eliminarle l'odore di chiuso, ma se vogliamo accelerare l'effetto dell'ossigenazione possiamo versare (delicatamente) il vino in una caraffa (decanter) pochi minuti prima di servirlo. Mai mettere un vino bianco in una caraffa!

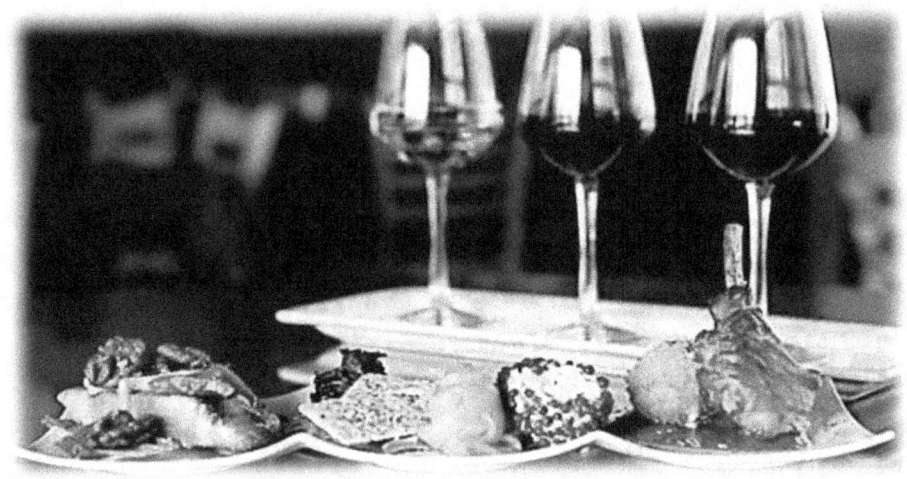

Per godere al massimo della bontà di un vino, dobbiamo stare attenti alla temperatura di servizio. Serviamo i bianchi a una temperatura bassa mentre i rossi a una più alta (questo perché a basse temperature si esalta il sapore astringente dei tannini, quindi il vino risulterebbe "amaro").

Più precisamente possiamo riassumere:
- Lo spumante va degustato a una temperatura di 8°C gradi (circa),
- Un vino bianco giovane a una temperatura di 10°C gradi,
- Un bianco dolce a una temperatura di 12°C gradi,
- Un vino dal barrique (*vino sfuso dalla botte*) a una temperatura di 14°C gradi,
- Un vino rosato a una temperatura di 11°C gradi,
- Un vino rosso giovane a una temperatura di 16°C gradi,
- Un rosso robusto e di corpo a una temperatura di 18°C gradi,
- Lungamente invecchiato anche a una temperatura di 20°C gradi.

Naturalmente a tavola useremo generalmente i vini bianchi per portate leggere e pesce, i vini rossi per portate a base di carne e i vini rossi invecchiati per portate impegnative e selvaggina.

IL GIUSTO BICCHIERE PER OGNI VINO

I bicchieri da vino dovrebbero essere trasparenti e meglio se di cristallo.
Tuttavia, al fine di migliorare
la percezione delle caratteristiche olfattive di un vino, assumono particolare
rilievo la forma e la dimensione del bicchiere da vino, determinando il modo in
cui si emanano i profumi.

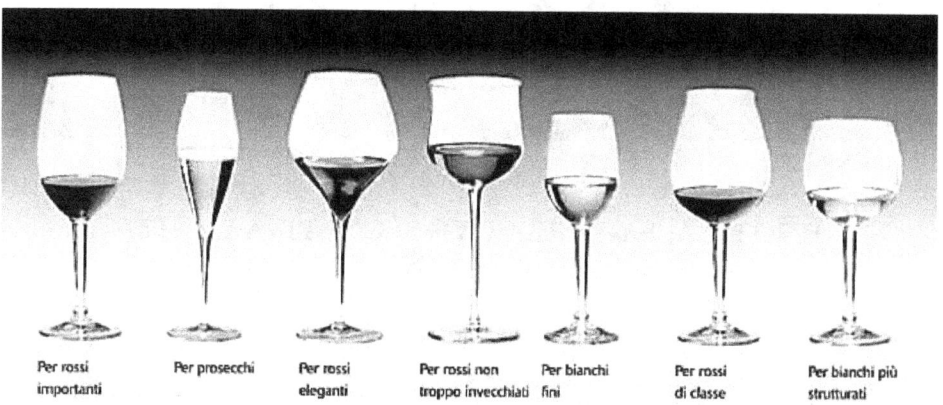

| Per rossi importanti | Per prosecchi | Per rossi eleganti | Per rossi non troppo invecchiati | Per bianchi fini | Per rossi di classe | Per bianchi più strutturati |

Esistono una molteplicità di forme diverse di bicchieri da vino; ai fini di una
buona degustazione sono generalmente preferibili quelli a gambo lungo evitano
il contatto delle dita con la superficie del calice che, oltre a lasciare impronte
indesiderate, può alterare la temperatura del vino stesso.
La scelta del bicchiere appropriato è legata alle caratteristiche del vino.

A	B	I vini bianchi non richiedono bicchieri troppo grandi e possono essere maggiormente apprezzati in quelli con una bocca non molto grande al fine di cogliere meglio i profumi di fiori e frutta a polpa bianca. (tipo 'A' = bianchi leggeri e giovani; tipo 'B' = bianchi strutturati).
C	D	I vini rossi non invecchiati e i vini rosè (rosati) si degustano in bicchieri simili a quelli previsti per i bianchi (tipo 'C'), ma leggermente più grandi di questi ultimi per la tipicità delle sensazioni olfattive (fiori e frutta rossa) e la presenza di tannini. I vini rossi di grande invecchiamento, caratterizzati da profumi complessi creatisi dopo anni in bottiglia, richiedono bicchieri "panciuti"; (tipo 'D') con un'ampia superficie di base che consenta l'ossigenazione e lo sviluppo dei profumi per un migliore apprezzamento del bouquet.
E	F	Gli spumanti secchi (sec o brut) richiedono le flûte (tipo 'E'), sia perché consentono di osservare meglio l'effervescenza sia perché facilitano una dispersione graduale dei loro profumi delicati. Al contrario gli spumanti dolci (demi-sec) prediligono i bicchieri a coppa (tipo 'F'), per far diffondere prontamente la loro aromaticità (sono quelli che erroneamente sono definiti "Coppa da Champagne".

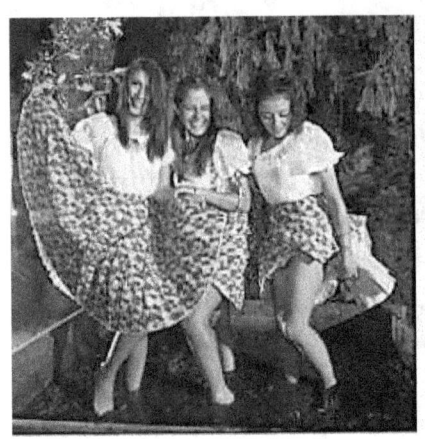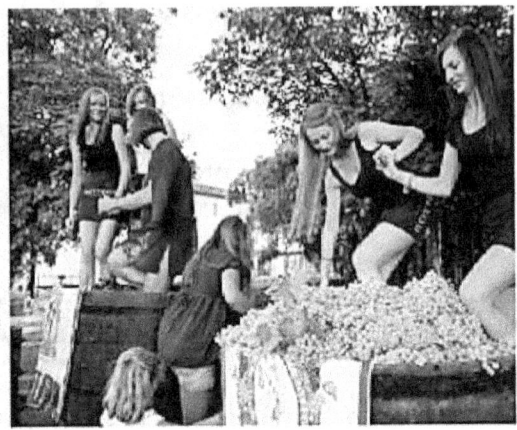

ENOTRIA: LA TERRA OVE SI COLTIVA LA VITE
E SI PRODUCE VINO BUONO

DOC, IGT, IGP, DOP o Biologico che sia, la grande penisola Calabra conserva ancora la sua antica tradizione viticola ed enologica iniziata ben oltre 3000 anni fa, già prima dell'arrivo sulle nostre coste dei primi coloni greci le popolazioni preesistenti erano dedite alla coltivazione della vite, rappresentando quindi una tra le più antiche viticolture conosciute.

I colonizzatori greci, riconoscendo nel territorio calabrese una naturale predisposizione alla coltivazione della vite, promossero una viticoltura più evoluta.

Risalgono, infatti, al periodo magno greco le principali varietà di piante di vite che oggi conosciamo, come: Calabrese Nero, Gaglioppo, Magliocco, Greco Nero e Greco Bianco, Montonico Bianco, Guardavalle, Castiglione, Nerello, Mantonico, Prunesta, Pecorello.

Anche se fu in quell'epoca che queste terre iniziarono ad essere conosciute con l'appellativo di Enotria, termine derivato dal greco oinòs (il vino), sembrerebbe più calzante, e ne dimostrerebbe una tradizione antecedente, la derivazione dalla voce del dialetto dorico o e nòtron, che indica il "palo di sostegno della vite".

Le genti indigene incontrate dagli elleni nel meridione della nostra penisola, infatti, coltivavano già la vite e utilizzavano i pali di legno per reggere la pianta e le sue ramificazioni.

La Calabria ha una storia che s'intreccia indissolubilmente con quella dei suoi vini. Qui, da sempre, la vite ha avuto un ruolo di grande rilievo, influenzando l'impostazione produttiva rurale, gli usi e i costumi. La civiltà contadina ha avuto il merito di aver accumulato, nei secoli, un patrimonio di conoscenze enologiche di grandissimo valore.

L'intera regione è una zona da considerarsi ad alta vocazione viticola, la cui importanza è anche espressione del naturale luogo geografico, delle sue caratteristiche pedologiche, territoriali e climatiche, che ben si adattano alla coltura della vite. Grazie alle favorevoli condizioni della regione, la coltivazione della vite si è diffusa, localizzandosi prevalentemente in collina e in misura minore in montagna ed in pianura, facendo sì che alcune zone si mostrino più adatte a certi vitigni piuttosto che altri, proprio sulla base delle caratteristiche genetiche di questi ultimi.

Se è vero, quindi, che la vite è coltivabile un po' ovunque in Calabria, è anche vero che determinate caratteristiche organolettiche, saranno raggiunte solo tenendo conto delle precise condizioni di terreno e clima in rapporto alle caratteristiche dei vitigni, dell'interazione vitigno-ambiente.

Nel breve spazio di poche decine di chilometri, in Calabria, si passa dalle rive del mare alle colline, tra vegetazioni di bergamotto, uliveti e vigneti, fino ad arrivare ancora più in alto a zone ricche di flora alpina.

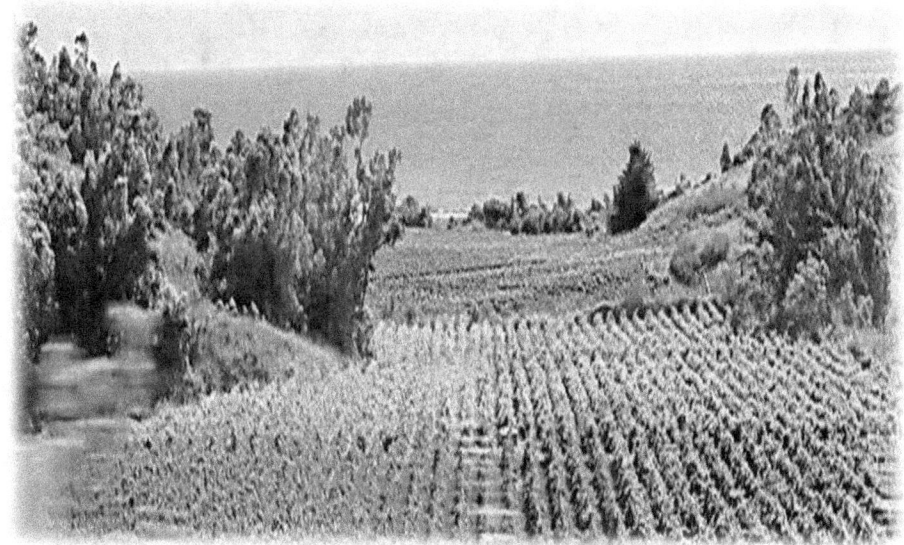

Anche geologicamente la regione è molto varia, la zona del Pollino raggiunge vette di oltre 2.000 metri che risultano scoscese e rocciose, mentre quelle della Sila sono caratterizzate da vasti altipiani granitici e conche, differenziandosi ancora una volta raggiunte le zone dell'Aspromonte che sembra lanciare i suoi contrafforti fino al mare.

Con caratteristiche zone climatiche che si differenziano molto rispetto all'esposizione geografica, più calda lungo lo Jonio dove il sole batte dal suo nascere dal lontano oriente e più fresca e con più brezza sul Tirreno.

I vini Calabresi sono diversi e diversificati per le varie combinazioni di vitigni, ambienti e tecniche di vinificazione, questa collocazione storica della viticoltura calabrese la rende diversa, tradizionale e al contempo originale rispetto agli affermati vini italiani e i vini nuovi provenienti dai cosiddetti angoli estremi del mondo.

Tale valutazione rende la viticoltura un cardine dell'economia territoriale, sia per la qualità, sia per il ruolo di intercapedine con l'ambiente rurale, i suoi antichi vitigni rappresentano il patrimonio varietale della regione Calabria che non è possibile perdere o mal conservare, ma che al contempo non conosciamo se non superficialmente o nelle forme popolari e tradizionali, nel tempo non vi è mai stato nessun aggiornamento capace di far decollare il settore se non in qualche ristretta area.

Ma la coltivazione della vite rappresenta anche promozione turistica, tutela del paesaggio e protezione del territorio: basti pensare alla viticoltura realizzata sui caratteristici terrazzamenti della Costa Viola, dove l'agricoltura si coniuga con l'esigenza di tutela del territorio dal dissesto idrogeologico.

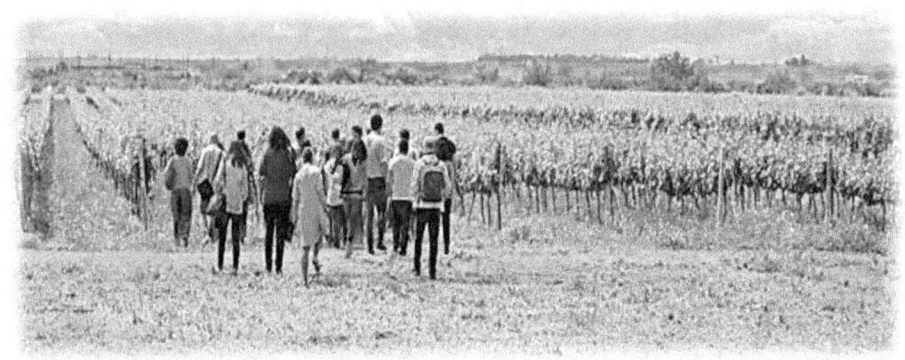

CAPITOLO 6

LE STRADE DEL VINO IN CALABRIA

ITINERARIO ENOTURISTICO
TRA MARE, MONTI, VALLATE E GRANDI VINI

Calabria - Luoghi, Borghi, Mete turistiche e Feste tradizionali

La Calabria è senza dubbio una delle regioni d'Italia con la più ampia varietà di ambienti, paesaggi e panorami. Si va dal limpido mare (il Mar Tirreno ad Ovest e il Mar Ionio ad est) che circonda quasi tutta la regione fino alle montagne del Pollino e dell'altipiano della Sila. Dalle pianure fino ai dirupati e aridi fianchi dell'Aspromonte, dai vasti boschi dell'Orsomarso fino ai meravigliosi laghi della Sila.

La regione Calabria ha visto la presenza dei Greci, poi dei Romani fino a subire il passaggio di varie popolazioni come i normanni che iniziarono il loro dominio dall'anno 1061. Poi fu la volta degli Aragonesi che spodestarono gli Angioini dal 1443. Infine fu influenzato dal Regno delle Due Sicilie fino all'Unità d'Italia. In Calabria, queste dominazioni e culture hanno lasciato testimonianze storiche e archeologiche che ancora oggi si possono ammirare e visitare.

Tra i principali luoghi e monumenti possiamo citare il Castello Aragonese a Reggio Calabria, il Castello Normanno-Svevo a Cosenza, il Castello Angioino-Aragonese a Pizzo Calabro, la Cattolica a Stilo di chiara architettura bizantina.

Tra i siti archeologici troviamo il Tempio di Era Lacinia a Crotone, l'Antica Città di Sibari fiorente località della Magna Grecia, Locri Epizefiri, Medma e altri siti minori sparsi nel territorio calabrese.

Numerose sono anche gli edifici religiosi, specie le chiese che si trovano nei capoluoghi e nei borghi antichi; tra quelle più importanti consigliamo la visita alla già citata Cattolica a Stilo, l'Abbazia Florense a San Giovanni in Fiore, il Duomo di Cosenza, il Santuario di San Francesco a Paola, il suggestivo Santuario di Santa Maria delle Armi vicino Cerchiara di Calabria e il monumento nazionale della Chiesa di San Bernardino da Siena ad Amantea, solo per citare alcuni dei complessi religiosi più rilevanti.

Tra i borghi della Calabria, possiamo annoverare alcuni che, nonostante siano poco conosciuti, nascondono tesori tutti da scoprire e da visitare come Altomonte, Morano Calabro, Gerace, Bova e Scilla mentre tra quelli più conosciuti spiccano senza dubbio Tropea, Stilo e Amantea che hanno raggiunto una certa fama grazie alla cura delle loro bellezze storiche e alla valorizzazione delle tradizioni culturali ed enogastronomiche come le Sagre e le Feste Medievali.

Tra queste ultime immancabile è la partecipazione alla classica Sagra della Cipolla Rossa di Tropea oppure alla Fiera di Amantea ad ottobre e il suggestivo e colorato Palio di Ribusa a Stilo che si svolge ogni anno ad agosto.

Importanti per il turismo e per l'economia regionale sono i tre grandi parchi nazionali che si trovano a nord, al centro e nella parte meridionale della Calabria e sono rispettivamente il Parco Nazionale del Pollino, il Parco Nazionale della Sila e il Parco Nazionale dell'Aspromonte.

Tutte e tre le aree protette conservano zone naturali di importanza ecologica e biologica, in particolare in quello della Sila. Non da meno è la vasta area denominata Orsomarso, a sud-ovest del Massiccio del Pollino, dove non è presente alcun insediamento umano di un certo rilievo. Un'area selvaggia e sconosciuta, tutta da scoprire e da conservare scrupolosamente.

La Sila invece è caratterizzata da ambienti ricoperti da boscaglia che richiamano le vaste aree del nord Europa come la Finlandia. A dispetto della sua latitudine, infatti, qui possono esserci notevoli precipitazioni nevose anche durante i normali inverni italici. Splendidi e da vedere sono i laghi della Sila in particolare il Lago di Cecita (anche se in buona parte non compreso nei confini del Parco della Sila), il Lago Arvo e il Lago Ampollino.

Infine il Parco Nazionale dell'Aspromonte che, come si deduce dal nome stesso, è caratterizzato da valloni selvaggi e dirupati ma anche da fitte boscaglie specie intorno al Montalto, la cima più alta dell'Aspromonte con i suoi 1955 metri di altitudine.

Dunque la Calabria offre numerose possibilità di tour turistici improntati alla ricerca di ambienti naturali incontaminati, del buon cibo con la riproposizione dei piatti tipici della cucina calabrese e di passeggiate tra i borghi e aree archeologiche per rivivere la ricca e affascinante storia della Calabria; una regione dalle incredibili potenzialità turistiche tutte da valorizzare e da far conoscere.

Un itinerario che spazia per tutta la Calabria, permettendo di visitare luoghi ricchi di storia e cultura, apprezzare tratti di mare cristallino, gustare il meglio dell'enogastronomia di una regione straordinaria. Siamo nella terra natale del Cirò, uno dei vitigni storici italiani dalle enormi potenzialità.

Partiamo da Verbicaro per attraversare Spezzano Albanese, Cirò Marina, Marina di Strongoli e Bella di Lamezia Terme prima di fermarci sulla punta dello stivale, a Gallico.

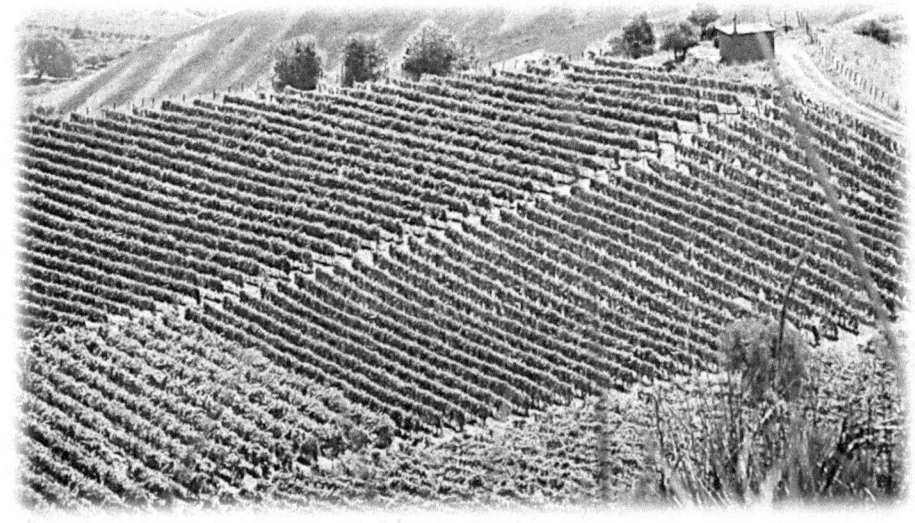

ZONA: SPEZZANO ALBANESE

Cambiamo rotta e iniziamo a spostarci verso il Mare Ionio, ma prima di arrivare sulle sue splendide coste ci fermiamo a Spezzano Albanese, che trae il suo nome alle origini della comunità che ospita, i cui primi componenti arrivarono qui in fuga dalle persecuzioni dei Turchi nel cinquecento. Molto interessante da visitare è il sito archeologico di Torre Mordillo, con i resti della necropoli.

Poco distante un altro sito, di Torre Scribla, custodisce quelli che sono i resti di un insediamento normanno di carattere militare: si tratta di un fortino con due torri di avvistamento. In città merita una visita il Santuario della Madonna delle Grazie.

Cantina da visitare:

Azienda Agricola Piana di Sibari - Contrada Stragolia- Spezzano Albanese
Tel. 0983 887099 - cell. 368 7446073 Fax: 0983 887099
info@pianadisibari.it - www.pianadisibari.it

I vigneti (condotti secondo i metodi dell'agricoltura biologica) si estendono ad oltre 110 mt. s.l.m., sulle colline verdeggianti che planano dolcemente verso il Mare Ionio. L'Azienda è prospiciente la Pianura di Sibari il cui nome deriva dalla mitica città Greca di Sybaris, leggendarie divennero l'eccessiva raffinatezza e la mollezza dei costumi dei suoi abitanti.

L'antica tradizione Vitivinicola delle colline, affacciate sulla Pianura di Sibari risalente alla civiltà Sibaritide, è fondata sulla particolarità dei terreni e del clima favorevole.

Qui la Vite trova un habitat ottimale che consente la produzione di Vini di grande pregio. I vigneti (*con esposizione a Sud Est*) si estendono sulle colline a Nord di Spezzano Albanese tra la confluenza dei Fiumi Esaro e Sibari o Coscile, a confine con il Comune di Corigliano Calabro. Il paesaggio è costituito da terrazzi antichi con terra rossa, argillosa sabbiosa con ciottoli, evoluto da sedimenti Pleistocenici.

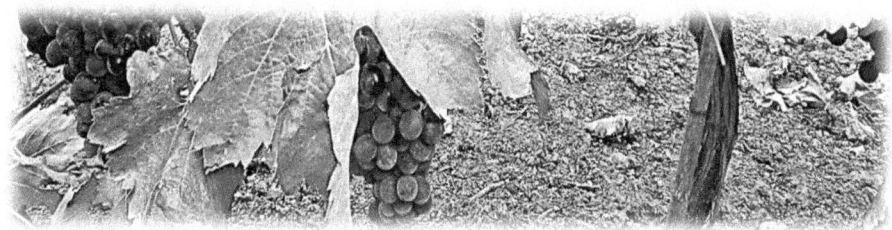

La Pianura di Sibari è conosciuta non solo per gli avvenimenti storici o per la raffinatezza e i costumi dei suoi abitanti ma, anche, per l'ubertosità del suolo che produceva una quantità di uve da vino di grande qualità da giustificare sistemi di trasporto particolari e sorprendenti.

Alcune esplorazioni, eseguite nel 1928 dall'archeologo Galli, per conto della Sovrintendenza alle Antichità, misero in luce, sulle alture della Serra Pollinara (nelle immediate vicinanze della Vigna "Stragolia") resti interessanti di fattorie di epoca romana con oleodotti e vino dotto di laterizio che giungevano fino al mare, secondo una tradizione agricolo-industriale risalente, secondo testi greci, all'antica e gloriosa Sibari.

Risale, quindi a oltre duemila anni la commercializzazione dei vini a Denominazione di Origine di allora, come il Sibaris ed altri particolarmente apprezzati nei paesi del Mediterraneo.

Le Viti del vigneto "Stragolia", da cui il nome all'omonimo Vino, nel pieno dell'età, sono allevate a cordone speronato con sesto di impianto di mt. 2,20 x 0,90. In vendemmia, effettuata dopo un attento monitoraggio, le uve vengono accuratamente selezionate ed immediatamente vinificate con i moderni impianti di cui l'azienda dispone. - Visite in cantina: tutti i giorni su prenotazione.

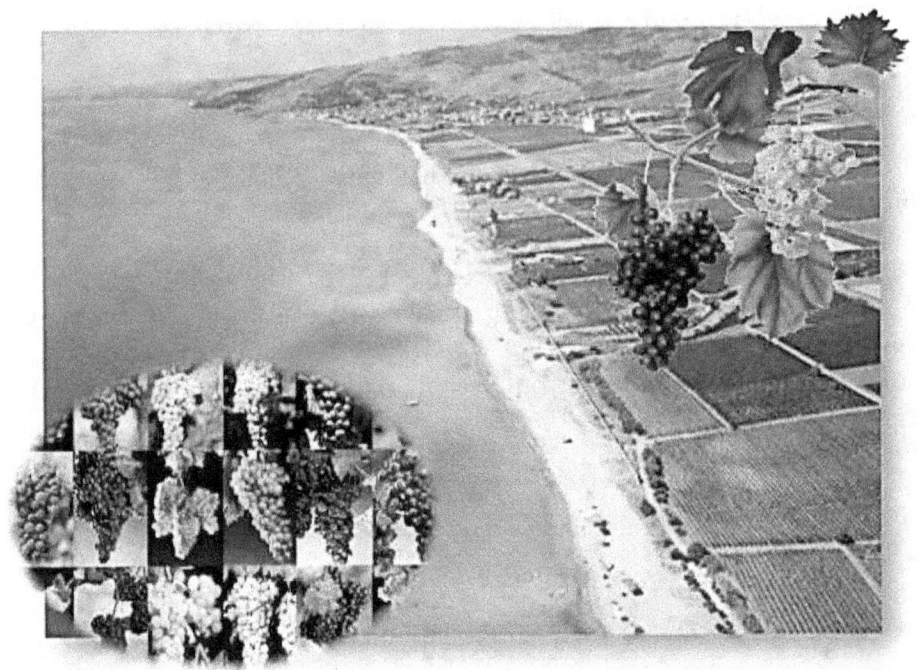

ZONA: CIRÒ MARINA E DINTORNI

Arriviamo finalmente sul Mare Ionio, e precisamente a Cirò Marina, con i suoi otto chilometri di costa coperta da una sabbia dorata. I vigneti che la circondano fanno da sfondo a numerosi punti di grande interesse turistico. Partiamo dal Castello Sabatini, che sovrasta il centro abitato ed ha origine nel V secolo, con le sue splendide quattro torri angolari.

Passiamo poi ai Mercati Saraceni situati sul lembo di sabbia di Punta Alice, dove sino al 1818 si svolgeva il grande mercato capace di richiamare gente sin dalla Campania. Attualmente queste splendide costruzioni poste in un luogo ricco di fascino sono sede di manifestazioni ed eventi culturali durante l'anno, come nel caso della rassegna teatrale Cirò Arte.

Tappa successiva le Torri di Guardia, che avevano un tempo il compito di proteggere le coste dalle invasioni arabe e turche, del cui complesso rimangono ancora la Torre Vecchia e la Torre Nuova. Dopo una camminata per il centro abitato, è il momento di dedicarci alla visita di una cantina della zona.

Questa strada si snoda in una terra mitica per chi ama le cose buone. In questi dintorni, ed esattamente a Cirò, che un tempo si chiamava Kerkyra, quasi 3000 anni fa venivano fin dalla Grecia a comprare il vino. Un vino, allora chiamato Krimisa, destinato non a gente qualsiasi, ma agli atleti vincitori delle olimpiadi perché brindassero alla vittoria.

L'uva con cui viene fatto il Cirò Rosso, è la più tipica della Calabria e si chiama Gaglioppo, un'uva nera capace di resistere anche se non piove per lungo tempo. Il Cirò Rosso è un grande vino, uno di quelli che hanno conquistato gli esperti d'Europa e del mondo, che può invecchiare a lungo e si beve nei pranzi importanti con i secondi robusti e i grandi arrosti.

Lasciando il succo dell'uva pigiata poco tempo insieme alle sue bucce, così il mosto prende meno sostanza e meno colore: ecco così il Cirò Rosato, un vino più leggero, da bere fresco con i salumi, gli antipasti piccanti, il pollo, il coniglio.

Il Cirò Bianco invece nasce dall'altra uva che è maggiormente coltivata in regione, il Greco bianco: un'uva color giallastro, a volte ambrato, che matura in ottobre.

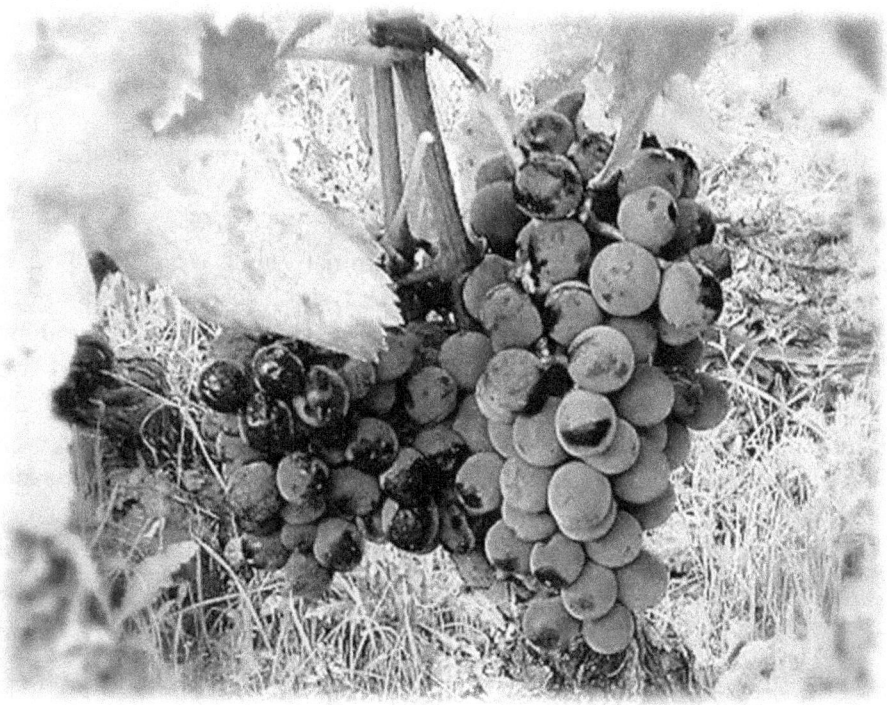

UN LUNGHISSIMO VIGNETO SULLA COSTA CROTONESE

La Strada dei Saperi e dei Sapori porta pure nelle terre di un altro vino famoso, il Melissa: quello Rosso non è fatto solo con l'uva nera, ma anche con uve bianche, per cui è meno robusto e corposo del Cirò, e adatto per accompagnare il capretto arrosto; quello Bianco, nasce oltre che dall'uva Greco, dalla Malvasia e dal Trebbiano, uve che ne fanno un vino più fresco, adatto a piatti più leggeri.

Questa strada del vino del Crotonese si spinge fino ad una delle zone di mare più famose della Calabria: Isola Capo Rizzuto, una cui frazione dà il nome a un

163

altro vino Doc, tipico e molto raro: il Sant'Anna di Isola Capo Rizzuto, rosso o rosato. Anche il rosso è molto buono con i piatti a base di pesce azzurro. Tuttavia, a Marina di Strongoli sostengono di essere loro i depositari del primo vino d'Italia: è molto buono, ma non è un DOC ma appartiene alla IGT Val di Neto.

Un ulivo di ben 1000 anni che sta nel giardino di un agriturismo di Marina di Strongoli dimostra che questa è terra da sempre di olio extravergine d'oliva. All'assaggio è amaro e piccante, ma non è un difetto. Raccogliendo infatti le olive quando sono ancora verdi e, soprattutto, raccogliendole a mano, si ottiene meno olio e questo può sembrare meno buono per la sua amarezza.

Ma col tempo l'amarezza e il piccante diminuiscono, perché l'olio matura, non resta sempre uguale, e soprattutto così l'olio resterà buono molto più a lungo. Lungo questa strada ci sono tante altre cose buone: le più importanti sono la sardella, le olive schiacciate, il pecorino.

A Crucoli la sardella ha una lunga tradizione e si fa secondo un'antica ricetta. L'ingrediente principale è la neonata, ovvero giovanissimi pesceti azzurri pescati quando la lisca è ancora tenerissima, ma non meno importanti sono i peperoni della varietà Topepo, a forma di ciliegia ma ben più grossi, più o meno piccanti.

Le olive schiacciate si preparano con i frutti verdi che devono assorbire il sale per perdere quel terribile amaro che le rende immangiabili: vengono quindi rotte perché lo assorbano prima, coperte di sale grosso e schiacciate sotto peso perché perdano la loro acqua. Questa viene buttata via e le olive vengono condite con peperoncino, sedano, origano, carote, aglio, fior di finocchio e lasciate lentamente insaporire e aromatizzare.

Il Pecorino Crotonese, il più importante come quantità della Regione, è molto buono e si fa in tutto il territorio soprattutto verso Crotone e Capo Rizzuto. Il più caratteristico e pregiato è quello lungamente stagionato; di latte di pecora spesso mescolato con quello di capra è diverso da quello di Monte Poro perché è fatto col latte di una sola mungitura, subisce un'immersione finale in acqua a oltre 50° perché la forma si chiuda perfettamente senza fessure, ha la superficie zigrinata perché messo ad asciugare in tipici cestelli.

Cantina da visitare
Azienda vitivinicola Francesco Malena - SS 106 - Cirò Marina (KR)
Tel. 0962 31758 - info@malena.it - www.malena.it

ZONA: LAMEZIA TERME

Torniamo ora sul Mar Tirreno, e ci fermiamo a Lamezia Terme partendo per la nostra visita del centro cittadino da Corso Numistrano. Fuori dal centro abitato andiamo invece a vedere il Castello Normanno che si trova nella frazione di Nicastro, i ruderi dell'abbazia benedettina e le rovine della città di origine greca di Terina, il bastione di Malta e, per finire, le terme di Caronte, già conosciute in epoca romana.

Cinquecento ettari di proprietà tutti accorpati nel cuore del territorio agricolo di Lamezia, tra piano, monte e mare, nella zona denominata "due mari" che, per la vicinanza al Mar Ionio e del Mar Tirreno, gode di un microclima particolarmente favorevole.

Qui sorge l'azienda Statti che, oltre alla storica produzione vinicola, dal 1990 ha rivolto la sua attenzione anche alla valorizzazione della filiera olearia. Le uve selezionate di Gaglioppo, Greco nero e Nerello Mascalese, rappresentano un inno al territorio e l'invito a scoprirne le straordinarie peculiarità.

Cantina da visitare

Cantine Statti - Tenuta Lenti – Loc. Belladi Lamezia Terme
Tel. 0968 456138 Fax: 0968 453816
statti@statti.com - www.statti.com

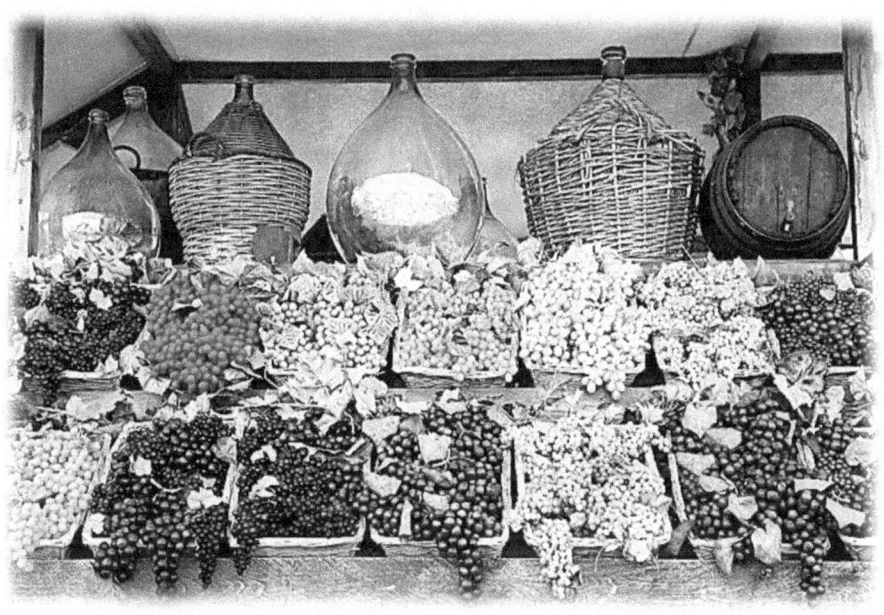

UN VIAGGIO PRESSO 15 CANTINE CALABRESI

15 fermate presso 15 dei migliori vini calabresi

1) **Russo & Longo**: Nasce alla fine del 1800 come patrimonio di un'azienda familiare dédita da numerose generazioni alla vitivinicultura. Oggi l'azienda, giunta alla quarta generazione, rappresenta la continuità di un progetto che da

sempre pone al centro delle iniziative l'insieme dei valori dedicati alla terra e alle vigne che rappresentano l'anima, l'interiorità e la grande forza propulsiva per il futuro e la crescita nel campo enologico. La lavorazione delle uve avviene nella cantina aziendale che si sviluppa su una superficie di 2900 mq di cui 600 completamente interrati ad una profondità di 10 m. In questi locali vengono ospitate le botti in rovere e la barrique. Nella realizzazione della cantina è stata data grande importanza alle nuove tecnologie nell'ambito della vinificazione, della maturazione e dell'invecchiamento, creando un attrezzato laboratorio analisi e di microvinificazione. Nella linea di produzione vi sono vini rossi IGT d'annata e riserve barricate per brevi, medi e lunghi periodi; inoltre la produzione di vini rossi IGT, di vini rossi Internazionali, concepiti con tecnologie di vinificazione all'avanguardia.

Indirizzo: Località Serpito – 88900 Strongoli (KR) – Italy

Tel. (+39) 0962 1905782 - (+39) 338 1516184 - (+39) 0962 1905781

info@russoelongo.it - www.russoelongo.it/

2) Azienda Agricola Ceraudo: «Ho iniziato da solo rincorrendo un sogno, oggi i miei figli mi accompagnano e mi seguono nella conduzione dell'azienda. Ognuno ha un ruolo diverso, ma tutti lo stesso obiettivo: continuare! Era il 1973, quando decisi di acquistare la tenuta appartenuta ai Principi Campitello e Pignatello e in seguito ai Baroni Giunti, con il casolare risalente al 1600. Nello stesso anno ho avviato la trasformazione del terreno e sono nati, accanto agli ulivi secolari, i primi vigneti, da cui col tempo e sacrifici ho ottenuto il mio primo vino. Oggi la mia azienda si estende su 60 ettari, di cui 38 coperti da uliveti, 20 da vigneti e 2 da agrumeti». Queste sono le parole del grande maestro del vino biologico Roberto Ceraudo.

Indirizzo: Contrada Dattilo, 88816 Strongoli (KR) | tel.(+39) 0962 865613

fax (+39) 0962 865696 - cell. (+39) 328 4823088 / 329 4188323

info@dattilo.it - www.dattilo.it

3) Sergio Arcuri: A Cirò Marina vi è la storia di una famiglia che si occupa di vino dal 1880 ma la cui prima annata è stata etichettata nel 2009. Quattro ettari di Gaglioppo all'insegna del puro artigianato. Un rosato clamoroso: il Marinetto. Poche bottiglie. Dal costo irrisorio (siamo ampiamente sotto i 10 euro). Un azienda di rara pulizia, complessità e precisione.

Indirizzo: Via Roma, 3, Cirò Marina 88811 (KR)

Telefono: 0962 31723 - Mob. +39 328 0250255

info@vinicirosergioarcuri.it - www.vinicirosergioarcuri.it

4) Librandi Antonio & Nicodemo: Qui siamo in una realtà dalle dimensioni più industriali, probabilmente è la cantina calabrese più famosa e facilmente reperibile. Tra i tanti vini rossi vi è ottimo un vino bianco. Il solido e affidabile Cirò bianco, fresco e fruttato (anche da aperitivo); dal notevole rapporto qualità prezzo (siamo sui 7 euro).

Indirizzo: S.S. 106 – C.da S. Gennaro – 88811 Cirò Marina (KR) Calabria – Italy
Tel.+39 0962 31 518 - Fax: +39 0962 37 0542 -
librandi@librandi.it - www.librandi.it/contatti

5) Cataldo Calabretta: Cirò Marina regna, domina ed educa. Insomma, tocca farci una vacanza eticamente rilevante. Azienda scoperta alla fiera "LaTerra Trema" (dove c'è quasi tutta la migliore Calabria), con un rosso con pochi fronzoli e molta sostanza.

Indirizzo: Via Mandorleto, 47 - 88811 Cirò Marina (KR) Calabria – Italy
Telefono/fax +39 0962 31 986 - info@cataldocalabretta.it
Distribuzione: Francia: www.artedelvino.fr - Giappone: azumacorp.jp
U.S.A.: www.marcdegrazia.com - www.cataldocalabretta.it/vini_it.html

6) 'A Vita: Cirò Marina è una zona dalle caratteristiche climatiche uniche e particolarmente vocate per il buon vino, specie se i vigneti e la preparazione vinicola è data in mano all'ex architetto De Franco, ormai esclusivamente dedito a Bacco. La finezza e l'agilità del suo Cirò celebra il vitigno calabro per eccellenza: il Gaglioppo, qui in purezza e pronto a smitizzare la fama di uva rustica e scontrosa. Bello, saporito: un gran bel vino. A 10 euro è difficile bere rossi più appaganti.

Indirizzo: S.S. 106 Km 279,8 - Cirò Marina 88811 (Kr) Calabria – Italy
(Sat Nav 39.3709, 17.1152) Tel. 329 0732473 - 333 5259647
avita.info@gmail.com - PEC: avita@pec.avitavini.it
www.avitavini.it

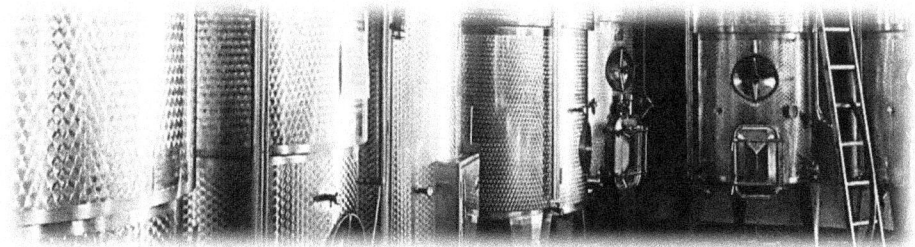

7) Cote di Franze: Altro nome storico di Cirò Marina, dove Vincenzo e Francesco Scilanga conducono una realtà con 10 ettari di ricchi vigneti. La segnalazione d'obbligo è per il Cirò rosso classico superiore: bellissimo al naso, succoso e lungo in bocca. L'immagine ribaltata lo stereotipo vino del sud.

Indirizzo: Località: Piana di Franze - Cirò Marina 88811 (KR) Calabria – Italy
Tel. 392.6911606 – 348.5614031

info@cotedifranze.it - www.cotedifranze.it/home/

8) Casa Comerci: Bella realtà di lunga tradizione, con 15 ettari di vigneti pregiati posti nel territorio di Limbadi, tra il Monte Poro e il Golfo di Gioia Tauro. Produce un bianco ancora trascurabile e un rosato da tenere d'occhio, ma il fiore all'occhiello è il Libici. Rosso da Magliocco canino di grande freschezza ed eleganza e dal carattere decisamente settentrionale. Possiede vini complessi e con potenziale d'invecchiamento, ma pure beverini e fruttati.

Indirizzo: Contrada Comerci, 6, Nicotera 89844 (VV) Calabria – Italy

Telefono: 0963 197 6077 info@casacomerci.it - www.casacomerci.it

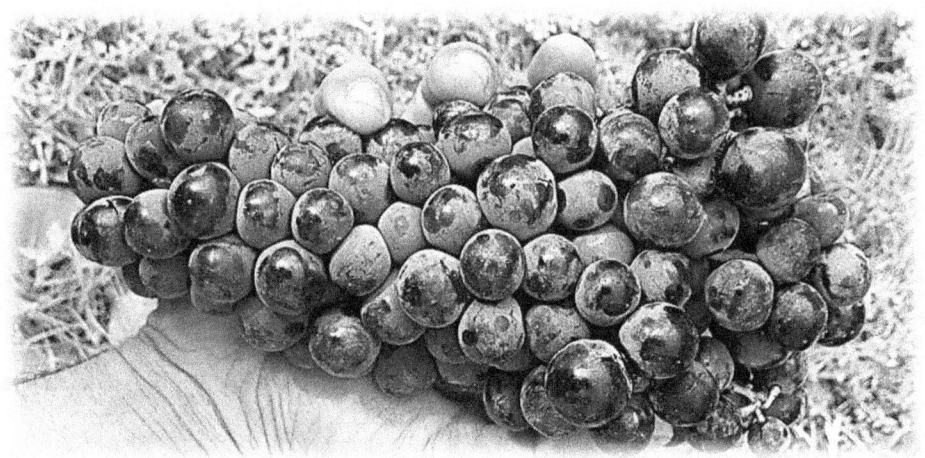

9) L'Acino: Presso San Marco Argentano, nel casentino, vi è un ottimo bianco (il Mantonicoz). Ma per il godimento vero bisogna sorseggiare pure il rosso, il Toccomagliocco. E' un vino con un carattere e personalità da vendere, bevibilità quasi inarrestabile.

Indirizzo: Contrada Prato 87018 San Marco Argentano (CS) Calabria – Italy

Tel. 3296343377 - info@acinovini.com - www.acinovini.com/

10) Tenute Ferrocinto: Altro esempio di come la vinificazione in purezza del vitigno dia ottimi risultati. Il Magliocco Calabria è il più morbido del lotto, ha un'ottima bevibilità ed è molto versatile a tavola. La produzione è rilevante.

Indirizzo: Contrada Ciparsia - 87012 Castrovillari (CS) Calabria – Italy

Tel. 0981-415100 info@ferrocinto.it - www.ferrocinto.it/contatti/

11) Feudo dei Sanseverino: è un'esperienza che nasce da una grande passione per il vino con la la volontà di valorizzare una tradizione antica, erede di una cultura che ha arricchito tutta l'Europa, e da una grande fiducia nelle potenzialità di un territorio

L'azienda, una piccola realtà agricola, nasce nel Comune di Saracena, un paese arroccato sulle colline dei Monti del Pollino (oggi Parco Nazionale), Le sue vigne si trovano ad un'altezza tra i 250 e i 300 metri lungo i pendii a ridosso della pianura che ospitò l'antica città di Sibari.

I vitigni tutti completamente autoctoni, conservati intatti anche da un mancato sviluppo del territorio, sono il gaglioppo (chiamato dai vecchi aglianico e/o lacrima), la guarnaccia, la malvasia e il moscato.

L'alta qualità viene ottenuta grazie ad una vinificazione artigianale e rispettosa del territorio e dei vitigni.

Indirizzo: Via Vittorio Emanuele, 100 - 87010 Saracena (CS) – Italy

Tel. 0981.21461 - info@feudodeisanseverino.it - www.feudodeisanseverino.it

12) Cantine Viola: Il moscato passito di Saracena non ha bisogno di presentazione anche perché ha ricevuto una miriade di premi. Storia millenaria resuscitata da Viola e che prende corpo nel bicchiere. Per chi ama i vini dolci godrà abbondantemente, se chi ancora non li ama potrebbe cominciare a cambiare idea.

Indirizzo: Via Roma,18 - Cosenza 87010 – Tel. 0981.349099

Cell. 340.3674357 - 349.2384534 - 340.8340943

info@cantineviola.it - www.cantineviola.it/it/contatti.html

13) Stelitano: Quella del "Greco di Bianco" è una storia antichissima che si produce appunto solo a Bianco e a Casignana, in provincia di Reggio Calabria. Trovarne vecchie annate è un'impresa che però produce gloria. Una raccomandazione: provatelo con il formaggio.

Indirizzo: Contrada Palazzi 1, 89030 Casignana,(RC) Calabria – Italy

Tel. +39 0964 913023

14) Tenuta Terre Nobili: L'Azienda vitivinicola è stata fondata verso la fine degli anni 60. L'impiego delle tecnologie per la fermentazione permette di esaltare, al meglio, il patrimonio aromatico e gustativo delle uve locali. Da allora, la tradizione continua, la cantina produce il vino nel rispetto del progetto iniziale, ed, a partire dalla vendemmia 2000 dopo molti anni di esperienza, abbiamo prodotto Alarico, Cariglio, Donn'eleonò e Santa Chiara, vini che esprimono il calore e la forza del terreno da cui traggono origine e tutta la tipicità dei vitigni del nostro territorio.

Indirizzo: Via Cariglialto - Montalto Uffugo (CS) – Italy

Tel. +39 0984 934005 +39 320.5777542

www.tenutaterrenobili.it

15) Cantine F.lli Lavorata: Qui il vino esprime l'arte, la storia, la cultura e la tradizione della terra che lo ha prodotto. Con la selezione dei vitigni autoctoni coltivati si ama esaltare le caratteristiche e la tipicità del Sud Italia che contraddistinguono il carattere di questi prelibati vini. La zona è situata a poca distanza dal mare e dalle serre catanzaresi che, per condizioni climatiche e per la particolarità del suolo, si configura come area vitivinicola di eccellenza della Calabria. L'azienda, a conduzione familiare, è sempre dedita alla coltivazione sana, pulita dei suoi vigneti, alla scrupolosa e all'attenta selezione delle uve e dei mosti.

Indirizzo: Contrada Melissari, Roccella Jonica (RC) - Italy

Tel. (+39) 0964.86.30.60 Fax: (+39) 0964.86.61.44

info@cantinelavorata.it - www.cantinelavorata.it

1*)

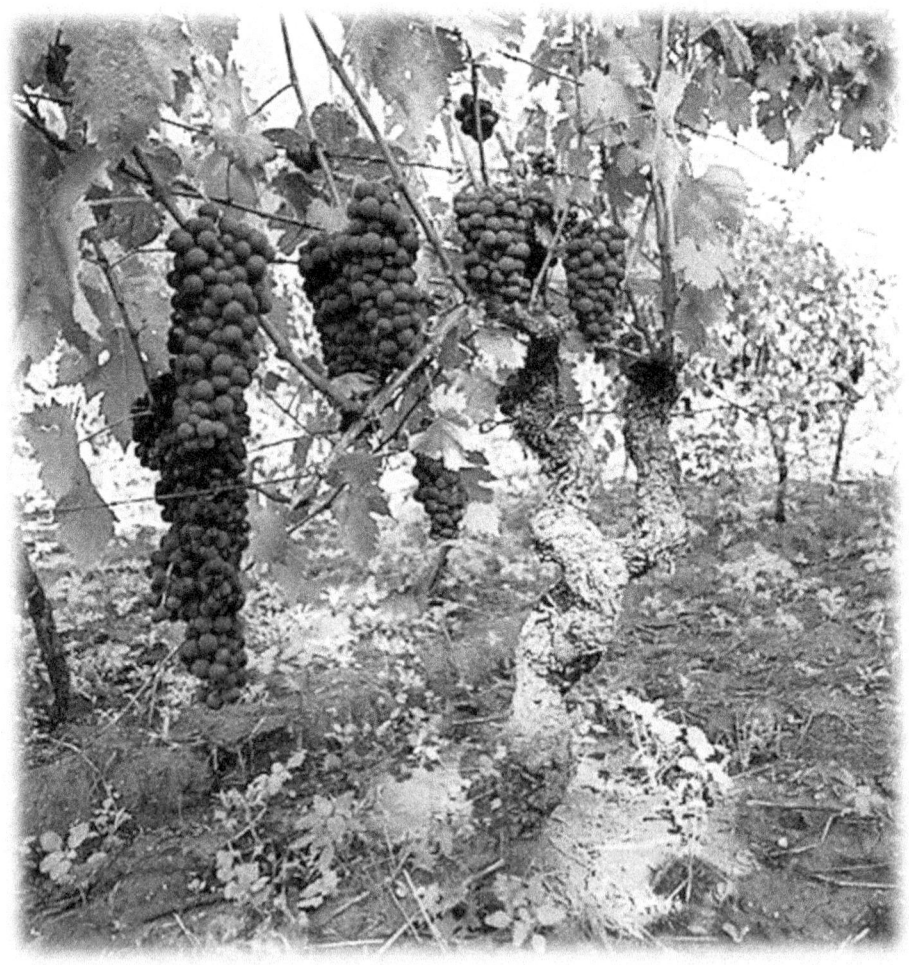

CAPITOLO 7

IL PIÙ GRANDE SOMMELIER DEL MONDO
SCEGLIE VINO CALABRESE

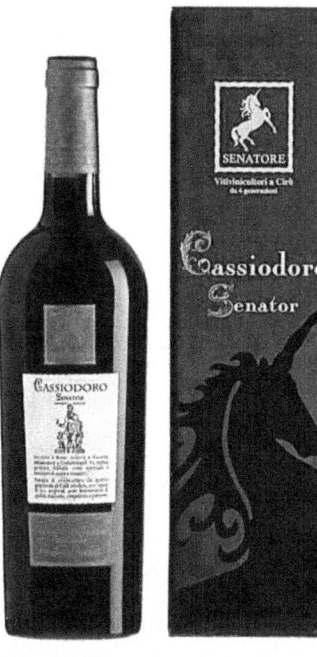
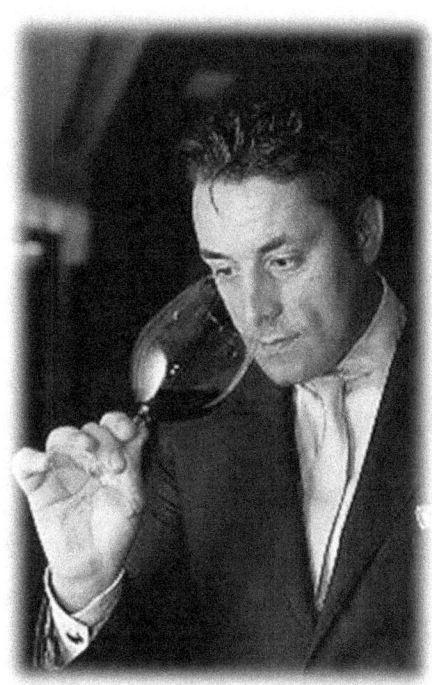

Il più grande sommelier del mondo, Luca Martini, scelse un vino calabrese per la prestigiosa rassegna "Salotti del Gusto". Tra i numerosi e famosi vini prelibati di tutta l'Italia egli ha preferito il pregiato vino Cassiodoro Senator e lo ha abbinato alle ricette dello chef Massimo Livan.

Questo nettare d'uva è intitolato a Flavio Magno Aurelio Cassiodoro Senatore, un'importante politico, letterato e storico romano di origine calabrese, vissuto nel VI secolo sotto il regno romano-barbarico degli Ostrogoti e sotto l'Impero Romano d'Oriente.

Il Cassiodoro Senator è uno dei più rinomati vini prodotti a Cirò (Crotone) dalla Senatore Vini. E' un rosso IGP calabrese che Luca Martini, sommelier AIS eletto nel 2013 a Londra "Miglior Sommelier del Mondo" e attualmente (2017) ancora in carica, l'ho ha scelto nella selezione dei vini da affiancare alle ricette dello chef Massimo Livan nell'ambito della prestigiosa rassegna "Salotti del Gusto".

«Il "Cassiodoro Senator" è il miglior vino in assoluto» riferisce Martini ai giornalisti, e se lo dice lui c'è da crederci. Il Cassiodoro Senator è una squisitezza di altissimo livello. Un vino calabrese che è il benvenuto e tra i preferiti anche in nelle tavolate luculliane dei VIP di Montecitorio, del Campidoglio e della Curia Vaticana. Infatti, nel mese di settembre 2016, dopo essere stato consegnato direttamente nelle mani di Papa Francesco in occasione di un'udienza in Piazza S. Pietro, a distanza di pochi mesi il Cassiodoro Senator è arrivato nel salotto "culinario" di Villa Condulmer a Mogliano Veneto (Treviso).

A credere nell'alchimia che può crearsi tra questo vino dal colore rosso intenso, con sentori di frutta matura e note speziate di caffè, cioccolato e pepe nero, intenso e persistente, ed il tartufo bianco, ingrediente principe e protagonista dell'evento promosso da Salotti del Gusto, è stato proprio Luca Martini che ha affiancato Massimo Livan, executive chef del Centurion Palace di Venezia, nel laboratorio culinario di "Salotti del Gusto", il brand che unisce produttori, operatori e semplici appassionati in un unico grande network all'interno del quale incontrarsi, dialogare e fare rete.

L'azienda Senatore Vini, rappresentata dal dottor Raffaele Senatore che ha collezionato attestati di stima e apprezzamenti, ha rappresentato un vero valore aggiunto a questa iniziativa di considerevole importanza internazionale.

Redazione FdS

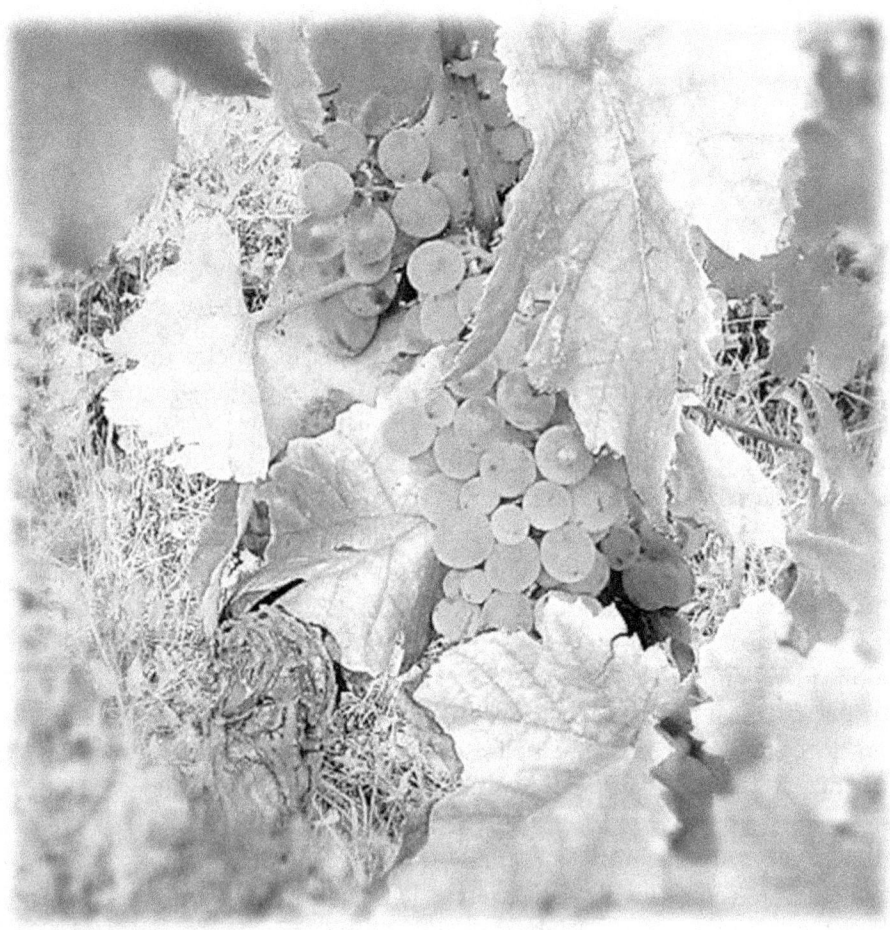

ENOTECHE REGIONALI

Enoteca Regionale della Calabria (Reggio Calabria)

La prima enoteca regionale nata in Calabria, costituita nel 2005 con il primario obiettivo di promuovere la conoscenza dei vini e patrocinare la cultura enologica Calabrese, è impegnata anche nel proteggere e incoraggiare l'intero settore gastronomico della regione. L'Enoteca Regionale della Calabria trova, infatti, la sua naturale sede all'interno del ristorante: Officina del Gusto in Viale Placido Geraci 19 - Reggio Calabria (RC) 89128 Tel. 0965.332830

info@officinadelgusto.net - www.enotecaregionaledellacalabria.it/

È nei locali del ristorante che vengono spesso organizzate degustazioni di vini del territorio abbinati ai più significativi prodotti tipici della gastronomia regionale. Le finalità sono quelle di valorizzare e promuovere la cultura vitivinicola ed i vini di qualità prodotti nel territorio della Calabria, con particolare riguardo e quei vini realizzati con vitigni storici e tipici della nostra regione ed ai marchi di qualità DOC e Igt, organizzando manifestazioni enogastronomiche, eventi, esposizioni e degustazioni guidate.

Un appuntamento ormai fisso è, ad esempio, l'iniziativa "Il Gaglioppo a tavola", evento in cui vengono proposte, in libera degustazione, oltre quindici differenti etichette accompagnate da piatti studiati appositamente dallo chef Fortunato Aricò.

L'Enoteca Regionale della Calabria vuole essere un centro di informazione, attraverso iniziative mirate all'incontro tra i produttori ed i consumatori e, anche attraverso questo sito, diffondendo notizie sul territorio e le aree vitivinicole dei distretti dei vini e delle strade del vino, la gastronomia e di sapori tipici delle nostre terre ed ovviamente i vini e i vitigni di Calabria.

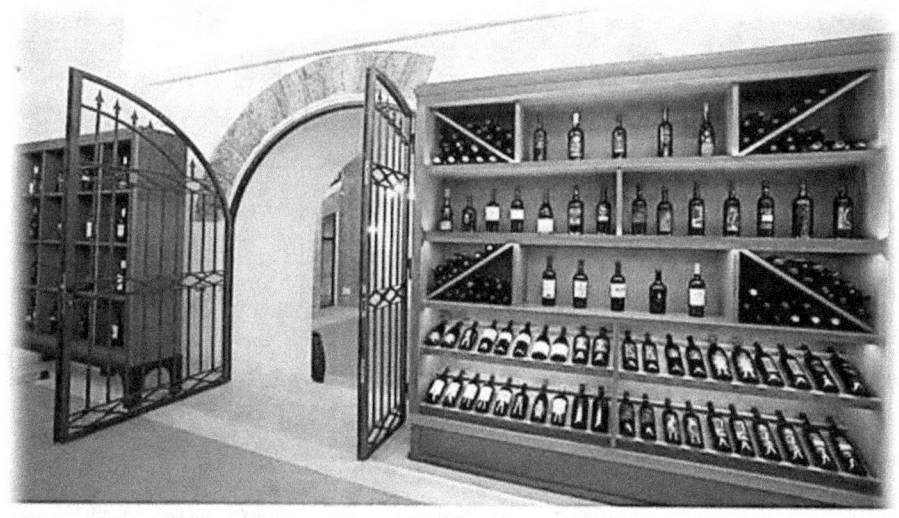

Enoteca Regionale della provincia di Cosenz:

Enoteca Regionale della provincia di Cosenza

L'Enoteca Regionale della Provincia di Cosenza, ricavata nei sotterranei del prestigioso Palazzo dell'ente, è la più ricca vetrina della produzione agroalimentari della regione e il crocevia delle eccellenza gastronomiche della Calabria

L'Enoteca intende avere una funzione di divulgazione e informazione sulla viticoltura calabrese attraverso i vini. Ha per questo organizzato gli spazi, tre grandi sale, in sequenza, suddivise per territori. La prima sala è dedicata ai vini delle "Terre di Cosenza", la seconda al Cirò, la terza ai vini del comprensorio lametino e della provincia di Reggio Calabria.

L'Enoteca ha la propria sede all'interno di quella che è stata la Chiesa dedicata a Santa Maria di Costantinopoli e alle Sante Rosa da Lima e Rosa da Viterbo - Palazzo di Piazza XV Marzo, 87100 – Cosenza.

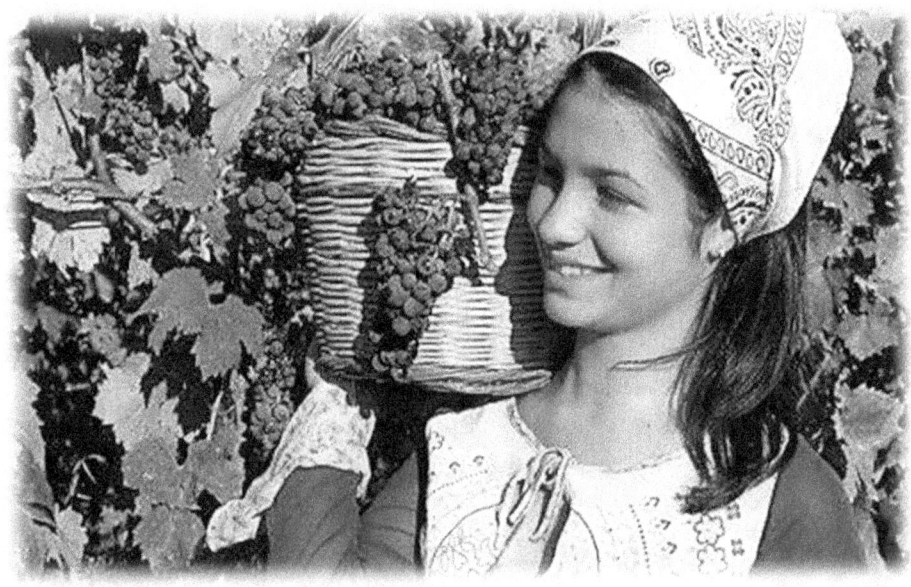

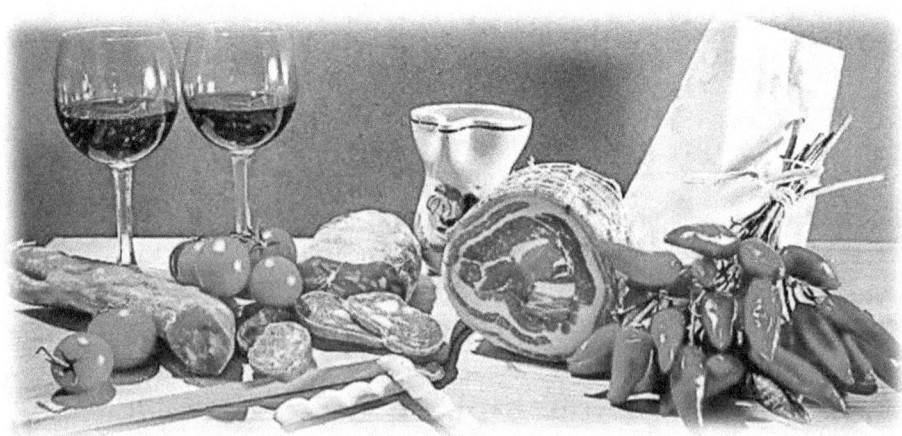

CAPITOLO 8

I NUMERI DEL VINO NEL MONDO, IN ITALIA E IN CALABRIA

Ecco la maxi classifica mondiale del vino: produzione, import, export e i consumi. L'Italia è al top per produzione, ma le altre nazioni non stanno solo a guardare.

Italia: prima nel mondo per volume di produzione del vino;

Spagna: prima nel mondo per superficie vitata;

Spagna: prima nel mondo per quantità esportate;

Francia: prima nel mondo per valore delle esportazioni;

USA: prima al mondo per l'import in valore;

USA: prima al mondo per i consumi complessivi;

Germania: prima al mondo in volume di vino importato;

Andorra: prima al mondo per consumo pro capite.

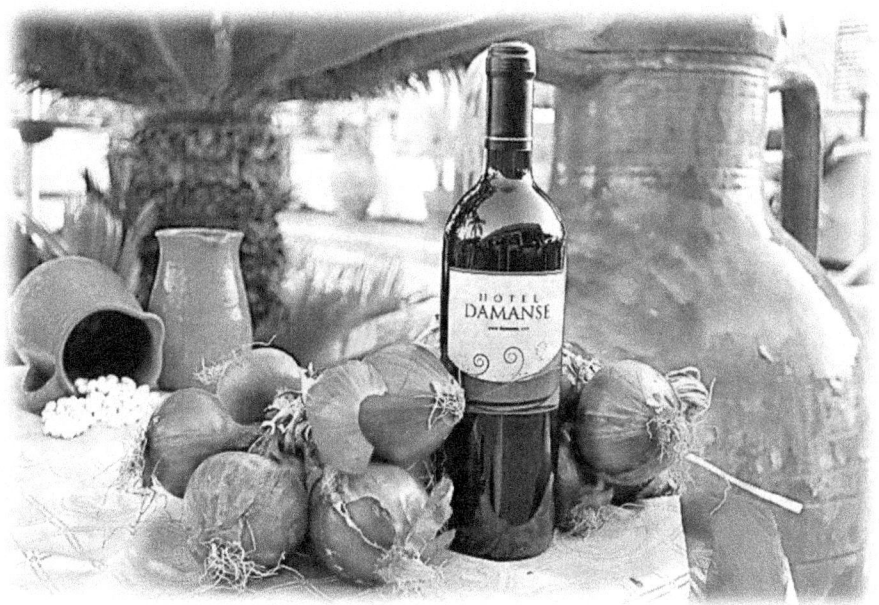

I seguenti dati sono di OIV – Organizzazione internazionale della Vigna e del Vino, che ha presentato di recente i suoi dati sulla Congiuntura vitivinicola mondiale 2016. Dallo studio emerge che l'Italia si conferma al vertice assoluto per volume di vino prodotto, con 50,9 milioni di ettolitri nel 2016 (esclusi succhi e mosti), davanti a Francia (43,5 milioni di ettolitri), Spagna (39,3), Stati Uniti (23,9), Australia (13), Cina (11,4) e Sudafrica (10,5).

Per superficie vitata, invece (ma i dati Oiv non distinguono tra uva da vino e uva da tavola), la Spagna è leader assoluta, con oltre 975.000 di ettari vitati, seguita dalla Cina con 847.000 ettari (ma con la grande maggioranza destinata alla produzione di uva da tavola), dalla Francia con 785.000, poi dall'Italia con 690.000, dalla Turchia con 480.000 (ma anche qui l'uva da tavola pesa per oltre la metà del totale), dagli Usa con 443.000 ettari e dall'Argentina con 224.000.

Spagna che, tra le curiosità, è anche al vertice assoluto per superficie di vigneto a biologico con 96.591 ettari nel 2015 (dati Corriere Vinicolo-Unione Italiana Vini) davanti all'Italia con 83.643 e alla Francia con 68.579, con l'Europa che nel complesso copre l'85% di tutta la superficie vitata condotta in regime biologico nel mondo.

Ma la Spagna si posiziona al top anche per volume di vino esportato, nel 2016 con 22,3 milioni di ettolitri, ancora una volta davanti all'Italia con 20,6, alla Francia con 14,1, al Cile con 9,1, all'Australia con 7,5, al Sudafrica con 4,2 e agli Usa, con 4,1 milioni di ettolitri.

In valore, invece, la palma di migliore esportatore spetta alla Francia, con oltre 8,2 miliardi di euro, seguita da Italia con 5,3 (altre fonti parlano di 5,6 miliardi di euro, ndr), e poi a distanza da Spagna con 2,6 miliardi di euro, Cile con 1,6, Australia con 1,4, Usa con 1,3 miliardi di euro, e a parti merito Nuova Zelanda e Germania con 960 milioni di euro di vino esportato.

La Germania è, invece, il primo Paese per l'import di vino in quantità, con 14,5 milioni di ettolitri nel 2015, davanti a Regno unito con 13,5, Stati Uniti con 11,2, Francia con 7,9, Cina con 6,4 milioni di ettolitri, Canada con 4,2 e Russia con 4 milioni di ettolitri.

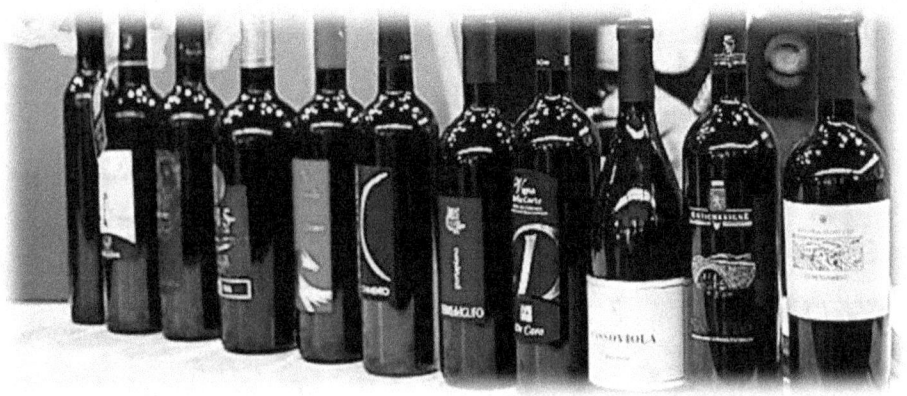

Gli USA sono leader assoluti per valore di vino importato, con 5 miliardi di euro, davanti a Regno Unito con 3,5, Germania con 2,4 miliardi euro, Cina con 2,1, Canada con 1,6, Hong Kong con 1,4 e Giappone con 1,3.

Ma gli USA sono anche leader assoluti nei consumi complessivi di vino, con 31 milioni di ettolitri, davanti a Paesi storici per il consumo del nettare di Bacco come la Francia, a 27, e l'Italia, a 22,5, ma anche a Germania con 20 milioni di ettolitri, Cina con 17,3, Regno Unito con 13 e ancora Spagna con 9,9 e Argentina con 9,4.

Decisamente curioso, invece, il dato sui consumi pro capite, dove numeri

limitati della popolazione e livello di benessere giocano evidentemente un ruolo determinante: dai dati del Wine Institute (aggiornati al 2014) emerge infatti che al vertice c'è nientemeno che il piccolo Principato di Andorra, con 56,9 litri a persona all'anno, seguito dalla Città del Vaticano con 56,2, e poi da Croazia con 46,9 litri, dal Portogallo con 43,7, dalla Francia con 43,1 (unico dei grandi Paesi produttori in posizioni alte della classifica), dalla Slovenia con 42,5 e dalla Macedonia con 40,4 (con l'Italia a quota 34,1 litri).
2*)

LE ANALISI DEL 2016 PER IL 2017

La metamorfosi di Italian Wine Brands è continuata nel secondo semestre del 2016 e ha portato a una chiusura d'anno con utili in calo del 15% circa.

All'interno di questo trend negativo, caratterizzato dalla debolezza del B2C (ex Giordano) e dell'attività italiana, ci sono anche dei segnali positivi, come la ripartenza delle vendite via internet (+47% dopo il +15% del primo semestre) e il forte sviluppo nel mercato svizzero (+82% nel secondo semestre).

La struttura finanziaria di Italian Wine Brands migliora in modo sensibile, con un debito calato a 10 milioni di euro (da 20 milioni), derivante da un forte miglioramento del capitale circolante e dal forte contenimento degli investimenti, entrambi fattori potenzialmente non sostenibili nel futuro.

Le previsioni sul 2017 furono improntate sul recupero dei margini: lo sforzo di internazionalizzazione e di spostamento verso internet non è venuto gratis, ma ha prodotto a delle perdite, che il management ritiene di poter recuperare nel 2017, riportando l'EBITDA margin (7.8% nel 2016) al livello del 2014/15 (oltre il 9%). Passiamo ora all'analisi dei numeri:

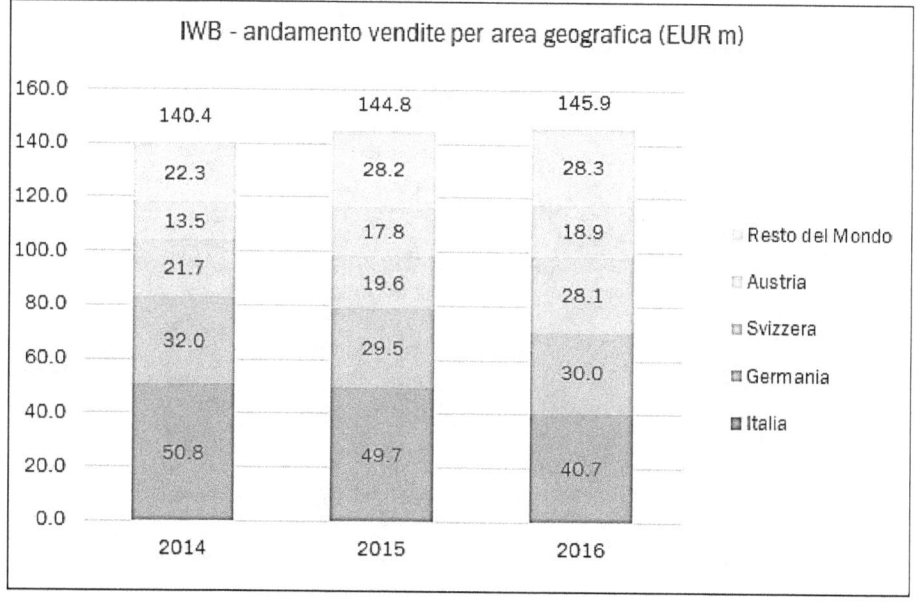

ESPORTAZIONI ITALIANE DI VINO
PER REGIONE E TIPOLOGIA

AGGIORNAMENTO 2016

La "saga" delle esportazioni annuali di vino italiani e l'analisi dettagliata per regioni, viene da due diversi set di dati. Un'analisi fatta da ISTAT sulle categorie ATECO, dove vengono recensite le esportazioni per regione italiana (ma non necessariamente di vini di quella regione); una seconda analisi più dettagliata sui vini fermi imbottigliati, dove vengono specificate le categorie di qualità (DOC/IGT/VdT) e i dati di alcune regioni, questa volta riferiti all'origine del prodotto e non all'indirizzo di chi ha esportato.

Passando alle conclusioni dell'analisi sui dati Ateco, il 2016 ha visto un incremento del 4% circa delle esportazioni, dove a eccellere è stato il Veneto, spinto dal Prosecco, con un incremento del 9% a 2 miliardi di euro, mentre le due altri principali regioni, Toscana e Piemonte, sono rispettivamente in leggera crescita e in leggero calo.

Molto positivi appaiono i dati per le aziende pugliesi e siciliane. Nell'analisi sui vini imbottigliati non ci sono grandi sorprese invece: progrediscono i vini DOC a spese degli IGT e soprattutto dei vini da tavola, si registra un fortissimo incremento delle esportazioni di vino bianco DOP del Trentino (dato la cui rilevanza è da verificare, potrebbe essere legato a uno spostamento da IGT a DOC), che spinge la categoria dei bianchi DOP a +18% (bianchi IGT -11%). Proseguiamo con una breve analisi dei dati.

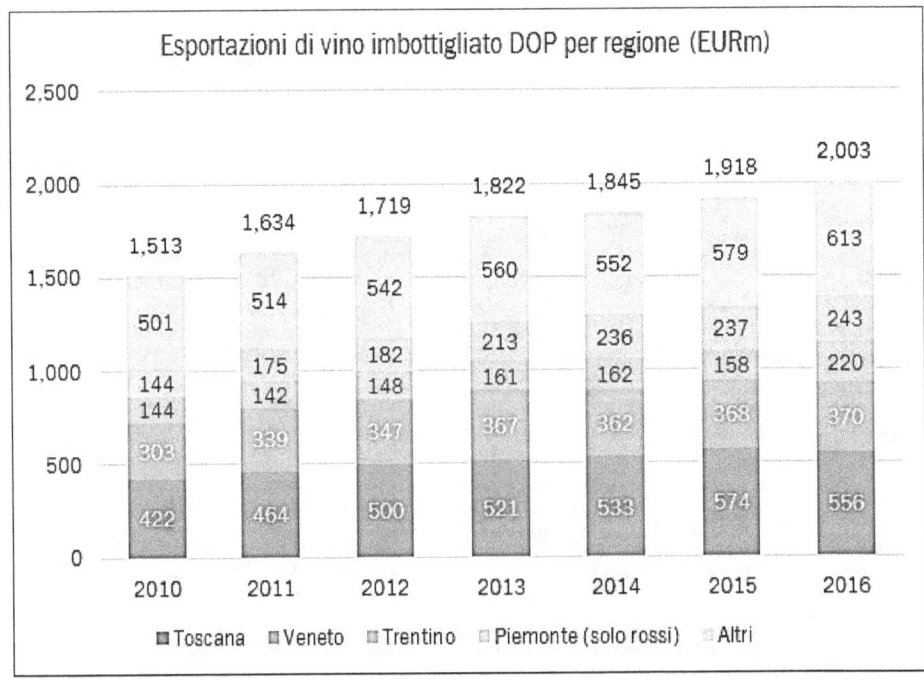

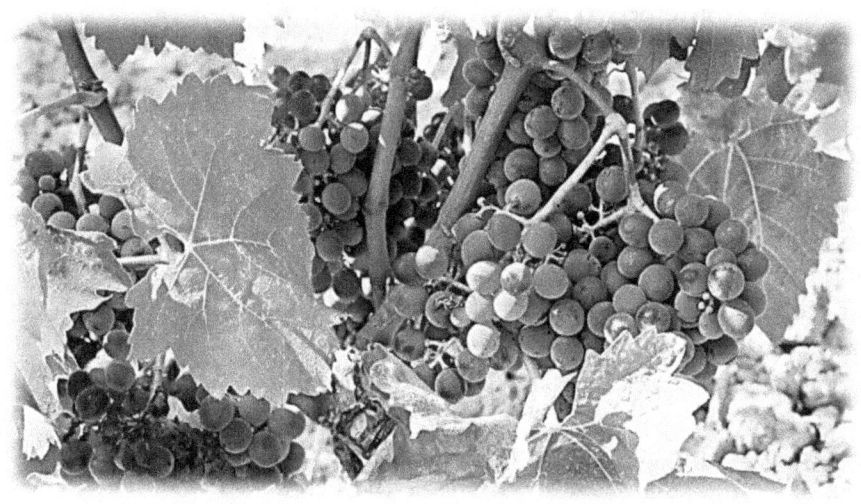

VENDITE DI VINO PER DENOMINAZIONE NELLA GDO ITALIANA

AGGIORNAMENTO 2016

I dati che andiamo a commentare oggi rilasciati nell'ambito del Vinitaly sono la naturale continuazione di numerose tendenze del consumo di vino: volumi tendenzialmente calanti con valori leggermente crescenti, sostituzione di vecchi formati con i bag-in-box e crescente utilizzo delle bottiglie.

Nell'ambito di questi 1.56 miliardi di euro spesi nella GDO dagli italiani per comprare vino confezionato (+1.1%) ci sono però alcune sorprese: per la prima volta da diversi anni i vini bianchi non crescono più dei vini rossi, per esempio, per via del calo piuttosto marcato delle vendite di Prosecco; oppure una ripresa di vigore delle vendite del principale vino italiano nella GDO, il Chianti. Passiamo dunque ad analizzare i dati.

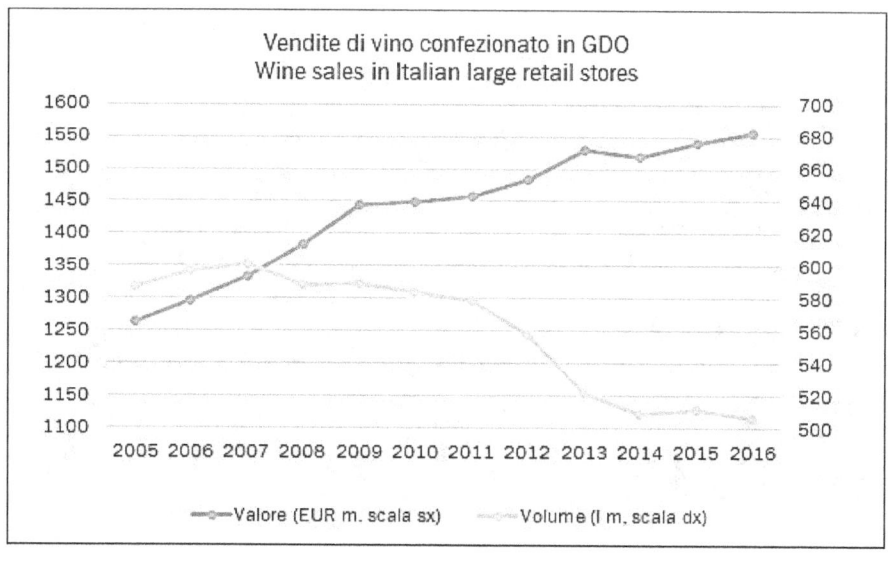

DISTRIBUZIONE DEI VINI IN ITALIA

I canali di vendita e l'indagine sulle etichette dei vini forniscono quest'anno alcune indicazioni interessanti, soprattutto se viste in tendenza rispetto agli anni passati. La tanto attesa crescita delle vendite dirette sembra emergere: secondo il rapporto siamo al 13.5% del totale venduto dalle aziende del rapporto, in progressione ormai decisa, con una forte spinta delle aziende private.

Dopo il picco del 2010-2012 sembra anche regredire leggermente la penetrazione della GDO (sotto il 40% nel 2016), probabilmente in corrispondenza del costante spostamento del consumatore verso prodotti più raffinati, per i quali questo canale è meno appetibile.

L'indagine sulle etichette ci riporta su considerazioni simili: crescono quelle dei grandi vini (prezzo superiore a 25 euro) e diminuiscono quelle dei vini comuni. Passiamo ad analizzare qualche dato insieme.

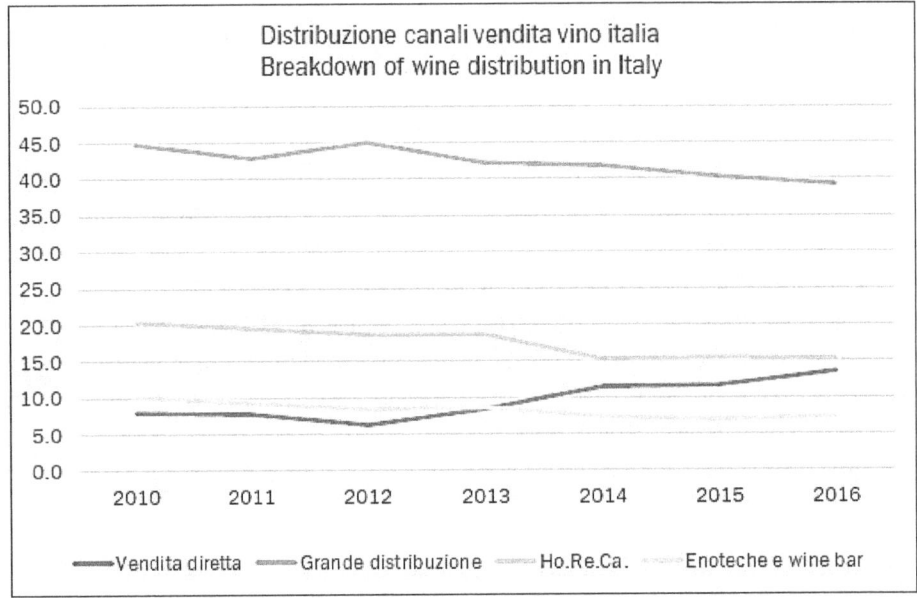

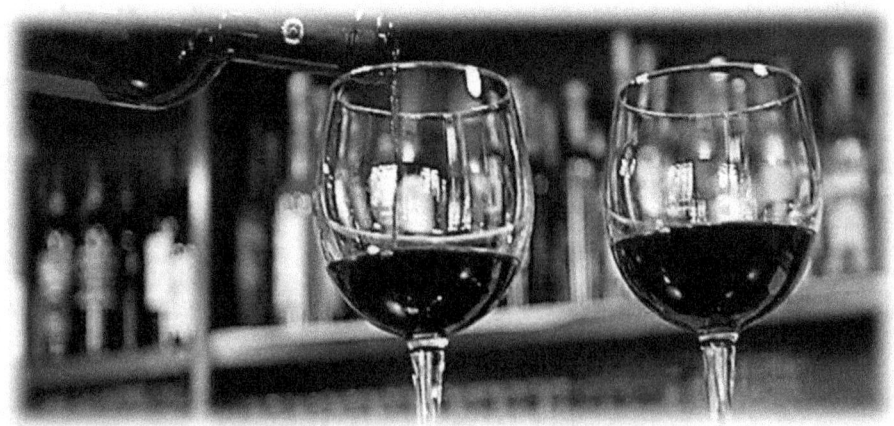

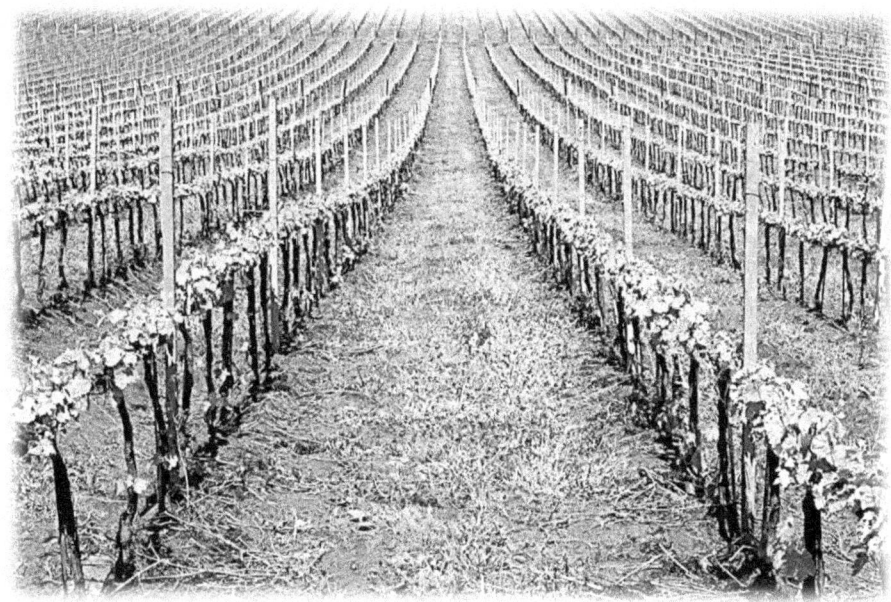

■ Secondo Mediobanca, la distribuzione italiana delle aziende del rapporto è sempre più esposta alle vendite dirette, il 13.5% dall'11.6% del 2014. Questa crescita viene a discapito della GDO, che scende dal 40.4% al 39.2%, ma anche del canale tradizionale dei grossisti, 16.3%. Enoteche e Ho.re.ca. si mantengono secondo Mediobanca al 7% e 15% circa del totale.

■ La forte progressione della vendita diretta a discapito della GDO è soprattutto evidente dal trend delle aziende, mentre nel caso delle cooperative i dati sono quasi uguali a quelli dello scorso anno, con una vendita diretta al 12% e un peso della GDO ancora molto preponderante al 49% del totale. Le cooperative restano dunque molto legate alla grande distribuzione

■ Nel caso dei grandi vini, come abbiamo visto anche negli anni scorsi, la vendita diretta è sempre stata più alta, il 16%, ma non cresce nel 2016. La GDO diventa sempre più marginale, meno del 4%, mentre l'Ho.Re.Ca. e le enoteche sono al 37% e al 27%. I dati sono molto diversi dallo scorso anno per le enoteche, ma sembra più una anomalia del 2015.

■ Passando al tema delle oltre 7mila etichette, troviamo alcuni riscontri, anche commentati nel rapporto. La fascia alta della produzione continua a prendere piede, raggiungendo il 54% del totale (grandi vini, DOCG e DOC), rispetto al 53% degli anni scorsi. Calano invece le presenze di etichette di vini comuni al 10.3% nel 2016 contro l'11.5% del 2015.

■ Come potete notare la presenza nel segmento dei vini di qualità è simile tra aziende e cooperative, salvo che le prime hanno una quota molto più importante sui "grandi vini" 8% contro 3%, che si specchia in una maggiore quota di DOC/DOCG rispetto alle aziende.

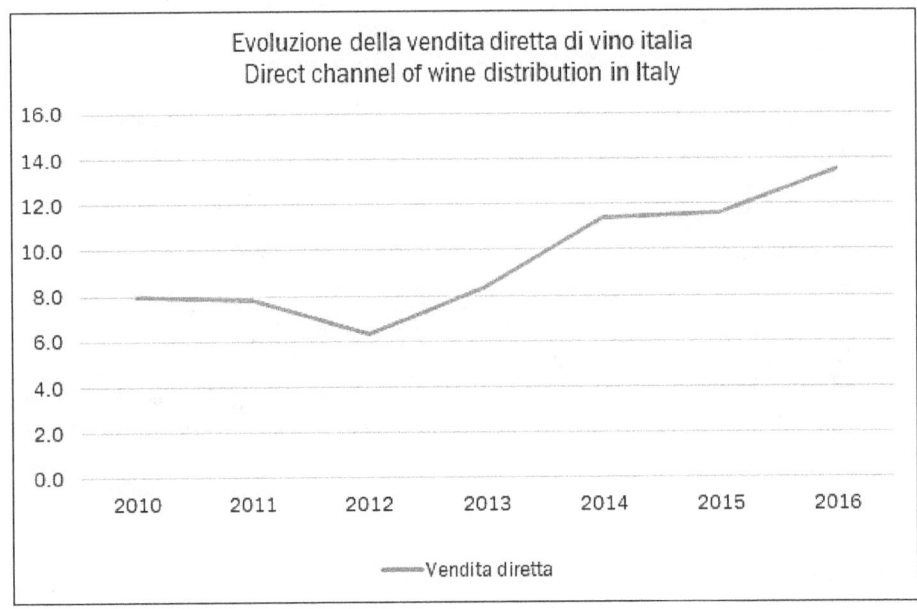

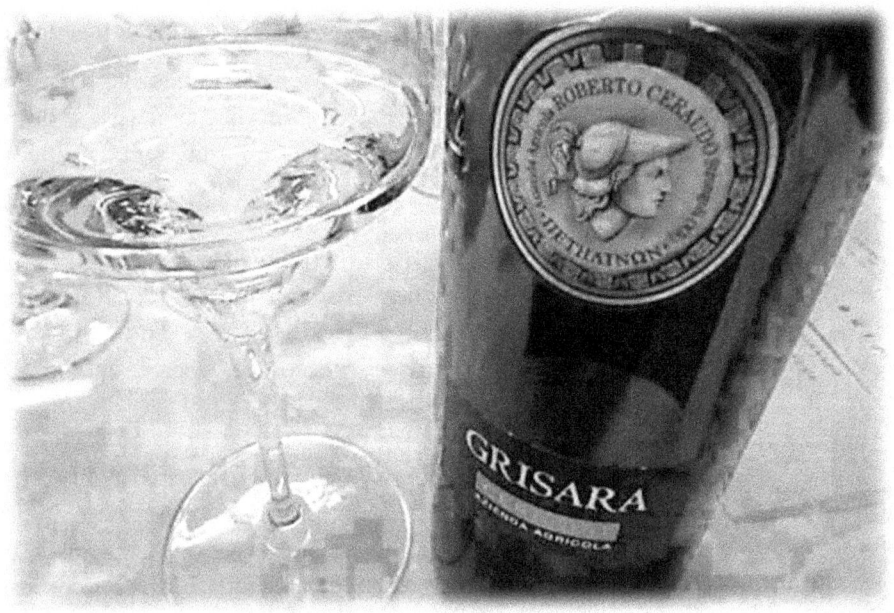

Totale vini - Indagine su canali di vendita - Mediobanca							
(% penetrazione)	2010	2011	2012	2013	2014	2015	2016
Italia							
Vendita diretta	8.0	7.8	6.3	8.4	11.4	11.6	13.5
Grande distribuzione	44.8	42.8	45.1	42.2	41.8	40.4	39.2
Ho.Re.Ca.	20.3	19.6	18.7	18.6	15.3	15.5	15.2
Enoteche e wine bar	10.1	9.2	8.4	8.6	7.4	6.9	7.3
Grossista/Intermediario	14.3	16.4	17.1	16.3	15.9	17.0	16.3
Altri canali	2.5	4.2	4.4	5.9	8.2	8.6	8.5
Totale	100.0	100.0	100.0	100.0	100.0	100.0	100.0
Estero							
Rete propria	8.3	6.4	6.9	8.8	9.4	8.2	8.2
Intermediario importatore	81.4	83.9	85.8	83.1	79.2	80.0	78.9
Altri canali	10.3	9.7	7.3	8.1	11.4	11.8	12.9
Totale	100.0	100.0	100.0	100.0	100.0	100.0	100.0

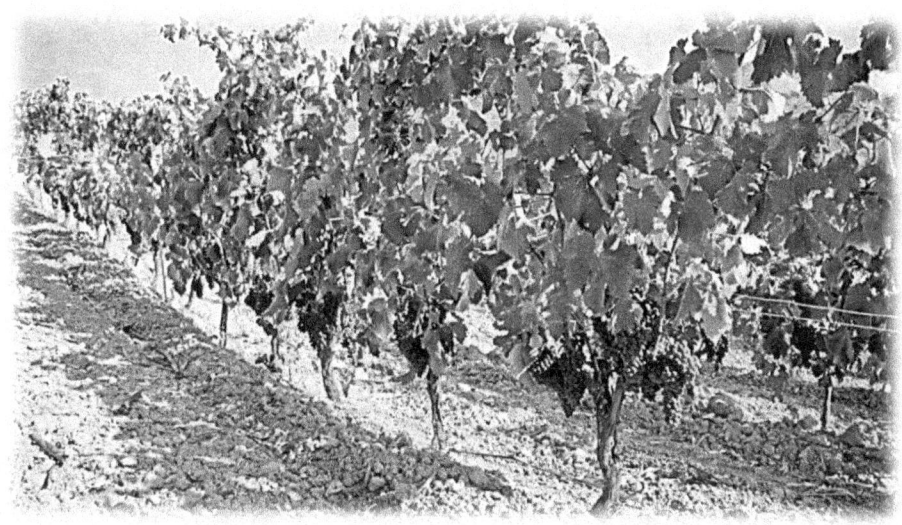

Vini oltre 25 euro - Indagine su canali di vendita - Mediobanca							
(% penetrazione)	2010	2011	2012	2013	2014	2015	2016
Italia							
Vendita diretta	10.5	10.9	11.8	16.6	16.6	16.8	16
Grande distribuzione	6.5	6.6	8.0	2.9	3.2	4.9	3.5
Ho.Re.Ca.	42.7	44.0	39.8	41.8	40.6	36.3	37.4
Enoteche e wine bar	29.3	25.6	22.0	28.7	26.0	21.9	27.4
Grossista/Intermediario	9.4	10.8	15.4	5.2	5.5	12.2	8.7
Altri canali	1.6	2.1	3.0	4.8	8.1	7.9	7.0
Totale	100.0	100.0	100.0	100.0	100.0	100.0	100.0
Estero							
Rete propria	6.4	4.2	3.5	7.1	4.3	10.3	12.2
Intermediario importatore	87.1	86.1	86.2	83.2	83.8	79.5	78.2
Altri canali	6.5	9.7	7.3	9.7	11.9	10.2	9.6
Totale	100	100	100	100	100	100	100

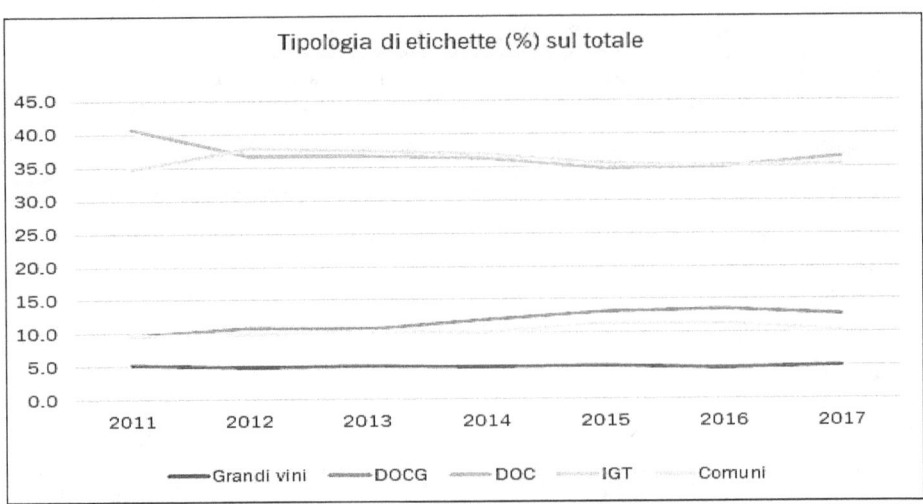

Tipologia di etichette (%) sul totale

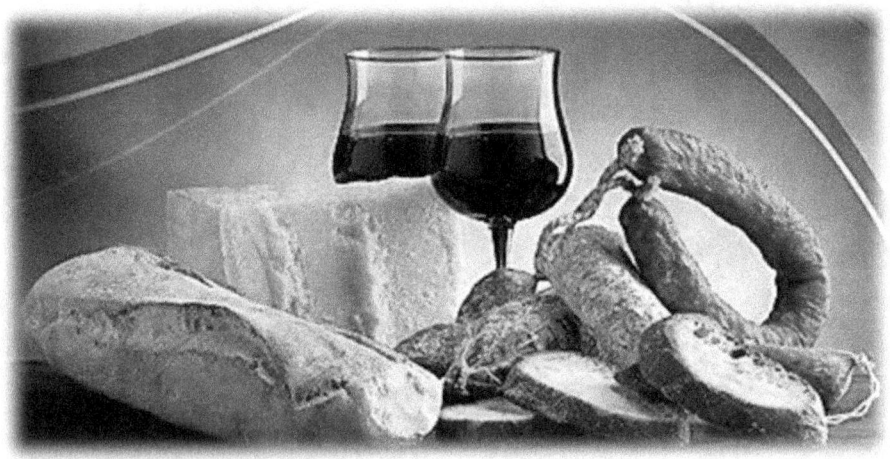

Etichette (fonte Mediobanca)									
% su totale	1996	2010	2011	2012	2013	2014	2015	2016	2017
Totale									
Grandi vini	2.4	5.1	5.2	4.8	5.0	4.9	5.0	4.7	5.1
DOCG	6.4	8.4	9.7	10.9	10.7	12.0	13.2	13.6	12.8
DOC	33.6	38.7	40.7	36.7	36.6	36.2	34.8	35.0	36.4
IGT	42.4	39.0	34.7	37.8	37.4	36.9	35.6	35.2	35.4
Comuni	15.2	8.8	9.7	9.8	10.3	10.0	11.4	11.5	10.3
Spa/Srl									
Grandi vini	5.2	9.4	10.5	9.4	8.3	8.5	8.1	7.7	8.2
DOCG	8.8	8.9	10.1	12.8	10.6	12.5	11.7	12.2	11.4
DOC	38.2	34.5	35.4	30.0	31.8	33.4	31.5	31.6	32.8
IGT	35.1	38.9	34.7	36.5	36.6	33.4	36.2	35.6	35.8
Comuni	12.7	8.3	9.3	11.3	12.7	12.2	12.5	12.9	11.8
Cooperative									
Grandi vini	0.4	1.9	1.9	1.8	2.7	2.7	3.1	2.4	2.9
DOCG	4.8	7.2	8.7	8.7	9.8	10.8	13.2	13.6	12.8
DOC	32.2	42.0	44.6	41.3	39.8	38.0	36.7	37.5	38.9
IGT	47.7	40.3	36.0	40.3	39.2	40.2	36.6	36.5	36.6
Comuni	15.1	8.6	8.8	7.9	8.5	8.3	10.4	10.0	8.8

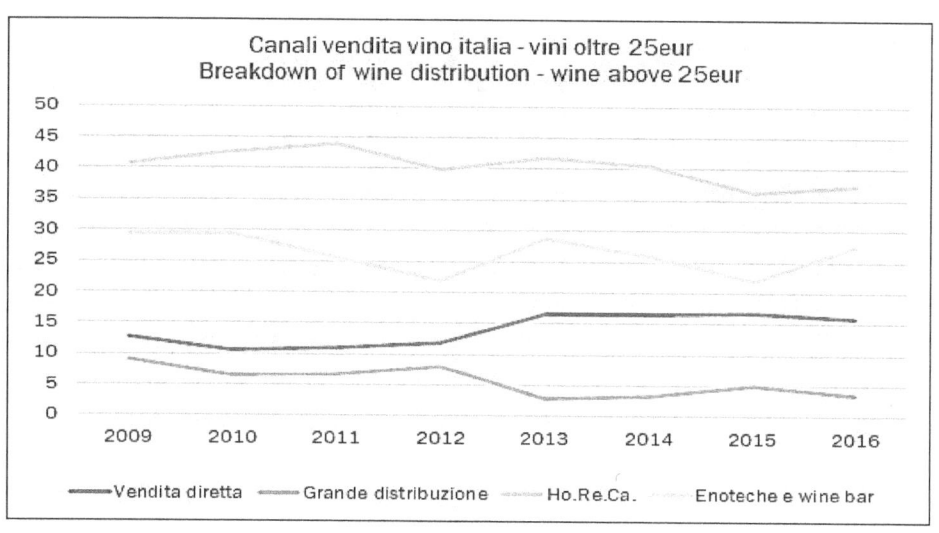

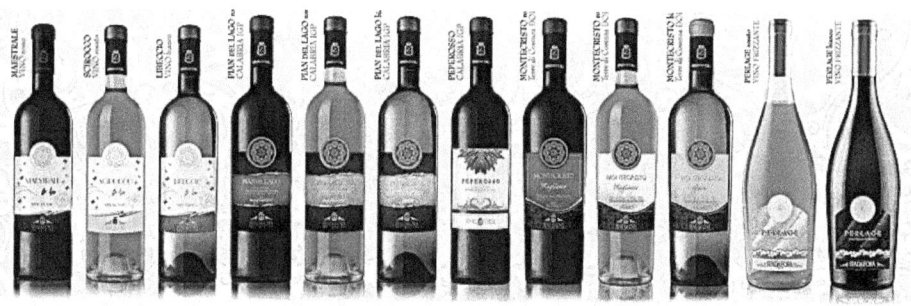

ESPORTAZIONI ITALIANE DI VINO
PER REGIONE E TIPOLOGIA

AGGIORNAMENTO 2016

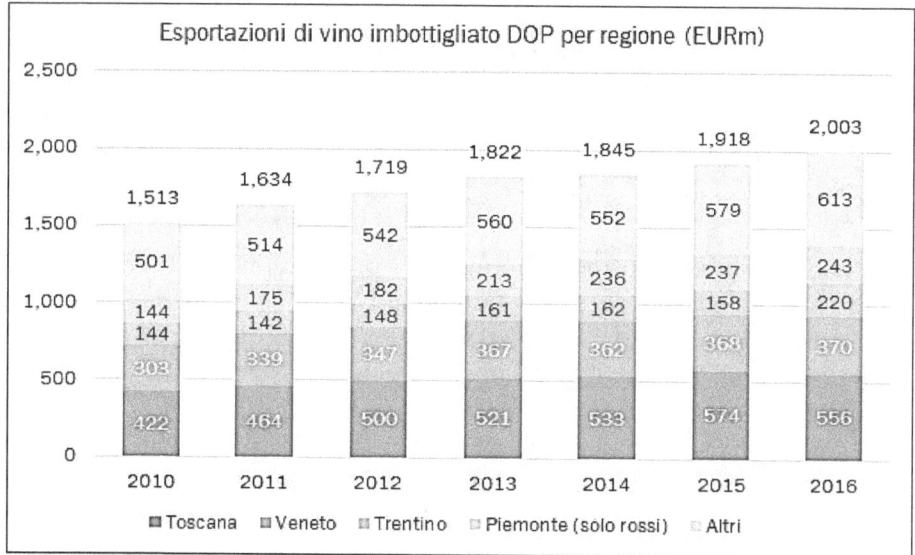

Esportazioni di vino imbottigliato - dati annui								
(EUR m)	2010	2011	2012	2013	2014	2015	2016	Var 16-15
Totale	3,111	3,428	3,599	3,790	3,840	4,008	4,001	0%
Bianchi Lazio (DOP)	19	16	14	14	12	11	12	9%
Bianchi Toscana (DOP)	21	22	22	20	19	22	25	15%
Bianchi Trentino AA (DOP)	111	109	114	122	126	123	185	51%
Bianchi Veneto (DOP)	88	107	110	109	96	102	98	-4%
Altri bianchi DOP	136	161	158	188	205	228	253	11%
Rossi Piemonte (DOP)	144	175	182	213	236	237	243	2%
Rossi Toscana (DOP)	401	443	478	501	514	552	531	-4%
Rossi Trentino AA (DOP)	33	33	35	39	36	36	35	0%
Rossi Veneto (DOP)	215	232	238	258	266	266	272	2%
Altri rossi (DOP)	346	337	369	358	335	340	348	2%
Bianchi IGP	437	473	529	597	654	685	613	-11%
Rossi IGP	542	629	642	651	653	728	756	4%
Bianchi Varietali	5	6	8	11	9	12	15	26%
Rossi Varietali	22	23	24	21	21	24	25	2%
Altro	591	662	677	688	658	641	589	-8%
Bianchi DOP	375	415	417	453	458	486	573	18%
Rossi DOP	1,139	1,219	1,302	1,370	1,388	1,432	1,430	0%
Toscana (DOP)	422	464	500	521	533	574	556	-3%
Veneto (DOP)	303	339	347	367	362	368	370	1%
Trentino AA (DOP)	144	142	148	161	162	158	220	39%
DOP	1,513	1,634	1,719	1,822	1,845	1,918	2,003	4%
IGP	979	1,102	1,170	1,248	1,307	1,414	1,369	-3%
Varietali	27	29	33	32	30	36	40	10%
Vini da tavola	591	662	677	688	658	641	589	-8%

LE MAGGIORI ESPORTAZIONI DAL TERRITORIO ITALIANO

- Le esportazioni di circa 5.6 miliardi di euro, +4%, sono state spinte dal Veneto, +9% a 2 miliardi di euro, dalla Puglia, +21% a 121 milioni e dalla Sicilia, +15% a 115 milioni. Sono questi dei dati già visti sui primi sei mesi, in particolare per le prime due regioni. Le due altre regioni importanti per le nostre esportazioni sono la Toscana, +2% a 917 milioni, con un andamento leggermente migliore del primo semestre e il Piemonte, -4% a 923 milioni di euro, anch'esso in leggero recupero rispetto al primo semestre (-7%).

- Allargando l'orizzonte al medio termine, la progressione del Veneto (e Friuli Venezia Giulia) è evidente, +8/9% annuo dal 2011 a questa parte, come lo è la crescita delle esportazioni delle aziende toscane, +7% annuo. La crisi dell'Asti ha invece tarpato le ali ai dati del Piemonte, +1% annuo.

- La seconda analisi più dettagliata sui dati dei vini imbottigliati, ricordo 4 miliardi di euro e stabili sul 2015, mette in luce il progresso dei vini DOP, +4% a 2 miliardi di euro, il leggero calo degli IGT, -3% a 1.37 miliardi di euro e l'andamento negativo dei vini da tavola, -8% a poco meno di 600 milioni di euro.

- All'interno di queste categorie spicca il balzo dei bianchi DOC del Trentino Alto Adige (+51% a 185 milioni), dove probabilmente c'è stata qualche riclassificazione da IGT, anche se restano interessanti in generali i dati dei vini bianchi DOC, tutti in crescita salvo quelli veneti. Sui vini rossi la volatilità è molto inferiore: +2% per i piemontesi, -4% per i toscani e +2% per quelli veneti, per un totale invariato di 1.43 miliardi di euro sui 2 totali di vino DOP.

- All'interno della categoria dei vini IGT, le esportazioni in bottiglia subiscono un calo importante nei bianchi (-11% a 613 milioni), dopo diversi anni di costante crescita, mentre sono molto più progressivi i dati dei vini rossi, in crescita del 4% nel 2016 e del 4% negli ultimi 5 anni, a un livello pari a 756 milioni di euro.

Esportazioni di vino totale - dati regionali (fonte: ISTAT)									
	2009	2010	2011	2012	2013	2014	2015	2016	Var %
Piemonte	725	775	891	887	969	985	965	923	-4%
Valle d'Aosta	1	1	2	4	2	1	1	1	13%
Lombardia	177	213	213	242	270	268	255	258	1%
Trentino-Alto Adige	390	407	444	451	477	492	501	511	2%
Veneto	1,027	1,158	1,332	1,444	1,588	1,670	1,835	2,001	9%
Friuli-VeneziaGiulia	59	66	71	77	76	92	101	110	9%
Liguria	7	10	10	12	9	9	10	13	26%
Emilia Romagna	223	265	307	353	388	310	275	289	5%
Toscana	509	587	659	703	748	762	903	917	2%
Umbria	20	23	29	29	27	28	30	33	11%
Marche	37	41	46	50	51	51	47	49	4%
Lazio	32	35	39	46	48	48	49	54	10%
Abruzzo	89	101	106	108	121	131	140	150	7%
Molise	5	4	3	4	5	5	3	3	7%
Campania	23	27	30	35	36	40	43	41	-4%
Puglia	78	89	98	122	95	95	101	122	21%
Basilicata	1	2	2	2	2	2	3	2	-6%
Calabria	4	4	4	5	5	3	5	5	-3%
Sicilia	88	92	97	99	99	98	102	115	14%
Sardegna	16	19	21	23	23	24	23	24	6%
Non specificato	0	0	1	0	1	1	1	1	3%
Totale	3,511	3,918	4,405	4,696	5,042	5,115	5,392	5,623		4%

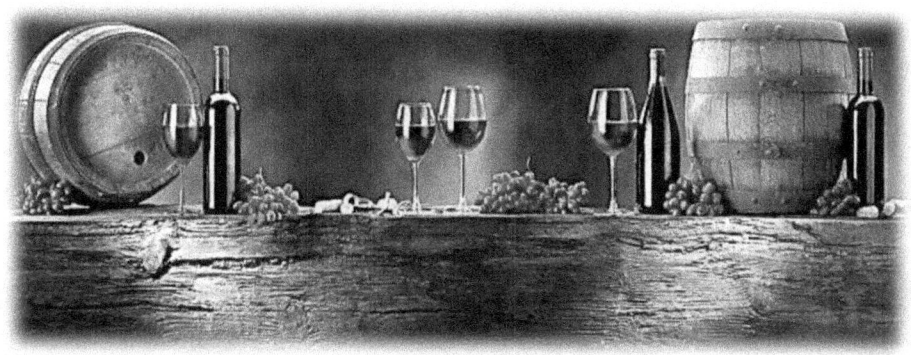

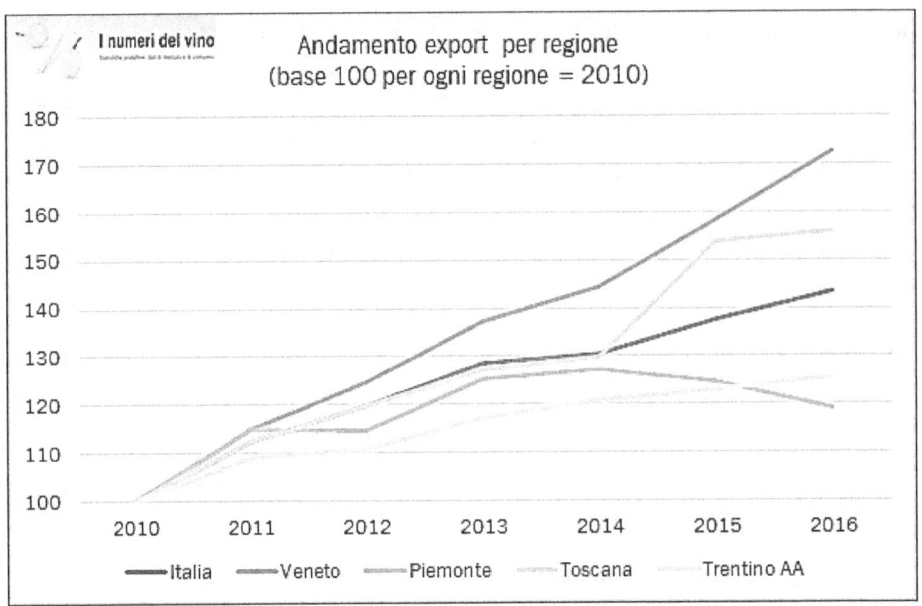

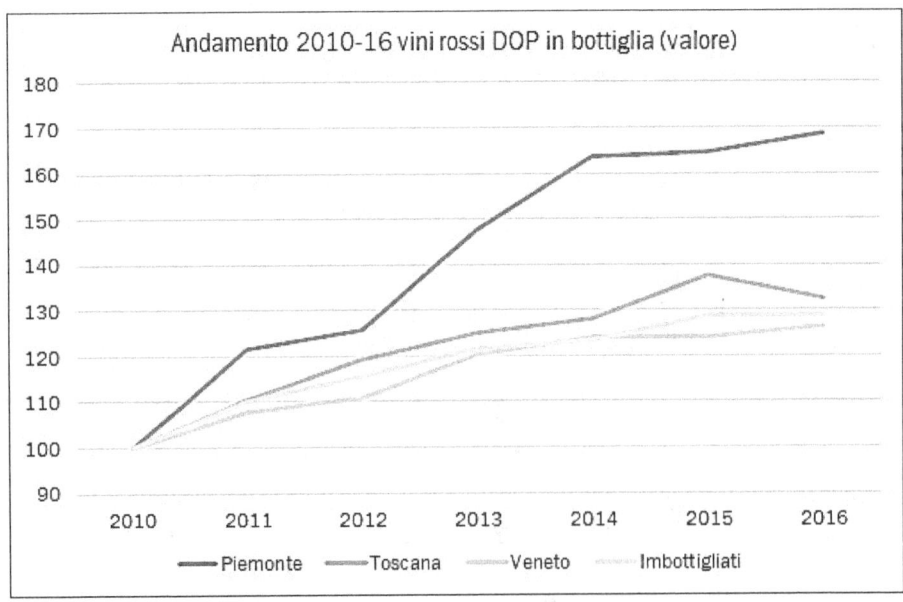

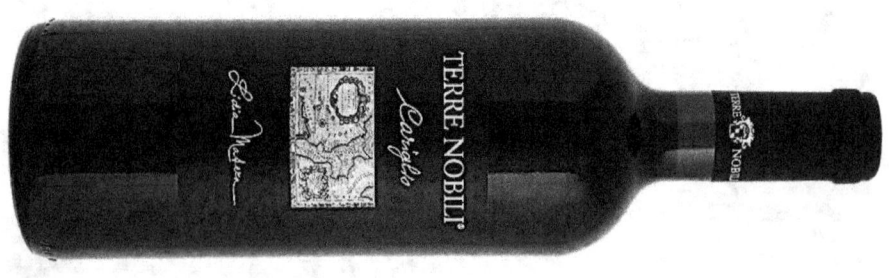

188

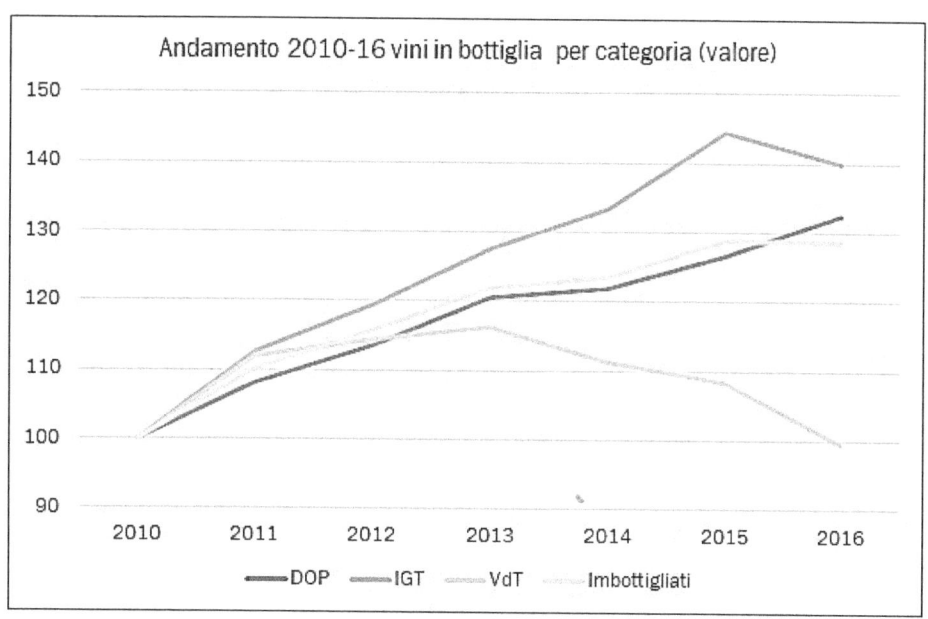

Andamento 2010-16 vini in bottiglia per categoria (valore)

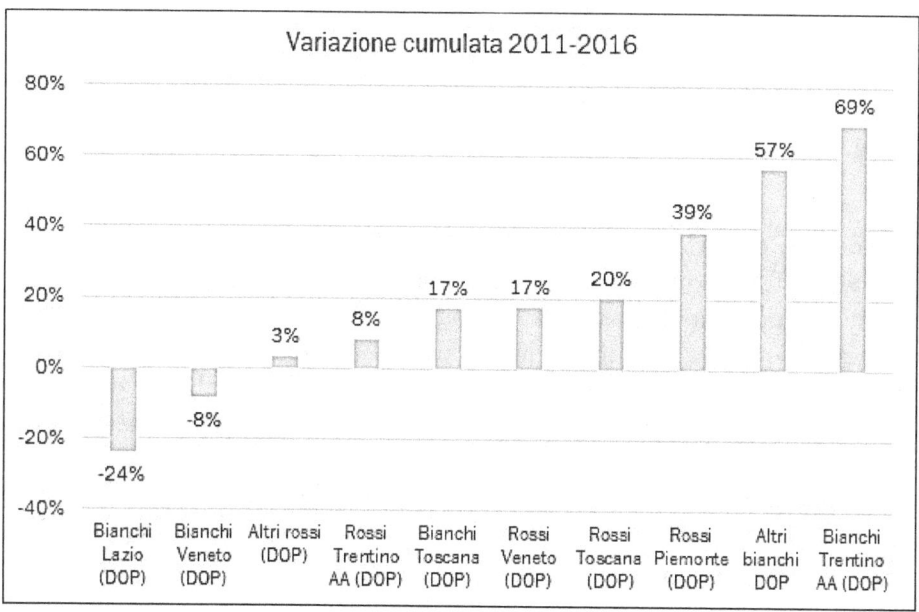

Variazione cumulata 2011-2016

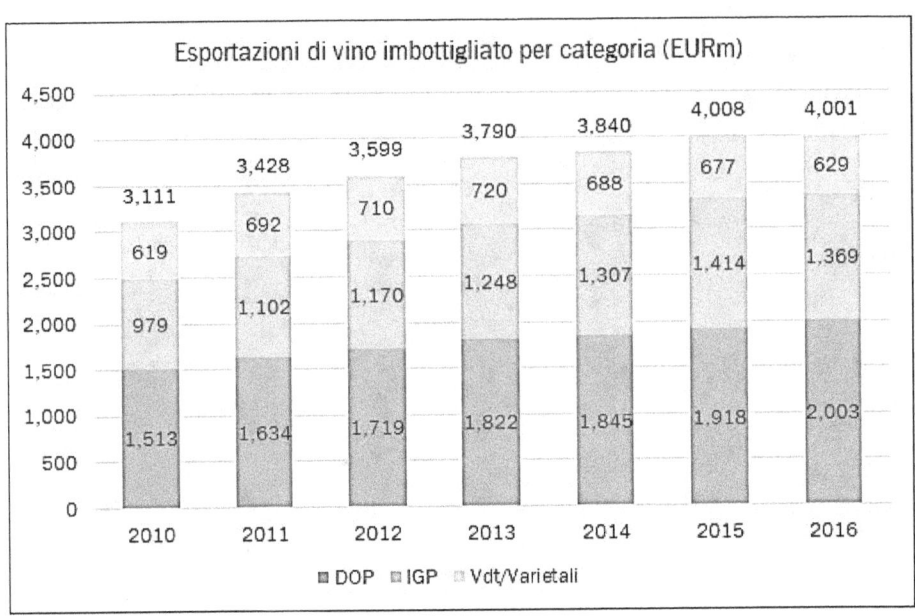

Esportazioni di vino imbottigliato per categoria (EURm)

	2010	2011	2012	2013	2014	2015	2016
Totale	3.111	3.428	3.599	3.790	3.840	4.008	4.001
Vdt/Varietali	619	692	710	720	688	677	629
IGP	979	1.102	1.170	1.248	1.307	1.414	1.369
DOP	1.513	1.634	1.719	1.822	1.845	1.918	2.003

■ DOP   ■ IGP   □ Vdt/Varietali

IL VALORE DELLA PRODUZIONE DI VINO IN ITALIA

AGGIORNAMENTO ISTAT 2015

Ecco la serie dei dati sul valore aggiunto della produzione di vino e di uva da vino che l'ISTAT dovrebbe pubblicare ogni anno. Questa statistica è il "PIL" dell'industria del vino al livello della produzione, quindi, è escluso il valore che viene poi aggiunto da chi imbottiglia, etichetta e commercializza i prodotti.

Si è fermi al 2013, dato che l'ISTAT non produce più tabelle complete, ma obbliga a spulciare il suo database per ottenere questi dati, che qui sono relativi al 2015 ma che sono anche stati ricalcolati.

Il "numerone" di ISTAT per il valore della produzione di vino è pari a circa 3.5 miliardi di euro, +8% sul 2014, ma sotto il massimo storico toccato nel 2013 con 3.7 miliardi, mentre il valore aggiunto della produzione di uva da vino assomma a 1.3 miliardi di euro, anch'esso in recupero sul 2015 (+10%) ma leggermente sotto il massimo storico, sempre toccato nel 2013.

Ne risulta un valore totale di 4.7 miliardi di euro, il secondo più elevato della storia dopo quello di 5 miliardi di euro del 2013.

Chi vince? Nel lungo termine le regioni vincenti sono sicuramente il Veneto (+7.4% nel decennio 2005-2015), il Trentino Alto Adige (+6.5%), la Sardegna (+6.1%) e la Lombardia (+5.2%), tutte largamente sopra la crescita composta del decennio a livello italiano del 3.3% (a valori correnti, quindi comprensivi di inflazione).

Tre di queste quattro regioni si caratterizzano per importanti quote di prodotto spumante. Ma andiamo a leggere qualche importante dato.

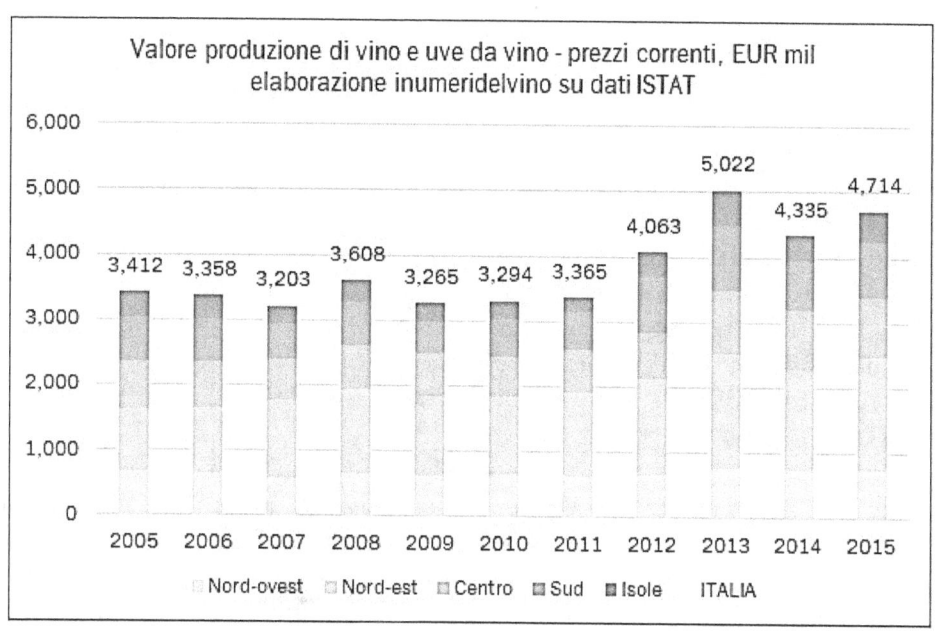

Valore produzione di vino e uve da vino - prezzi correnti, EUR mil
elaborazione inumeridelvino su dati ISTAT

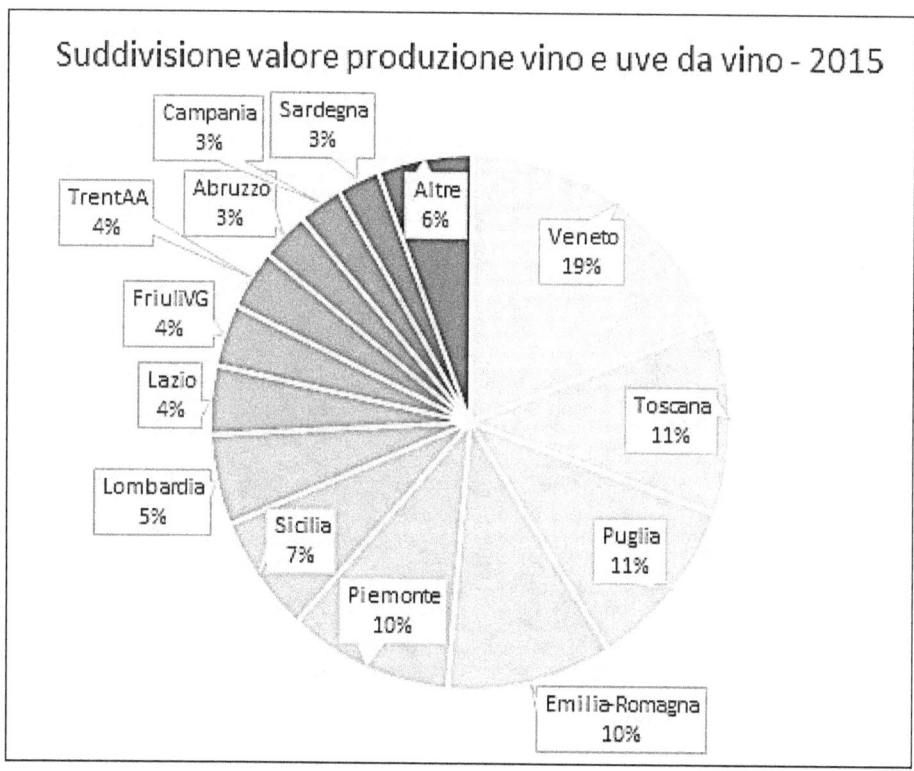

Suddivisione valore produzione vino e uve da vino - 2015

- Il valore aggiunto ai prezzi di base dell'industria vinicola italiana è stato nel 2015 di 4.7 miliardi di euro, di cui 3.5 sono relativi al vino e 1.25 miliardi sono da riferire all'uva da vino. La crescita del 2015 è stata del 9% circa, mentre su un arco di 10 anni è stata del 3.3% annuo, di cui +3.8% annuo per il valore aggiunto della produzione di vino e +2% annuo per l'uva da vino.

▪ La parte preponderante è al nord, che copre circa il 53% del valore totale, e del Nord Est in particolare con 1.7 miliardi di euro, cioè il 37%.

▪ La regione più importante è il Veneto con un valore aggiunto di 900 milioni di euro, +7.4% annuo su 10 anni e +14% nel 2015. La seconda regione più significativa da questo punto di vista è la Toscana con 539 milioni di euro e una crescita sui 10 anni del 2.4% annuo, in parte causata dal pessimo andamento del 2015 (-9%). La terza regione italiana è diventata la Puglia, con 500 milioni di euro, anche se intorno a questi valori ci sono anche altre regioni come il Piemonte (481) e l'Emilia Romagna (485) che di anno in anno oscillano su valori simili.

▪ Oltre alla forte crescita del Veneto, va sottolineata quella del Trentino Alto Adige, della Sardegna, della Lombardia e dell'Emilia Romagna, tutte al 5% annuo o meglio. Tra le regioni dove il valore aggiunto dell'industria non è cresciuto dal 2005 a questa parte va certamente sottolineato l'Abruzzo (-2% annuo), ma anche Piemonte (-0.6%) e Marche (-0.5%).

Ecco i grafici:

VITICOLTURA (escluso uva da tavola)									
Produzione, consumi intermedi e valore aggiunto ai prezzi di base (correnti)									
(EUR/1000)	2009	2010	2011	2012	2013	2014	2015	14/15	05/15
Piemonte	438	444	416	411	506	455	481	5.7%	-0.5%
Valled'Aosta/Valléed'Aos	2	2	2	2	3	2	2	9.1%	0.3%
Liguria	6	5	6	5	6	7	7	6.8%	-0.6%
Lombardia	183	188	207	225	259	266	258	-3.2%	5.2%
TrentinoAltoAdige/Südtir	136	119	133	157	194	151	171	13.9%	6.5%
Veneto	623	622	687	744	884	786	896	13.9%	7.4%
Friuli-VeneziaGiulia	130	117	118	133	130	154	176	14.4%	3.3%
Emilia-Romagna	320	330	350	445	547	455	485	6.6%	5.0%
Toscana	428	388	413	405	568	592	539	-9.0%	2.4%
Umbria	60	58	63	64	79	75	84	11.9%	2.9%
Marche	52	52	49	71	86	76	90	17.5%	-0.2%
Lazio	106	117	113	179	219	183	197	7.8%	2.8%
Abruzzo	93	102	96	149	159	133	141	6.7%	-2.2%
Molise	10	10	11	17	18	15	19	25.8%	4.5%
Campania	99	97	110	148	171	117	131	11.4%	2.2%
Puglia	258	331	331	444	571	424	499	17.7%	3.8%
Basilicata	8	10	8	22	25	13	16	24.1%	1.4%
Calabria	26	28	29	61	69	54	58	7.9%	4.9%
Sicilia	241	229	174	306	423	262	338	29.2%	1.0%
Sardegna	46	46	51	74	107	115	125	9.0%	6.1%
Nord-ovest	628	638	630	643	773	730	748	2.5%	1.1%
Nord-est	1,210	1,188	1,288	1,480	1,755	1,546	1,729	11.8%	6.1%
Centro	646	615	638	719	952	927	910	-1.8%	2.3%
Sud	494	578	585	841	1,011	755	864	14.4%	2.3%
Isole	287	275	225	380	530	376	463	23.1%	2.1%
ITALIA	3,265	3,294	3,365	4,063	5,022	4,335	4,714	8.8%	3.3%
Fonte: elaborazione inumeridelvino.it su dati ISTAT									

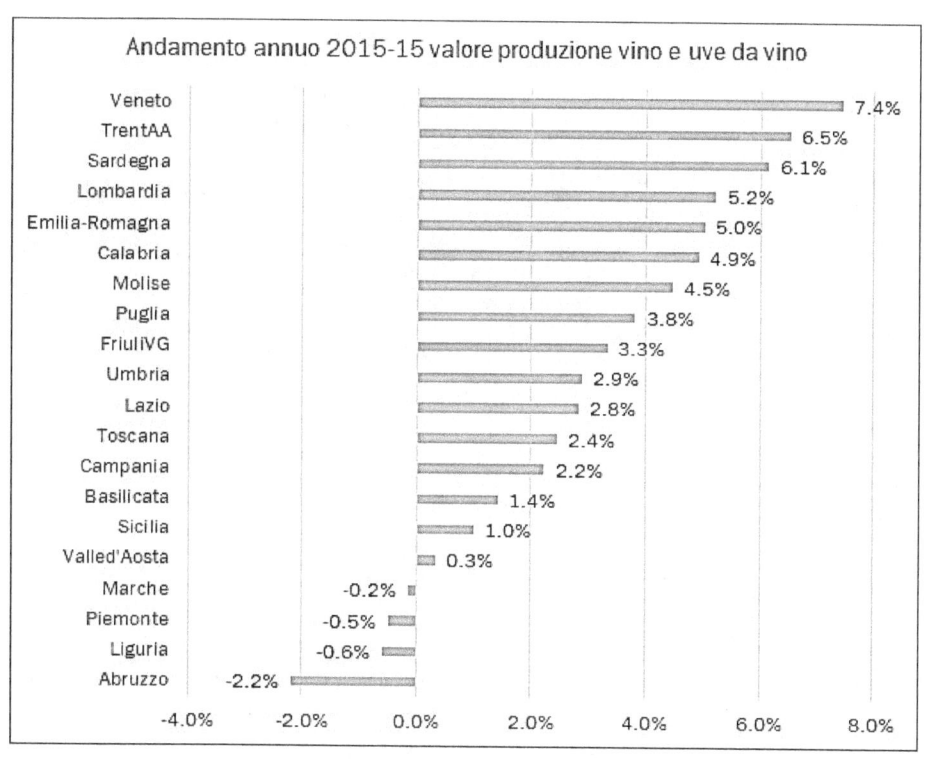

Andamento annuo 2015-15 valore produzione vino e uve da vino

Veneto	7.4%
TrentAA	6.5%
Sardegna	6.1%
Lombardia	5.2%
Emilia-Romagna	5.0%
Calabria	4.9%
Molise	4.5%
Puglia	3.8%
FriuliVG	3.3%
Umbria	2.9%
Lazio	2.8%
Toscana	2.4%
Campania	2.2%
Basilicata	1.4%
Sicilia	1.0%
Valled'Aosta	0.3%
Marche	-0.2%
Piemonte	-0.5%
Liguria	-0.6%
Abruzzo	-2.2%

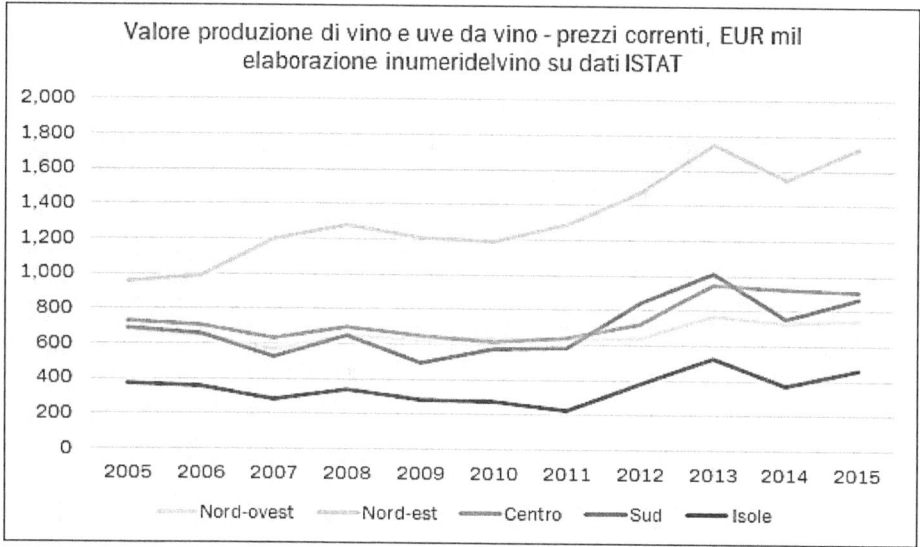

Valore produzione di vino e uve da vino - prezzi correnti, EUR mil elaborazione inumeridelvino su dati ISTAT

Nord-ovest   Nord-est   Centro   Sud   Isole

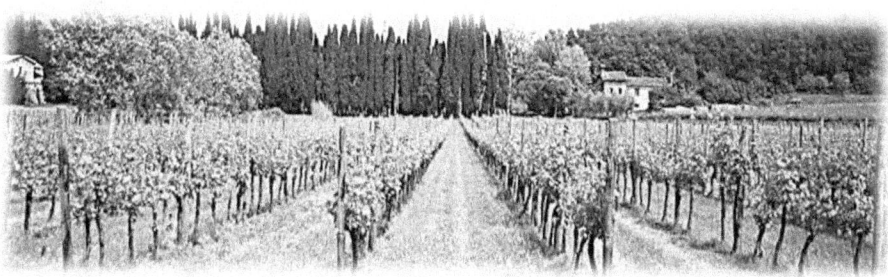

VINO
Produzione, consumi intermedi e valore aggiunto ai prezzi di base (correnti)

(EUR/1000)	2009	2010	2011	2012	2013	2014	2015	14/15	05/15
Piemonte	389	414	358	354	445	398	416	4.3%	-0.8%
Valled'Aosta/Valléed'Aos	2	2	2	2	3	2	2	7.3%	0.6%
Liguria	5	4	5	4	5	6	7	15.0%	-0.5%
Lombardia	163	173	185	196	230	241	235	-2.6%	5.8%
TrentinoAltoAdige/Südtir	102	89	95	113	146	108	122	12.8%	9.4%
Veneto	422	430	471	498	621	560	666	18.8%	9.3%
Friuli-VeneziaGiulia	119	109	99	119	118	144	159	10.6%	3.7%
Emilia-Romagna	161	150	172	221	299	229	249	8.8%	6.6%
Toscana	398	351	368	353	499	519	487	-6.2%	2.5%
Umbria	42	39	45	42	56	50	58	15.8%	3.6%
Marche	38	39	32	49	63	52	55	4.8%	-0.9%
Lazio	76	77	91	126	165	129	142	10.1%	3.6%
Abruzzo	36	38	40	54	59	47	50	7.5%	-5.7%
Molise	3	3	4	7	9	7	8	11.7%	14.9%
Campania	83	79	93	122	145	95	105	10.5%	2.6%
Puglia	173	227	201	281	381	278	341	22.9%	5.1%
Basilicata	8	8	8	21	24	12	14	16.3%	1.5%
Calabria	25	26	29	56	63	49	51	5.0%	5.6%
Sicilia	151	100	99	160	276	156	185	18.4%	0.9%
Sardegna	41	40	47	65	98	107	106	-0.4%	7.1%
Nord-ovest	558	593	550	556	682	648	659	1.8%	1.1%
Nord-est	805	778	837	951	1,184	1,042	1,197	14.9%	7.8%
Centro	554	506	536	571	783	751	742	-1.2%	2.5%
Sud	328	382	376	541	680	488	570	16.9%	3.0%
Isole	192	140	146	225	373	263	291	10.8%	2.7%
ITALIA	2,437	2,398	2,445	2,844	3,702	3,190	3,459	8.4%	3.8%

Fonte: elaborazione inumeridelvino.it su dati ISTAT

UVA DA VINO VENDUTA
Produzione, consumi intermedi e valore aggiunto ai prezzi di base (correnti)

(EUR/1000)	2009	2010	2011	2012	2013	2014	2015	14/15	05/15
Piemonte	49	30	57	57	61	57	65	15.3%	1.9%
Valled'Aosta/Valléed'Aos	0	0	0	0	0	0	0	68.5%	-4.5%
Liguria	1	1	0	1	1	1	0	-46.9%	-1.8%
Lombardia	20	14	22	29	29	25	23	-8.4%	0.9%
TrentinoAltoAdige/Südtir	34	30	38	44	48	42	49	16.7%	1.7%
Veneto	202	192	216	246	263	226	230	1.7%	3.4%
Friuli-VeneziaGiulia	11	9	20	14	11	10	17	67.4%	0.4%
Emilia-Romagna	159	180	178	224	249	226	236	4.3%	3.6%
Toscana	30	36	45	52	69	73	52	-28.5%	1.7%
Umbria	17	19	18	22	23	25	26	4.3%	1.4%
Marche	14	13	16	22	23	24	35	45.1%	1.3%
Lazio	30	40	22	52	55	54	55	2.5%	1.0%
Abruzzo	57	64	56	95	100	86	91	6.3%	0.6%
Molise	7	7	7	10	10	8	11	39.0%	0.6%
Campania	16	18	17	25	25	23	26	15.4%	1.0%
Puglia	85	103	130	163	190	146	158	8.0%	1.6%
Basilicata	0	2	0	1	1	1	2	#####	0.6%
Calabria	1	2	0	5	6	5	7	36.2%	1.0%
Sicilia	91	129	75	145	148	106	154	45.2%	1.1%
Sardegna	4	6	4	9	9	8	19	#####	2.1%
Nord-ovest	70	46	80	88	91	82	88	7.5%	1.6%
Nord-est	405	410	451	529	572	504	532	5.5%	3.2%
Centro	92	109	101	149	169	176	169	-4.3%	1.3%
Sud	166	196	209	300	331	268	294	9.9%	1.2%
Isole	95	135	78	155	157	114	172	51.5%	1.2%
ITALIA	828	896	920	1,219	1,320	1,145	1,256	9.7%	2.0%

I NUMERI DELLA VITICOLTURA BIOLOGICA ITALIANA

AGGIORNAMENTO 2014

Con un ritardo combinato sia di SINAB nel pubblicare i dati e sia nell'analizzarli, questi sono i numeri sull'agricoltura biologica, purtroppo ancora fermi al 2014. Secondo il rapporto, la superficie vitata italiana "BIO" è di 47mila ettari, quasi 3mila più del 2013, oltre a 25mila ettari in fase di conversione, che fanno il totale riportato dalla ricerca di 72361 ettari.

Molti si domandano: "Se vi sono stabilmente 20-25mila ettari in conversione tutti gli anni e se la conversione dura 3 anni, come mai la superficie effettiva non cresce di un terzo di quella in conversione ogni anno?"

Tornando ai dati che possiamo analizzare, nel 2014 Sicilia, Calabria e Lombardia furono le regioni che hanno aggiunto più ettari, mentre notiamo un andamento negativo in sette regioni italiane (sette anche nel 2013): Basilicata, Campania, Friuli VG, Liguria, Marche Puglia e Sardegna.

Passiamo ad analizzare i dati.

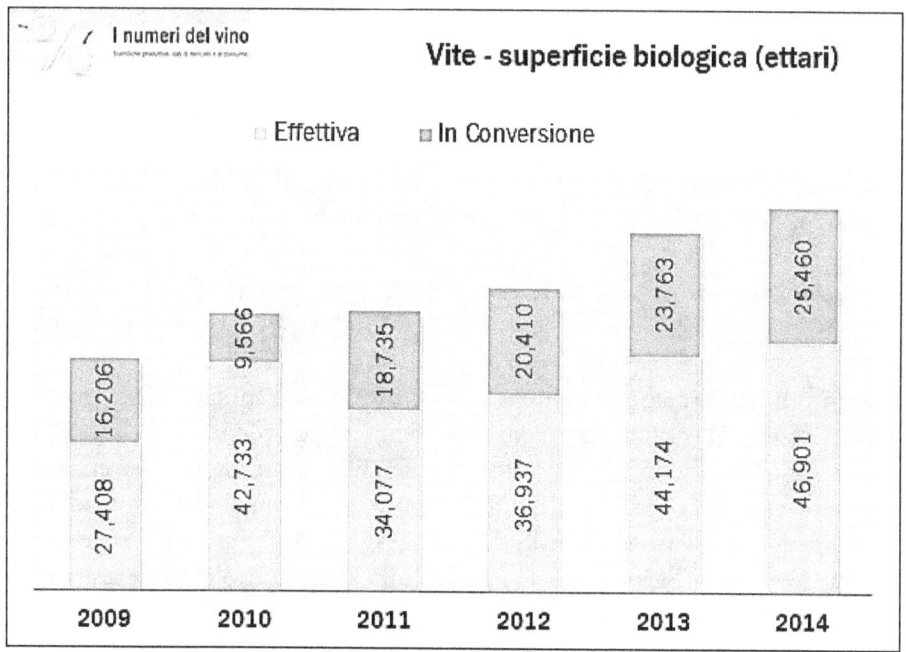

I numeri del vino

Vite - superficie biologica (ettari)

Effettiva   In Conversione

	2009	2010	2011	2012	2013	2014
In Conversione	16,206	9,566	18,735	20,410	23,763	25,460
Effettiva	27,408	42,733	34,077	36,937	44,174	46,901

▪ Nel 2014 gli ettari produttivi in modalità BIO erano 46.901, con un incremento del 6% o 2.727 ettari rispetto al 2013.

▪ Gli ettari in conversione verso il biologico serano 25.460, il 7% in più rispetto al 2013, 1.700 ettari in più, il che porta il totale considerato nel report SINAB a 72.361 ettari bio/"quasibio", 4.400 ettari in più rispetto all'anno precedente. Se confrontiamo questi numeri con il censimento del 2010 delle superfici vitate italiane arriviamo a una penetrazione del BIO dell'11% sul totale (o meglio, 8% se escludiamo gli ettari ancora in conversione). Dato l'incremento di circa 4.400 ettari tra convertiti e in conversione la penetrazione sta crescendo dello 0.7% circa all'anno.

▪ La regione con più ettari vitati a BIO resta la Sicilia, che ha raggiunto 27mila ettari (vi ricordo che non ci sono dettagli su convertiti e in conversione a livello regionale ma solo a livello nazionale), con un incremento di quasi 2.000 ettari sui 4.400 totali nazionali. Se confrontati ai 110mila ettari totali, la penetrazione BIO raggiunge il ragguardevole livello del 24%, che non è il più elevato, ma dato il volume di ettari à certamente importante (Calabria e Marche sono sopra o uguali).

▪ Da un punto di vista di ettari vitati le altre regioni importanti per il BIO sono la Puglia, con 10200 ettari, ancora soltanto l'11% del totale, e stabili da un paio di anni a questa parte, e la Toscana con 9300 ettari, il 16% del totale, che sta crescendo al ritmo del 6% nel 2014 dopo il grande balzo del 2013.

▪ Se invece guardiamo alla penetrazione sul totale vitato spicca il 34% della Calabria, seguito dal 24% della Sicilia e delle Marche, poi il 16% della Toscana.

▪ Ci sono poi delle regioni in cui il totale vitato BIO è in calo. Una spiegazione potrebbe essere la riduzione della superficie in conversione (di nuovo, non abbiamo i dati regionali per saperlo), ma anche questo significherebbe che la conversione non si è verificata. In tutti i modi, i cali più significativi sono i 335 ettari perduti in Puglia e i 270 in Sardegna, dove il BIO cala rispettivamente del 3% e del 22%. Sulla Sardegna i dati sono francamente molto ballerini tra 900 e 1.200 - 1.300 ettari da quattro anni a questa parte.

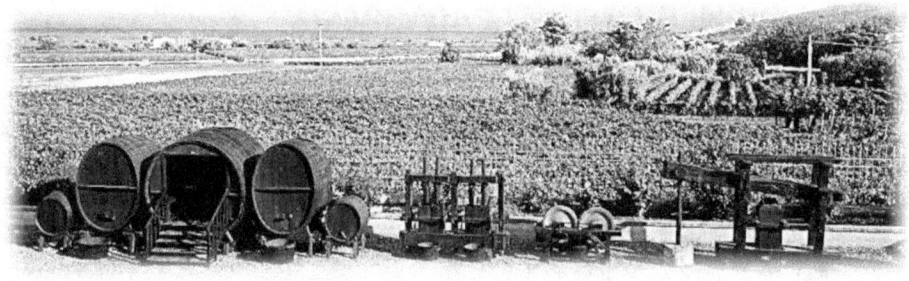

Superficie bio - vite - fonte: SINAB

(ha)	2009	2010	2011	2012	2013	2014
Totale	43,614	52,373	52,812	57,347	67,937	72,361
In Conversione	16,206	9,566	18,735	20,410	23,763	25,460
Effettiva	27,408	42,733	34,077	36,937	44,174	46,901
ABRUZZO	3,262	3,694	3,725	3,699	3,385	3,559
BASILICATA	1,421	727	665	609	708	561
CALABRIA	1,666	2,003	2,134	2,184	2,355	3,128
CAMPANIA	739	708	742	772	706	682
EMILIA-ROMAGNA	2,349	2,192	2,292	2,446	2,574	2,580
FRIULI-VENEZIAGIULIA	377	376	390	495	709	571
LAZIO	1,846	1,936	1,832	1,800	1,519	1,643
LIGURIA	40	46	44	40	37	33
LOMBARDIA	981	936	1,114	945	1,197	1,947
MARCHE	3,393	3,287	3,303	3,278	3,787	3,752
MOLISE	253	327	330	304	291	303
PIEMONTE	850	900	947	1,042	1,254	1,681
PUGLIA	7,477	8,365	8,004	10,173	10,604	10,269
SARDEGNA	906	746	1,261	970	1,269	996
SICILIA	10,337	17,110	15,577	16,144	25,153	27,105
TOSCANA	5,335	5,999	5,036	5,887	8,748	9,243
TRENTINOALTOADIGE	336	452	465	612	447	797
UMBRIA	503	631	2,864	*776*	740	772
VALLED'AOSTA	4	4	13	15	19	22
VENETO	1,539	1,834	2,075	2,363	2,405	2,718

Superficie biologica/totale - SINAB/ISTAT

(ha)	Biologica (2014)	Totale (2010)	% Biologica
Italia	72,361	632,125	11%
ABRUZZO	3,559	30,583	12%
BASILICATA	561	5,508	10%
CALABRIA	3,128	9,076	34%
CAMPANIA	682	21,002	3%
EMILIA-ROMAGNA	2,580	55,815	5%
FRIULI-VENEZIAGIULIA	571	19,669	3%
LAZIO	1,643	16,082	10%
LIGURIA	33	1,312	3%
LOMBARDIA	1,947	22,293	9%
MARCHE	3,752	15,475	24%
MOLISE	303	4,173	7%
PIEMONTE	1,681	46,710	4%
PUGLIA	10,269	96,750	11%
SARDEGNA	996	18,866	5%
SICILIA	27,105	110,699	24%
TOSCANA	9,243	56,588	16%
TRENTINOALTOADIGE	797	15,323	5%
UMBRIA	772	12,059	6%
VALLED'AOSTA	22	432	5%
VENETO	2,718	73,709	4%

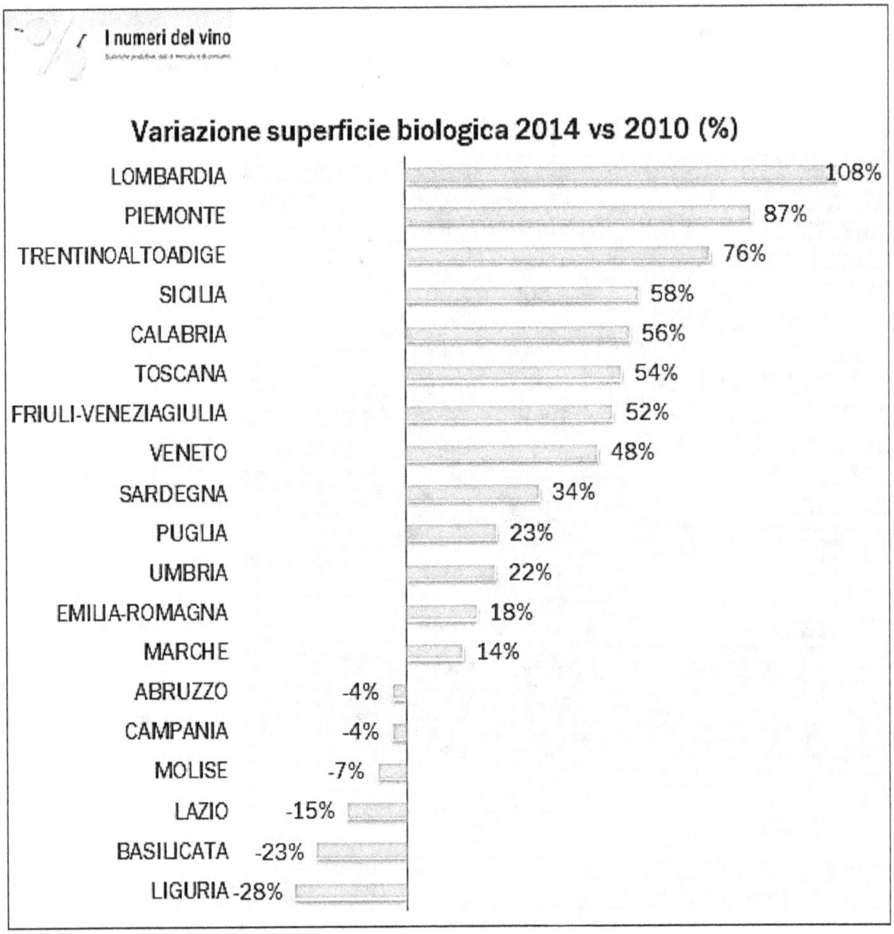

Variazione superficie biologica 2014 vs 2010 (%)

LOMBARDIA	108%
PIEMONTE	87%
TRENTINOALTOADIGE	76%
SICILIA	58%
CALABRIA	56%
TOSCANA	54%
FRIULI-VENEZIAGIULIA	52%
VENETO	48%
SARDEGNA	34%
PUGLIA	23%
UMBRIA	22%
EMILIA-ROMAGNA	18%
MARCHE	14%
ABRUZZO	-4%
CAMPANIA	-4%
MOLISE	-7%
LAZIO	-15%
BASILICATA	-23%
LIGURIA	-28%

Suddivisione ettari biologico

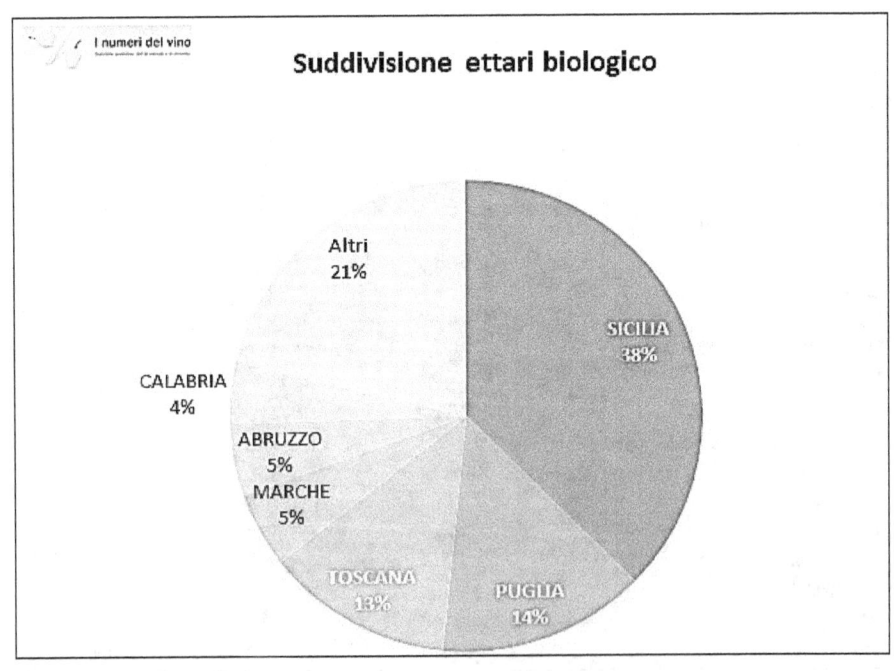

Regione	%
SICILIA	38%
PUGLIA	14%
TOSCANA	13%
MARCHE	5%
ABRUZZO	5%
CALABRIA	4%
Altri	21%

I NUMERI DELLA PRODUZIONE DI VINO IN CALABRIA

AGGIORNAMENTO 2014

Continuiamo il viaggio nella regione Calabria dove la produzione del 2014 è andata male, come nel resto del Mezzogiorno dove il minimo storico è sceso al 30% sotto la media degli ultimi 5 anni.

Sono invece molto più difficili da leggere i dati del Molise, che perde soltanto il 7% nel 2014 ed è in media con gli anni recenti, ma dove i dati sono evidentemente stimati in modo molto grossolano.

La regione Calabria, che ha subito un calo del 15%, leggermente al di sotto della media del Mezziogiorno (-22% nel 2014). Andiamo ad esaminare i dati regioni.

• In Calabria la produzione scende del 15% a 314mila ettolitri, il 12% sotto la media 2008-2013. La produzione di vino bianco è letteralmente crollata (-45%), mentre nel caso dei vini rossi, che sono la categoria chiave, il calo è limitato al 5-6%, sia confrontato al 2013 che alla media storica. In questo contesto, i vini DOC scendono del 12% a 115mila ettolitri, gli IGT del 3% a 37mila ettolitri e i vini da tavola calano del 19% a 162mila ettolitri.

Tra le province con in volumi più importanti, Crotone perde il 20% della produzione a 105mila ettolitri, mentre va meglio a Cosenza dove il calo si è limitato al 10%, 110mila ettolitri, anche se le basi di confronto erano diverse (a Crotone la vendemmia era andata molto bene nel 2012 e 2013).

Il valore della produzione vinicola calabrese ai prezzi di base è cresciuto del 30% (questo nel 2013) a 56 milioni di euro.

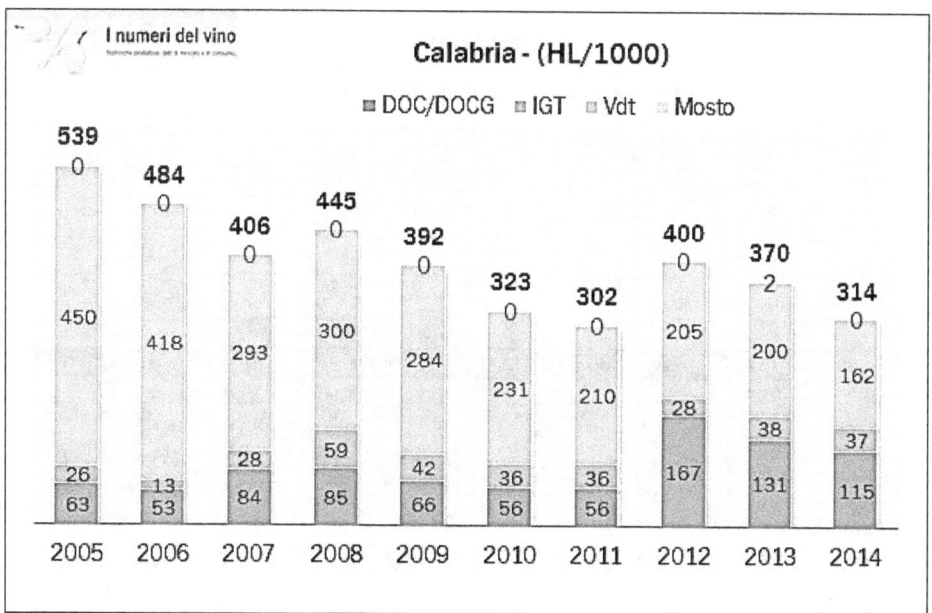

I numeri del vino

Produzione (hl/1000)- Calabria

(hl/1000)	Vino	Bianco	Rosso	DOC	IGT	Comune	Mosto	Totale
2005	539	35	504	63	26	450	-	539
2006	484	35	449	53	13	418	-	484
2007	406	45	361	84	28	293	-	406
2008	445	51	394	85	59	300	-	445
2009	392	49	343	66	42	284	-	392
2010	323	52	272	56	36	231	-	323
2011	302	48	254	56	36	210	-	302
2012	400	126	273	167	28	205	-	400
2013	368	84	284	131	38	200	2	370
2014	314	45	269	115	37	162	-	314
2013/14	-14.9%	-46.8%	-5.4%	-12.0%	-2.6%	-19.0%	-100.0%	-15.3%
2014/media	-12.2%	-37.7%	-5.8%	20.7%	2.0%	-28.3%	-100.0%	-12.3%

fonte: inumeridelvino su dati ISTAT

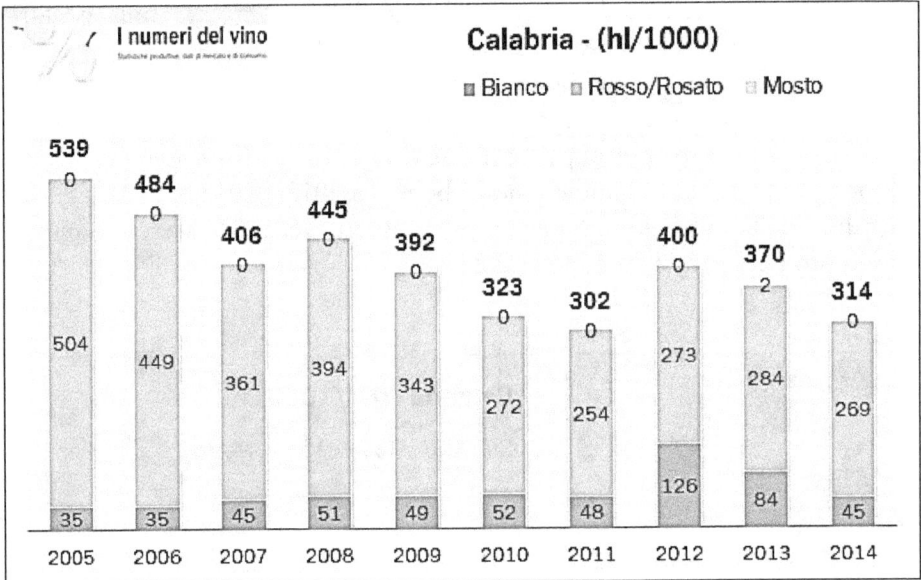

I numeri del vino

Calabria - (hl/1000)

■ Bianco ■ Rosso/Rosato ■ Mosto

I numeri del vino

Produzione (hl/1000) - Calabria

	2009	2010	2011	2012	2013	2014	14/13	vs. Media
Vino (hl/	392	323	302	400	368	314	-14.9%	-12.2%
Cosenza	146	124	126	105	125	110	-11.5%	-11.9%
Catanzar	63	54	47	73	65	46	-28.8%	-23.6%
ReggioC₁	68	58	51	47	37	45	20.9%	-14.6%
Crotone	103	78	67	167	131	105	-20.0%	-4.0%
ViboVale	12	10	11	7	11	8	-30.0%	-23.9%

fonte: inumeridelvino su dati ISTAT

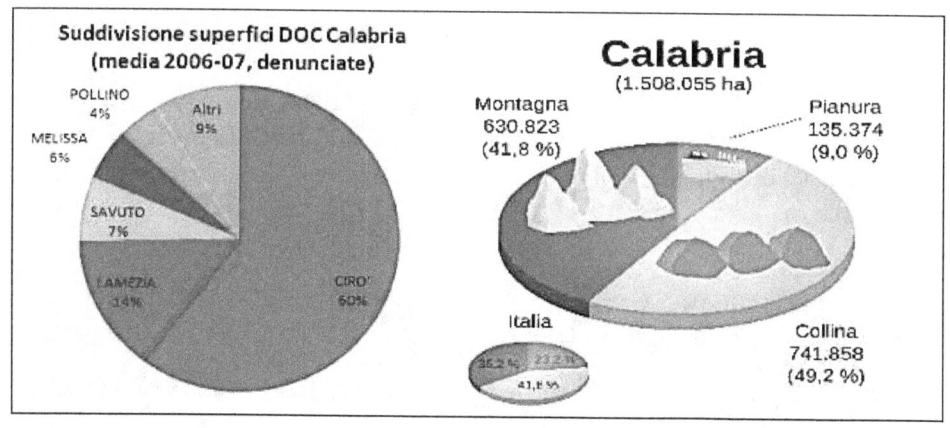

Fonte: Statistiche produttive, dati di mercato e di consumo e risultati economici dei principali operatori in Italia e nel mondo:
www.inumeridelvino.it

EPILOGO

La Calabria, una regione un tempo chiamata "Enotria" (*Terra del vino*), è particolarmente ricca di vini dal sapore tipicamente meridionale, alcuni vigneti risalgono infatti all'antichità, quando i coloni greci portarono i vitigni dalla madrepatria.

La civiltà contadina di questa regione è riuscita ad accumulare, nei secoli, un patrimonio di conoscenze enologiche di incalcolabile valore, con conseguenze evidenti nelle varie combinazioni di vitigni, ambienti e tecniche di vinificazione.

Ancora oggi una caratteristica dei vini calabresi è la dimensione prettamente locale giacché "ogni famiglia ha il proprio vino", prodotto generalmente con criteri tradizionali ed empirici. Ma nel contempo si registra un accentuato dinamismo da parte di diverse realtà vitivinicole.

Sempre più aziende calabre puntano sulla qualità, attraverso l'applicazione di criteri scientifici in fase di vinificazione. Grazie all'esperienza maturata da alcuni produttori leader nel settore, dopo lunghi anni di sperimentazione di prodotto e di processo, si sono aperte interessanti prospettive di sviluppo, attraverso un'offerta di prodotti di qualità in grado di conquistare ampi spazi di mercato.

Attualmente la Calabria vanta la produzione di12 vini a marchio DOC che coprono il 20% circa della produzione totale. La superficie viticola della regione è pari a 18mila ettari dislocati per circa il 20% in pianura, per il 65% in collina e il rimanente 15% in montagna.

Nel complesso il panorama vitivinicolo calabrese è caratterizzato da coltivazioni tradizionali che grosso modo suddividono in zone ben delimitate il territorio. Sulla costa ionica e nel suo entroterra collinare sino alle prime pendici della Sila, tra Cirò e Isola di Capo Rizzuto si ha la coltivazione delle uve di Gaglioppo, il vitigno alla base della produzione del vino Cirò.

Più a sud nei dintorni di Bianco sino alle ripide balze dell'Aspromonte viene coltivato in prevalenza il vitigno Greco. Infine nella zona di Lamezia si annovera la presenza delle tradizionali uve di Nerello Mascalese che conferiscono ai vini prodotti una marcata tipicità.

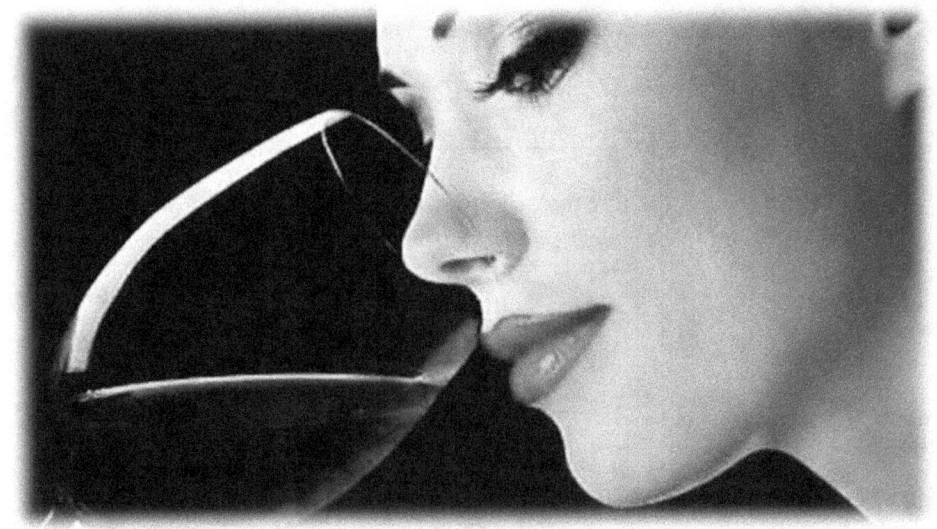

LA CALABRIA E LE SUE TANTE VARIETA' DI VINO

Il vino è una bevanda alcolica fermentata, ottenuta esclusivamente dalla fermentazione (totale o parziale) del frutto della vite, l'uva (sia essa pigiata o meno), o del mosto. Il termine "vino" ha origine dal verbo sanscrito vena ("amare"), da cui deriva anche il nome latino "Venus", della dea Venere. Dal termine latino vinum, anche attraverso la rielaborazione delle lingue celte, ebbero luogo molte delle denominazioni nelle altre lingue.

Il vino si può ottenere da uve appartenenti alla specie "Vitis vinifera" o provenienti da un incrocio tra questa specie e altre specie del genere Vitis, come ad esempio la "Vitis labrusca", la "Vitisrupestris", ecc.; in Italia per la produzione di vino possono essere usate solo uve appartenenti alla specie "Vitis vinifera".

I vini si differenziano tra loro per il sistema di vinificazione (vini normali e speciali) e per le proprietà organolettiche: colore, profumo, gusto e retrogusto; altri parametri concorrono a definire le caratteristiche di un vino: alcol, acidità, sapidità, sensazione di astringenza (dovuta ai tannini).

I vini possono essere differenziati in vini tranquilli, vini frizzanti e spumanti, a seconda del fatto che siano in grado o meno di sprigionare anidride carbonica all'apertura delle bottiglie. Costituisce ulteriore distinzione il contenuto in zuccheri non fermentati del vino (secco, semisecco, dolce).

Inoltre ogni vino è caratterizzato da una temperatura di servizio (la temperatura ideale per la consumazione) e da abbinamenti ottimali con determinate pietanze.

Vini normali: per vini normali s'intendono per vini normali quei vini immessi al consumo dopo aver subìto il solo processo di vinificazione, quindi senza interventi tecnici successivi o aggiunte di altri componenti.

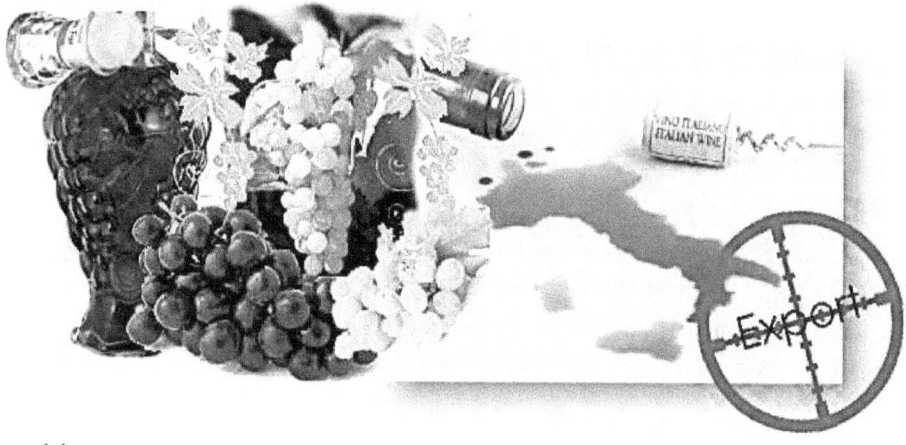

Vino bianco

Il vino bianco si presenta all'aspetto di colore giallo in varie tonalità, dal verdolino all'ambrato, passando per il paglierino e il dorato; è generalmente caratterizzato da profumi floreali e fruttati, e va consumato ad una temperatura di servizio compresa fra 8 °C e 14 °C. gradi. Al gusto prevalgono le sensazioni di freschezza e acidità, anche se con l'aumentare della temperatura di servizio potrebbero presentarsi sgradevoli sensazioni di amaro. Gli accoppiamenti ottimali sono con pietanze a base di pesce, molluschi, crostacei, verdure e carni bianche, e in generale con piatti di cottura rapida e sughi poco strutturati.

Vino rosato

Il vino rosato si presenta all'aspetto di colore tra il rosa tenue, il cerasuolo e il chiaretto; è generalmente caratterizzato da profumi fruttati, e va' consumato ad una temperatura di servizio compresa fra 10 °C e 14 °C. Al gusto prevalgono le sensazioni di leggera acidità, di aromaticità e di lieve corposità. Gli accoppiamenti ottimali sono con pietanze gustose a base di pesce, paste asciutte con sughi delicati, salumi leggeri.

Vino rosso

Il vino rosso si presenta all'aspetto di colore rosso in varie tonalità, dal porpora al rubino fino al granato e all'aranciato; è generalmente caratterizzato da un'ampia varietà di profumi: fiori, frutta, confettura, erbe, spezie, e da una più o meno elevata sensazione di morbidezza e corposità. Va consumato ad una temperatura di servizio compresa fra 14 °C e 20 °C. gradi. Gli accoppiamenti ottimali sono con le carni rosse, la cacciagione, i formaggi, e tutte le pietanze basate su cotture prolungate e sughi strutturati.

Vino novello

Il vino novello si ottiene mediante macerazione carbonica. Ha un colore intenso e forti aromi secondari o fermentativi. Non può essere immesso sul mercato prima del 6 novembre di ogni anno e se ne consiglia un consumo nei primi sei mesi perché poco stabile. Un accoppiamento ottimale e tipico del vino novello è con le castagne, e conseguentemente con gli alimenti a base di farina di castagne, come necci e castagnaccio.

Vino passito

Il vino passito è ottenuto da uve appassite e lavorate come per una normale vinificazione. L'appassimento può avvenire in maniera naturale sulla pianta, eseguendo dunque la vendemmia tardivamente, oppure artificialmente ponendo l'uva su dei graticci sui quali viene insufflata aria calda, oppure per effetto della cosiddetta muffa nobile, ovvero la "Botritys Cinerea", che attacca gli acini formando una coltre superficiale che fa evaporare l'acqua contenuta nell'acino, aumentando così la concentrazione degli zuccheri.

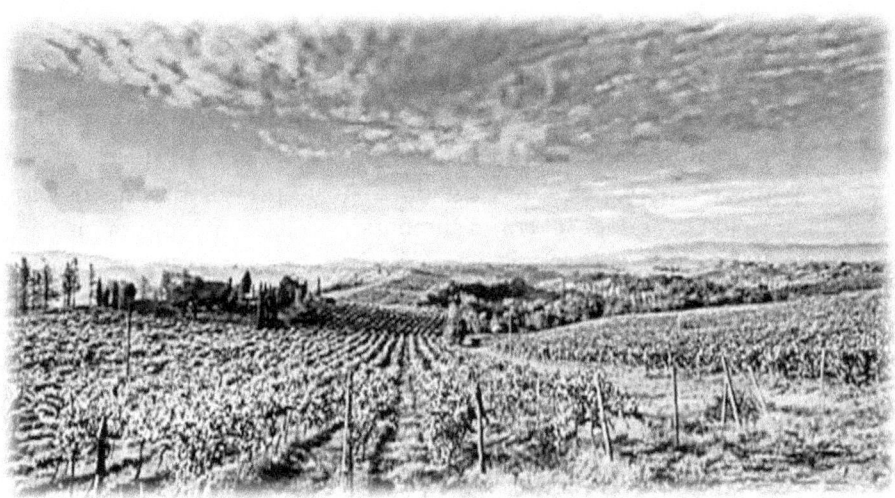

Vin ruspo

Il vero Vin ruspo viene fatto con una miscela di vino di Carmignano (*un DOCG di cui classe di denominazione non è calabrese*) attraverso una fermentazione breve la quale toglie leggermente il colore rosso delle bucce di uva. Dai non addetti viene spesso confuso con il vino rosé, o rosato, e come questo si serve a temperature dell'ordine dei 10 °C 14 °C gradi.

Vino barricato (in botti)

Il vino barricato viene lasciato invecchiare in botti di legno, con particolare riferimento al legno di rovere che si ottiene dalle querce, ma anche di ciliegio o faggio. Questo procedimento consente al vino di invecchiare lentamente mediante un processo di ossidoriduzione che avviene tramite le fibre lignee: esso dà al vino un aroma più intenso, un odore di tostato e il gusto sarà più equilibrato e più morbido.

Il legno cede al vino i tannini cosiddetti Gallici (che sono più morbidi di quelli Catechici presenti nella buccia degli acini), e sentori speziati (es. vaniglia) ed eterei che conferiranno al vino un prezioso bouquet.

Le botti di rovere più prestigiose per le loro performance sono le barrique francesi di 225 litri, fabbricate esclusivamente con legni di rovere provenienti dalla foresta di Allier. Il fatto di potere contare su legni che provengono storicamente dagli stessi alberi, consente agli enologi di potere stabilire diversi parametri per l'invecchiamento dei vini.

Va segnalato che è diventata prassi comune da parte di alcuni produttori vinicoli assai commerciali l'aggiungere al vino trucioli di legno per conferire al vino gusto ed aromi di legni; tuttavia, numerosi enologi ritengono che quest'aggiunta è una manovra posticcia che non può assolutamente dare al vino trattato le caratteristiche di un vero invecchiamento in botti di legno pregiato. Infatti, si ritiene che l'effetto dei trucioli sia principalmente quello di dare al vino sentori di tostatura senza però contribuire all'evoluzione aromatica che si raggiunge grazie ai particolari equilibri ossido riduttivi che col tempo si vengono a determinare nelle barrique.

Inoltre, nelle barrique si formano con il tempo le fecce nobili e naturali le quali sono la base dell'evoluzione aromatica del vino e in parte della sua sana stabilizzazione.

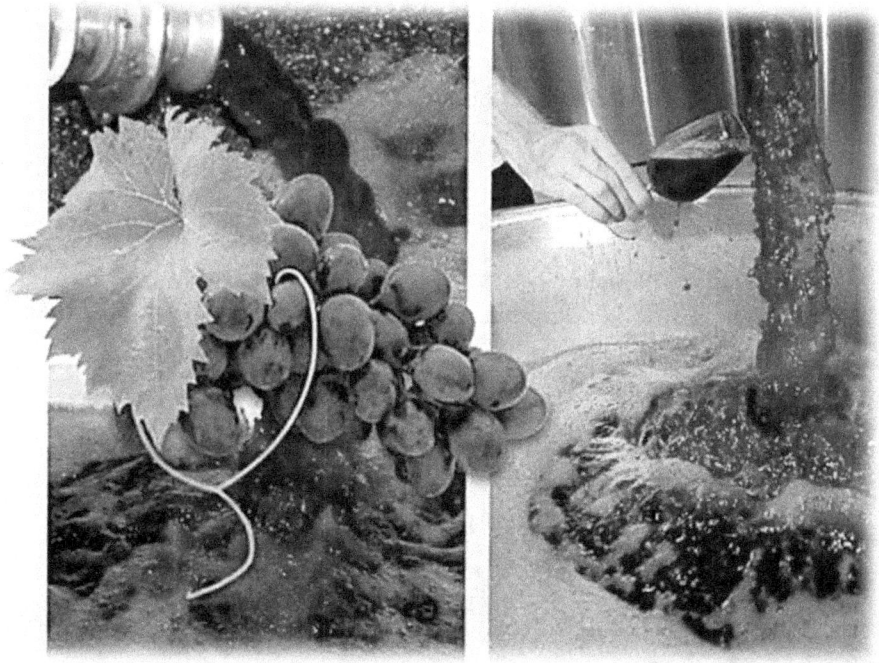

Vini speciali: Per vini speciali s'intendono quelli che dopo il processo di vinificazione e prima di essere immessi al consumo vengono sottoposti ad ulteriori interventi tecnici o all'aggiunta di altri componenti.

I vini speciali sono:

Vino spumante

In seguito ad una vinificazione tradizionale come per un normale vino bianco, viene aggiunto il cosiddetto "Liquer de Tirage" ovvero lieviti, monosaccaridi (zucchero di canna) e minerali, al fine di provocare una rifermentazione che può avvenire in bottiglia: Metodo Champenoise o Classico, o in autoclave: metodo Charmat o Martinotti.

Vino liquoroso

I vini liquorosi o vini fortificati sono quei vini prodotti utilizzando un vino base (di gradazione alcolica non inferiore a 12%) addizionato di mistella (mosto al quale è stata bloccata la fermentazione mediante aggiunta di alcol), alcol, acquavite di vino o mosto concentrato (mosto parzialmente disidratato), al fine di aumentarne la gradazione alcolica.

Vino aromatizzato

I vini aromatizzati sono quei vini speciali di gradazione alcolica non inferiore al 16% e non superiore al 21% in volume, costituiti in prevalenza da un vino addizionato o no di alcol e di saccarosio (*il principale componente dello zucchero da tavola*), nonché di sostanze autorizzate (*principalmente amare o aromatiche*) tali da conferire al prodotto particolari odori e sapori estranei al vino.

L'aromatizzazione dei vini è un procedimento molto antico, nato con lo scopo sia di migliorare il gusto dei vini di qualità mediocre, e sia di adattare il gusto del vino ai gusti dell'epoca, oppure per facilitare la conservazione dei vini.

Riguardo al vino aromatizzato o liquoroso del tipo "Marsalato" le più antiche notizie affermano che nacque in Turchia molti millenni fa; tuttavia, nel 1833 l'imprenditore calabrese: Vincenzo Florio, fondò nella cittadina siciliana di Marsalale le "Cantine Florio", producendo del vino aromatizzato che egli denominò: Marsala.

Oggi, in varie zone della Calabria vi sono alcune aziende che dal "Vino passito" o dal "Vino da vendemmia tardiva" producono il "Vino aromatico" o "Vino liquoroso", nonché il "Vino Spumante aromatico".

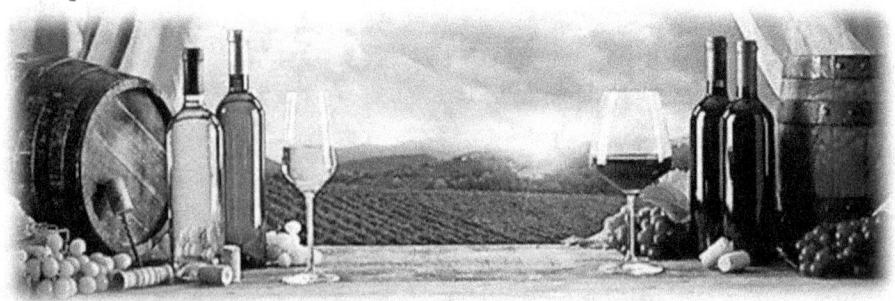

PROVERBI CALABRESI SUL VINO

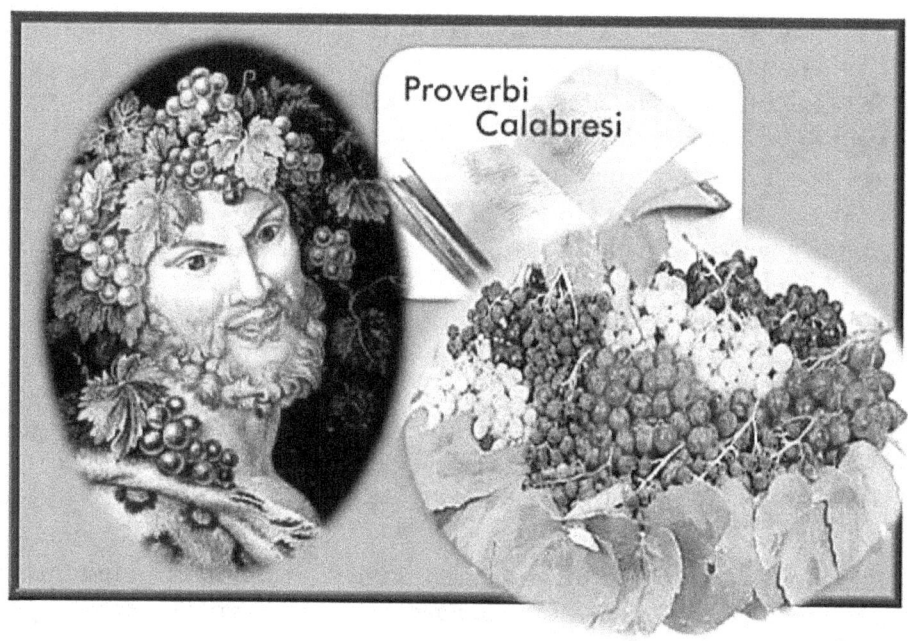

Proverbi
Calabresi

> **Cu voli bonu vinu vindigna tardu**

(Spesso il buon vino deriva da una vendemmia tardiva).

> **I Santu Martinu si iaprunu i butti e si prova lu vinu**

(A San martino si aprono le botti e si assaggia il vino).

> **A San Martinu caccia ll'acqua e menti 'u vinu.**

(A San Martino metti da parte l'acqua e bevi il vino nuovo).

> **L'acqua fa mali e lu vinu fa cantari**

(L'acqua fa male e il vino fa cantare).

> **E' megghiu sucu 'e vinazzu e non acqua 'e critazzu.**

(Per quanto possa essere non buono, il vino è sempre da preferire all'acqua).

> **Ogghiu du'n annu e vino di centanni**

(Olio di un anno e vino di cent'anni).

> **Omani di vinu ogni centu nu carrinu**

(Gli uomini che si ubriacano non valgono niente).

> **Si ti mbriachi fallu i vinu bonu**

(Se uno si deve ubriacare, conviene con vino buono).

> **Ogghiu e' stannu e vinu di cent'anni.**

(Perché sia buono l'olio deve essere nuovo, mentre il vino deve invecchiare).

> **Pana finu a chi dura, vinu na misura.**

(Si può mangiar pane finché se ne ha, ma bisogna limitarsi a bere vino in misura che non arrechi danno).

> **U vinu 'a vita allonga, ll'acqua accurcia ll'anni**

(Il vino allunga la vita, l'acqua l'accorcia).

> **Cù simina 'nta la vìgna no' mète e no' vindìgna**

(Qualsiasi semina nel vigneto è improduttiva, e si rischia di compromettere la produzione di uva).

➤ **'U mangiari senza 'vivira è comu 'u nuvulatu senza chiòvira.**
(Senza vino non si può mangiar bene).

➤ **'A zagarella pe llu culuri, 'a scuma chi fria ppe' a fortizza, 'u pannu 'e ll'uoggliu pe llu sapura.**
(Il vino buono si riconosce dal colore, dalla gradazione e dal sapore).

➤ **A vutta duna u vinu chi tena**
(La botte dà il vino che contiene).

➤ **A guccia a guccia sinchia a vùtta.**
(Goccia a goccia si finisce il contenuto della botte).

➤ **U vinu ijancu finu a ra fezza.**
(Il vino bianco va bevuto fino al residuo).

➤ **Si vù assai mustu, zappa 'a vigna 'u misi d'agustu**
(Chi zappa la vigna d'agosto, la cantina empie di mosto).

➤ **Uu megghiu vinu si faci citu**
(Solo dal buon vino nasce l'aceto).

➤ **Quandu 'u vinu è fattu acitu, non serva si li cangi la canneddha**
(Quando il vino s'è fatto aceto, non serve cambiare il rudimento).

➤ **Vinu amaro, tenalu caru**
(Vino amaro, tienilo caro).

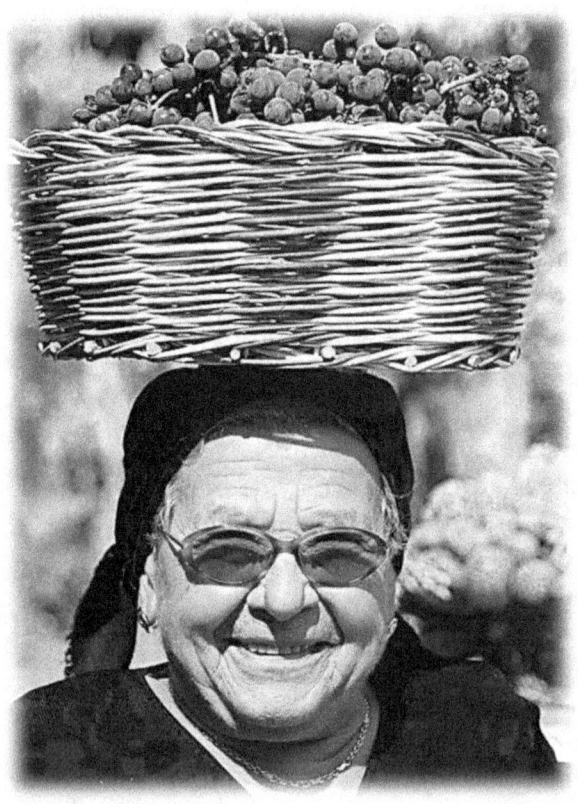

RINGRAZIAMENTI

L'Autore ringrazia vivamente la disponibilità ottenuta da Autori, Editori, Giornalisti, Fotografi e altri nella ricerca, supporto e gentile concessione della delibera ricevuta sui diritti letterari e iconografici ottenuti a prestito/uso attraverso basilari edizioni, pubblicazioni, articoli di cronaca, stampe propagandistiche, opuscoli, elenchi e cataloghi d'informazione culturale, sociale e materiale didattico riguardanti il tema: "VINO d'ITALIA - CALABRIA".

Questa cooperazione di collegamento ha portato a sublimare l'obiettivo dell'Autore, pervenendo a risultati di notevole efficacia a favore del comune interesse pubblico riguardo alla prestigiosa attività enologica e la disciplina tecnica della viticoltura nazionale.

L'Autore si dichiara pienamente disponibile ed in particolare verso gli aventi diritto, a qualsiasi titolo, per gli articoli e le opere letterarie descritte e riportate in questo libro, ma non potuti in precedenza ed in nessun modo possibile e ripetutamente trovarne e reperirne gli Editori, Autori e chi in possesso dei diritti riservati.

Augurandoci di non aver commesso errori di attribuzione e di non aver omesso, contro la nostra volontà, qualche indicazione di fonte, l'Autore elenca di seguito tutti coloro che, direttamente e indirettamente, hanno contribuito o concesso la propria collaborazione, e a buon rendere li ringrazia nuovamente.

Si ringrazia l'Associazione Italiana Sommelier per gentile concessione delle immagini e dei testi.

Un particolare ringraziamento alle Aziende e agli sponsor che hanno contribuito alla realizzazione di questo libro.

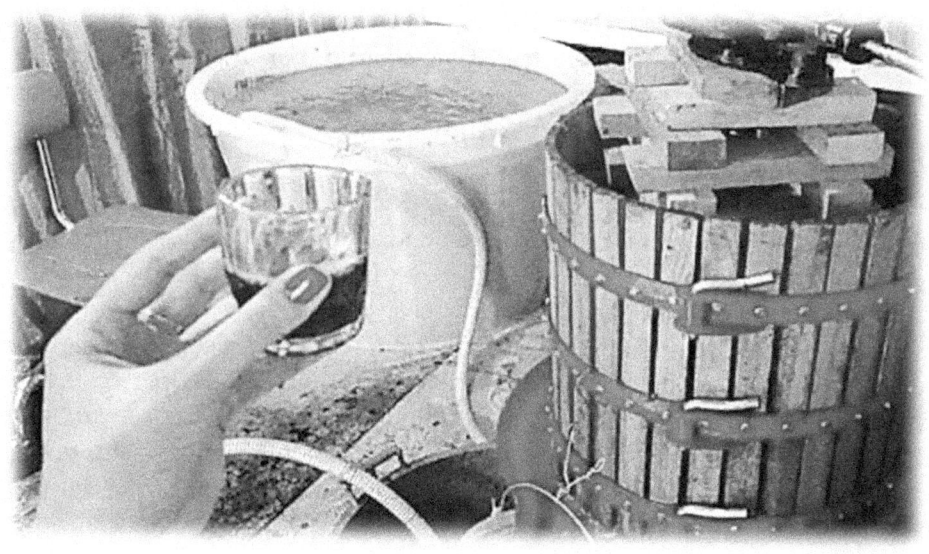

NOTA INFORMATIVA & COPYRIGHT

In questa sua opera, l'Autore ha fatto uso del suo diritto di libertà di parola, di pensiero, di giudizio, di opinione, di stampa e nel rispetto legislativo art. 21 della Costituzione Italiana, del Codice Civile art. 2575 e seguenti, secondo la Legge 633 del 1941 art. 13, art. 68.3, art. 64-sexies.2. Protezione diritto d'autore: Legge n. 248/2000.

Sono stati usati e trattati riferimenti ed un insieme di testi e articoli resi disponibili nel rispetto dei termini della Gnu Free Documentation License.

Licenze: Gnu General Public License. Gnu Lesser General Public License. Gnu (Varianti) Hurd. Lista dei pacchetti Gnu. Gpl linking exception. Software: Gtk+. Gnome. Gimp. licenza Gnu Fdl. Cc By-Sa. Gnu Affero General Public License. Licenze Creative Commons (CC). ·Bash.·Emacs.·Screen.·Gcc. Grub. gzip.·Gnash.·civil law. Opere o parti di opere soggette al libero utilizzo: artt. 65-71 (art. 70 comma 1-bis) quinquies della legge n. 633/41.

Legge n. 2/08 Art. 2 concetto del "fair use" finalità educative senza fini di lucro: l'Art. 10 della Convenzione di Berna, dispone la libertà d'uso equo di testi nei limiti giustificati per le seguenti finalità: diritto di citazione, di riassunto e riproduzione di brani o di parti d'opera per scopi di critica, di informazione, di recensione, di discussione, di insegnamento, di studio, di antologia e di ricerca.

Il D. L. n. 68 del 9/4/2003 ha introdotto l'espressione di comunicazione al pubblico, per cui il diritto è esercitabile su ogni mezzo di comunicazione di massa, incluso il web.

Parte della composizione del libro è stata redatta attraverso le molteplici informazioni esposte dagli "Organismi giornalistici" e dalle "Agenzie Nazionali di stampa" oltre a diverse fonti, cataloghi, bibliografie generali, repertori, reti telematiche, riferimenti letterari selettivi, collezioni bibliotecarie, svariati volumi, edizioni, quotidiani e varie opere televisive, acquisiti per diritto di stampa o per gentile concessione e comunque nel rispetto della Copyright e articoli legislativi.

Ai sensi delle Leggi sul Diritto d'Autore: Titolo IX del libro V del c., artt. 2575-2594 c.c., nonché L. n. 633/1941 e successive modifiche come dal DLGS. n. 169/1999 e/o del Codice con Dlgs. 10/2/2005 n. 30 - DL n. 68/2003 (*fair use*) e direttiva 2001/29/CE (Ipred2 emendamento 16) è possibile chiedere preventiva autorizzazione all'autore, qual unico proprietario intellettuale dell'opera, per l'utilizzo di una parte equa dei suoi articoli.

In relazione al "Diritto di Cronaca", il comma II dell'articolo 65 della Legge prevede che "la riproduzione o comunicazione al pubblico di opere o materiali protetti, se utilizzati in occasione di avvenimenti di attualità è consentita ai fini dell'esercizio del diritto di cronaca e nei limiti a scopo informativo, sempre che si indichi, salvo caso di impossibilità, la fonte, incluso il nome dell'autore, se riportato".

La Legge rende quindi possibile l'utilizzo di contenuti già pubblicati e protetti da copyright previa citazione della fonte.

L'Unione Europea ha emanato la direttiva 2001/29/CE del 22 maggio 2001 che i singoli Paesi hanno applicato alla propria legislazione. Il parlamento europeo nell'approvare la direttiva Ipred2, in tema di armonizzazione delle norme penali in tema di diritto d'autore, ha approvato anche l'emendamento 16, secondo il quale "Gli Stati membri provvedono a che l'uso equo di un'opera protetta, inclusa la riproduzione in copie o su supporto audio o con qualsiasi altro mezzo, a fini di critica, recensione, informazione, insegnamento (compresa la produzione di copie multiple per l'uso in classe), studio o ricerca, non sia qualificato come reato".

Nel vincolare gli stati membri ad escludere la responsabilità penale, l'emendamento si accompagnava alla seguente motivazione: "La libertà di stampa deve essere protetta da misure penali. Professionisti quali i giornalisti, gli scienziati e gli insegnanti non sono criminali, così come i giornali, gli istituti di ricerca e le scuole non sono organizzazioni criminali. Questa misura non pregiudica tuttavia la protezione dei diritti, poiché è possibile il risarcimento per danni civili". [41*)]

Quest'opera non rappresenta una testata giornalistica in quanto potrebbe essere aggiornata senza alcuna periodicità. Non può pertanto considerarsi un prodotto editoriale. Singole immagini e alcuni testi inseriti in questo libro sono tratti, in parte, da Internet; qualora la loro pubblicazione violasse eventuali diritti d'autore, vogliate comunicarlo a sergiofelleti@gmail.com e saranno subito rimossi.

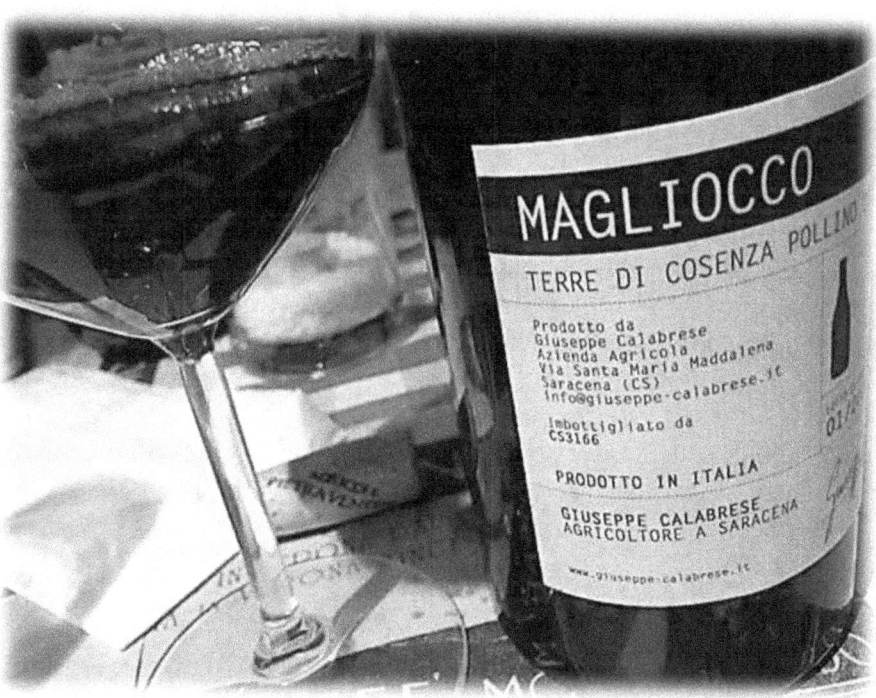

VIDEO ATTINENTI AL TEMA: VINO CALABRESE

- Verona: "Calabria, Vino e Territorio" al Vinitaly 2017
https://youtu.be/YFrUZSKovKs

- isdv 160220 calabria
https://youtu.be/6Kpbg16GxG8

- La Calabria del vino: il Cirò
https://youtu.be/3eBACueiXjc

- Video Vini Cirò e Melissa Prima parte
https://youtu.be/QJbS0H1X7bE

- Video Vini Cirò e Melissa Seconda parte
https://youtu.be/ouZ1jxFo2zw

- Librandi Cuore Mediterraneo ITA
https://youtu.be/1df3fSPxqxs

- La vendemmia calabrese!
https://youtu.be/CKsBg15rDBM

- Workshop anga Calabria Cirò 22 09 2012
https://youtu.be/ZxeaZebHNRg

- Presentazione Vinicola Zito -
https://youtu.be/0LXEH9REm3w

- Montalto Uffugo: la Camera di Commercio di Cosenza promuove i vini locali
https://youtu.be/vn9-M3GTflY

- DODICI A LITRO SETTIMA PUNTATA
https://youtu.be/8jJvI8SrM-U

- Vitigni Autoctoni Calabresi venduti in tutto il mondo - Cantina Librandi.
https://youtu.be/zyhxZs3x2bs

- Progetto EuVite
https://youtu.be/A9lK_uiLwBA

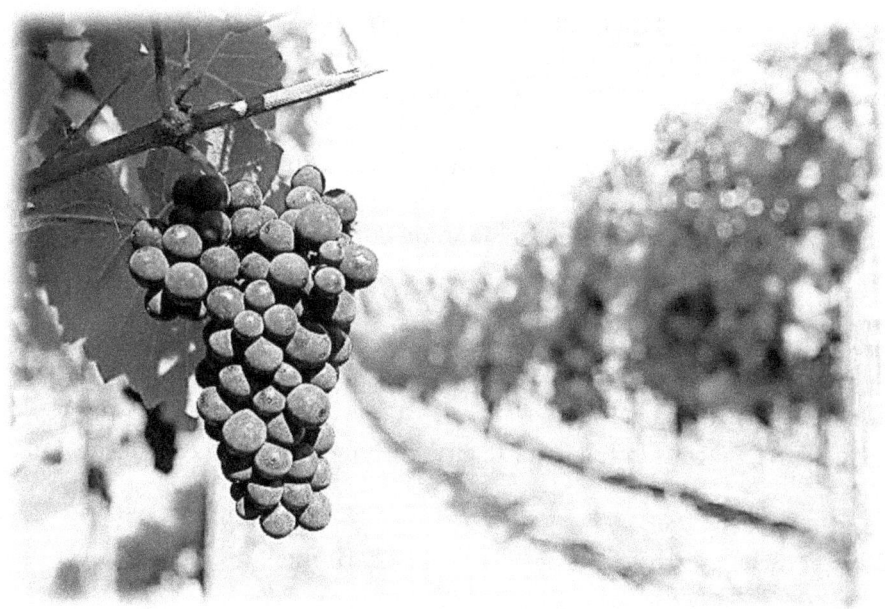

FONTI DI RIFERIMENTO

(alcune riproduzioni testuali di frasi altrui sono state adattate al tema del libro)

- Elenco aggiornato dei vitigni della regione Calabria:
www.quattrocalici.it/regione/Calabria

- www.vinocalabrese.it/www.vinocalabrese.it/www.vinocalabrese.it_-
_indice_aziende.html

- Associazione Italiana Sommelier - www.aisitalia.it/

- Fonte: sito web del Ministero delle Politiche Agricole Alimentari e Forestali:
www.politicheagricole.it/flex/cm/pages/serveblob.php/l/it/idpagina/4625)

- Guida al turismo del vino, Touring Editore, Milano 1998.

- Fonte bibliografica: Schneider et al. (2008) - Schede ampelografiche in «Il
Gaglioppo e i suoi fratelli. I vitigni autoctoni calabresi». Ed. Tecniche nuove.

- Castellari, M.; Paielli, C., Bianco o rosso. Enciclopedia degli abbinamenti tra
cibo e vino, Ed. agricole, Bo. 1992.

- Johnson, H., Il vino. Storia tradizioni cultura, Muzzio, Padova 1993.

- Sicheri, G., Libro completo del vino, De Agostini, Novara 1996.

- Sicheri, G., Imbottigliamento e conservazione del vino, Hoepli, Milano 1997.

- Simon, J., Il vino. Profumi, colori, sapori, De Agostini, Novara 1995.

- Uncini, A. (a cura di), Il museo del vino di Torgiano. Materiali archeologici, Electa, Milano 1992.

- Unwin, T., Storia del vino. Geografie, culture e miti dall'antichità ai giorni nostri, Donzelli, Roma 1996.

- Veronelli, L., Viaggio in Italia per le città del vino, Sperling & Kupfer, Milano 1998.

- 1*) http://www.scattidigusto.it/2014/01/22/10-migliori-vini-calabria/

- 2*) fonte: winenews.it

- www.euvite.it

- www.tropea.biz

- www.vinook.it

- www.kaulon.it

- www.lavinium.com

- www.vinostore.it

- www.agraria.org

- www.alimentipedia.it

- www.quattrocalici.it

- www.dizionari.corriere.it

- www.bivongi.com

- www.luigisalvoilmondodelvino.it

- www.parlapa.com

best italian wine

www.ingramcontent.com/pod-product-compliance
Lightning Source LLC
Chambersburg PA
CBHW081720220526
45468CB00008B/1920

9 781791 661717